山西文华·著述 编

近代中国经济社会

贾植芳 著

《山西文华》编纂委员会 编

山西出版传媒集团
北岳文艺出版社

图书在版编目(CIP)数据

近代中国经济社会 / 贾植芳著. —太原：北岳文艺出版社，
2017.11

ISBN 978-7-5378-4880-0

Ⅰ.①近… Ⅱ.①贾… Ⅲ.①中国经济史—近代②社会发展
史—中国—近代 Ⅳ.①F129.5

中国版本图书馆 CIP 数据核字(2016)第 193950 号

近代中国经济社会

著　　者：贾植芳
责任编辑：范　戈
封扉设计：山西天目·王明自
出 版 者：山西出版传媒集团·北岳文艺出版社
地　　址：山西省太原市并州南路 67 号
邮　　编：030012
电　　话：0351-5628696(发行部)
　　　　　0351-5628688(总编室)
　　　　　0351-5628697(编辑室)
传　　真：0351 5628680
网　　址：http://www.bywy.com
E－mail：bywycbs@163.com
经 销 者：新华书店
承 印 者：山西人民印刷有限责任公司
开　　本：700mm×1000mm　　1/16
印　　张：16.75
字　　数：250 千字
版　　次：2017 年 11 月　第 1 版
印　　次：2017 年 11 月　第 1 次印刷
书　　号：ISBN 978-7-5378-4880-0
定　　价：68.00 元

ISBN 978-7-5378-4880-0

《山西文华》编纂委员会

出版说明

　　山西东屏太行，西濒黄河，北通塞外，南控中原，是中华民族的主要发祥地之一。中华文明辉煌灿烂，三晋文化源远流长。历史文献丰富、文化遗产厚重，形成了兼容并包、积淀深厚、韵味独特的晋文化。山西省政府决定编纂大型历史文献丛书《山西文华》，以汇集三晋文献、传承三晋文化、弘扬三晋文明。

　　《山西文华》力求把握正确方向，尊重历史原貌，突出山西特色，荟萃文化精华，按照抢救、保护、整理、传承的原则整理出版图书。丛书规模大，编纂时间长，参与人员多，特将有关编纂则例简要说明如下。

　　一、《山西文华》是有关山西现今地域的大型历史文献丛书，分"著述编""史料编""图录编"。每编之下项目平列；重大系列性项目，按其项目规模特征，制定合理的编纂方式。

　　二、"著述编"以1949年10月1日前山西籍作者（含长期在晋之作者）的著述为主，兼收今人有关山西历史文化的研究性著述。

　　三、"史料编"收录1949年10月1日前有关山西的方志、金石、日记、年谱、族谱、档案、报刊等史料，以影印为主要整理方式。

四、"图录编"主要收录1949年10月1日前有关山西的文化遗产精华,包括古代建筑、壁画、彩塑、书画、民间艺术等,兼收古地图等大型图文资料。

五、今人著述采用简体汉字横排,古代著述采用繁体汉字横排。

《山西文华》编纂委员会

《近代中国经济社会》1949年棠棣出版社刊印书影

民国学术文化名著

贾植芳 著

近代中国经济社会

岳麓书社

《近代中国经济社会》2013年岳麓书社刊印书影

出版前言

　　贾植芳(1916—2008),山西省汾城(今属襄汾县)人,著名作家、翻译家、学者,是中国比较文学学科奠基人之一。曾赴日本东京大学学习,早年主要从事文艺创作和翻译。曾任《时事新报》、文艺周刊《青光》主编,"七月派"重要作家。新中国成立后,历任震旦大学中文系主任,复旦大学教授、图书馆馆长,中国比较文学学会第一届副会长,上海比较文学研究会第一届会长。专精中国现代文学和比较文学。著有《贾植芳小说选》《历史的背影》等,译作有《俄国文学研究》《契诃夫手记》等。

　　贾植芳先生一生著述颇丰,建树是多方面的,包括文学创作、回忆录、社会学著作、翻译、学科建设理论以及书评演讲等各类作品,具体在社会经济史学译著方面,先生创作了《近代中国经济社会》,翻译了《住宅问题》《人民民主主义的长成与发展》,本书即是其在社会学方面的代表作品。本书详细揭示了清朝经济社会的发展法则、方向及其内在矛盾;研究了社会发展的历史主体;对清末经济发展阶段、客观基础及其主体条件之间的相互关系作了详细而深刻的论述;对中国封建专制社会的灭亡做出尝试性的总结,并对当时中国社会面临的困境做出警示,为新中国的建设提供历史的镜鉴。

　　本书旁征博引,数据翔实,不仅引用了当时学术界最新的研究成果,如梁启超、萧一山、陶希圣、梁嘉彬等人的著作,还大量利用了第一手资料作为论据，为研究近代中国经济、社会、历史提供了弥足珍贵的史料与文献。

鉴于贾植芳先生巨大的学术影响力和本书的史料珍贵性，特将其社会学代表作《近代中国经济社会》收入《山西文华·著述编》。在整理编辑过程中，为保持作品时代特色，我们选取了最权威的版本，即以棠棣出版社1950年版本为底，参考岳麓书社2013年的排印版，除明显错漏，其余尽量保持原貌。

北岳文艺出版社

2017 年 10 月

前　言

一、本书系以现代中国人民观点，从事研究作为史的形象的清代经济社会构成，是意图解释并搜求清代经济社会的意义所在，侧面则在批判地说明了一个政权的兴亡的必然性法则，予我们以警惕和勇气，以坚定建设新中国的出发点——这是笔者写作本书时，除过严守学术立场外的现实意义和希望。

二、本书《序论》系在阐明清朝经济构造的本质，由其初发以迄终末，是问题的端绪，亦是其结论，是本书的全体的基底的部分。《第一编》系阐明清代国家范畴的自己贯彻过程，当为《序编》的续论部分，在本篇中，刻画出了清代经济社会的发展法则所开拓的方向，而其力点则在于自己贯彻过程中所发生的内在破绽和矛盾。《第二编》系从事考察社会发展的担荷者之历史主体，为前二编之客观基础考察的补论部分。《第三编》则志图把握清末经济发展阶段，追及客观的基础与主体的条件之间的相互关联和规定。前三编当为其预备的、前提的史料构成部分。至此，先前之诸问题已全行约集汇集而完成了本书的志图——解释和搜求其意义。伟大的辛亥革命——1911年的必然的莅临，其庄严的意义，堪为我们处在革变前夕的时代人们所回味和信念。

清代，这近代的中国，实在教育了我们，启发了我们，在和我们血肉关联的这前一代中我们汲取了勇气和希望。——这才是笔者写作本书的最大企图和意义所在。

三、本书在资料利用上，深深感谢平濑己之吉氏的著作《近代支那经济史》的提示，惟本书之观点及论点则与平濑氏无涉，另外帮助笔者奔走找寻资料的友人们，在此谨为致谢，尤其内山完造先生的藏书的好意的被允为借用，特别值得一提。

贾植芳　1949 年 1 月初在上海

凡　例

　　一、本书写成于 1949 年 1 月，1949 年 9 月由棠棣出版社初版于上海。1950 年 1 月再版。原版为繁体竖排，但行文为现代语体文。此次整理改为简体横排。

　　二、本书使用的"近代"概念，与我国现在史学界通用的"近代"（指鸦片战争到辛亥革命）有所不同，它实际等同于我们常说的"清代"，是一部阐述清代经济社会的著作。

　　三、本书原版就加了标点符号，但当时的标点符号很不规范，今天阅读甚至有可能导致错误理解。所以，此次整理，我们在基本尊重原著的基础上，重新标点。

　　四、本书原版也存在讹舛衍脱之处，整理时，我们用理校法判断，依照传统校勘方法，把错讹的字用圆括弧（　）括住，把改正的字用方括弧［　］括住，既保留原貌，又表达了修正意见。但对于行文、用字习惯虽与现在不同，但当时通行、现代读者也不会误解的，则不作改动。

　　五、本书原版的数字用法比较混乱，比如，有"五十一％""康熙三九年"等。特别是一些表格，有的用阿拉伯数字，有的用汉字。这次整理，考虑到这是一部经济史著作，表格里及作者在叙述行文中罗列的具有经济学统计数据意义的数字，一般都用阿拉伯数字；其他一般使用汉字。比如，王朝纪年、公元纪年仍旧使用汉字，写作"一六一八年"（第1页）、"崇祯四年"（第2页）等。而"八三％"（第6页）、"野战炮一五〇门"（第12页）等，改为"83％""野战炮150门"。

六、本书初版中王朝帝王纪年的表示也比较混乱，如"康熙二四年"（第6页），"光绪三十一年"（第5页），有的加了"十"，有的则不加。"康熙二四年"这种表述既不符合古文献中的表述，也不符合今天的行文习惯，所以径改为"康熙二十四年"，不出校勘记；此外，如"乾隆一二年""道光三〇年"之类，也径改为"乾隆十二年""道光三十年"，不出校勘记。

七、本书"附注"，一般是注释参考文献出处，原在各章之后，本次整理，《第一编》至《第三编》之附注改到各节之后，以便翻检；少量在内文中用括号夹注的资料出处，不再析出，保留原貌。

八、本书的文献著录方式，前后也不统一。如，作者项后有的用逗号与书名间隔，有的则用顿号；书名与卷数之间，有的加逗号，有的不加。统一体例，作者、书名、卷次、页码等之间，均用逗号隔开，句末加句号。出版单位或文章出自某杂志、某书，原用括注方式，沿用不改。

目　录

序编　清代国家之一般论述

第一编　清代国家之经济政策

第二编　清代社会构成

第三编　清末产业的诸系列

序编　清代国家之一般论述

一　起点——封建军事国家

　　威廉·亨特(William C. Hunter)所讽评的鸦片战争①(一八三九年——一八四二年)，申论清政府的败北，实由于清英两国的军备迥异。虽因观点关系，理由并不正确，然而无论如何，满清政府，察其统治期约近三百年的史实，完全为一典型的封建军事国家，事实极为显著。

　　太祖于一六一八年(清天命三年，明万历四十六年)，兴军倒明，于一六四四年(清顺治元年，明崇祯十七年)，入关定都北京，以迄明朝正统宗社的完全覆亡，其间经过约三十年间的苦战恶斗。就此中约三十年的战迹言之，可以说是清军以弓矢白刃与明军的西洋炮的技术战争。由于军事技术(即经济发展阶段)的差异，满清胜利的获取，必须需要一个相当长的时间。凡此事实乃有史可考，举例言之，如：(1)清天命十一年即明天启六年(一六二六年)宁远之役，清军大吃败仗，太祖甚至发出了这样的叹声："予自二十五岁用兵以来，战无不胜，攻无不克，何独宁远一城，不能下耶？"②再如：(2)清天聪四年即明崇祯三年(一六三○年)之永平战役，清军一再蒙受重挫。③凡此败绩，根本说来，实应归咎于弓矢白刃与西洋大炮的军事技术的差异，史家于此已早有论评。④其后，清军始招致明朝工匠，铸造西洋大炮,此乃清天聪五年即明崇祯四年(一六三一年)六月之事。至清天聪七年即明崇祯六年(一六三三年),由于明将孔有德、耿仲明、尚可喜的投降,新式武器的使用渐趋普遍,故能于旅顺之役大破明军主力。而此种军事技术的转机,复由于政治谋略的成功。清崇德七年即明崇祯十五年(一六四二年),明将洪承畴投清,清太宗因此发出"今得一引路者,吾安得不乐哉"的欢呼,原来清初对于汉人是颇持优待政策的,清朝历代皇帝,复能恪遵祖训,至少在开国时期是如此。话得说回来,假如清代后期各帝,亦能谨守太宗之训,则或尚不至招来鸦片战争那样的惨败。清朝政府再次认识新武器的重要,一直迟到鸦片战争以后,清末新官僚的先觉者林则徐的出现。嗣后,复经历了太平天国运动(一八五〇年——一八六四年)的教训,促成了曾国藩、左宗棠等人的新觉醒,复由于"洋务专家"李鸿章的倡导,方始蓬勃发展。虽然这种纯技术性的挣扎,亦难救其覆灭的命运。不过此乃后事,此处姑置勿论。

清朝自入关定都北京,以迄宣统三年(一九一一年)覆亡,亘约二百七十年期间内,由于(1)继起不绝的灭满兴汉运动,(2)穷民为生活所迫而发生的地方骚动,(3)维持开辟以来的大版图——大清帝国的构筑,及(4)西方势力东渐以来的对外战争,清朝政府为防御此四种帝国生存的威胁,自必不断支付庞大惊人的军事费用。换言之,大清帝国因此不能不经常全副武装。这样,就决定了有清一代的国家体制。

至于满清未进关迁都北京以前,其在满洲故地,则依照太祖所订的军事政策。《皇朝开国方略》卷十三,太祖谕云,"明国小民自谋生理,兵丁在外另无家业,惟持官给钱粮。我国出则为兵,入则为民,耕战二事未尝偏废。"质言之,清太祖批判地对抗了明朝的兵农分离军制,而采用了兵农合一——出战入耕制的新政策。此种事实,实意味了清太祖已悟出战争胜利之道,恒赖于(农业)生产力的发展来支持的。至于当时其所采用的具体方法,仅仅以旗人为主体的三丁抽一（当兵、差徭、余丁）的军屯政策。此种政策，由太祖创始历经实施。唯此种政策，在清朝进关迁都北京以前，其本质到底如何，天聪八年（一六三四年）正月的上谕，实乃最好之说明。"我国土地未广，民力为艰，若从明例，从官给俸，势有不能。故计功给丁，一等功臣得千丁，其余依次递减。……满洲出兵三丁抽一。"⑤——这就是说，在"土地未广"的满洲经济社会，"三丁抽一"实乃广义国防力的渊源，所谓"计功给丁"（Beneficium）应作如此认识。此种 Beneficium 与 Commendatio（带地投充）同为封建社会根源之一，爱米儿·杜劳勒在《原始财产》一书中已有所论列。总而言之，太祖、太宗的军制，其本质即属如此。换言之，满洲游牧社会，由采集人参与射狩阶段定着于农耕，由于自"不专射狩"阶段的移行⑥，（作为劳动对象的）土地及农业劳动力（壮丁）始次第被重视。其直接结果，即是自游牧社会一跃而入于封建制度阶段。抑有进者，即此种飞跃，实乃由于战争之促成。所以可以这样说，战争促进了满洲封建制度的发达。但我们在此立论的根据，并不以人类社会的发达必然地且时代地要经过狩猎时代、牧畜时代、农业时代三个阶段为前提。此种发展阶段说，直至今日，无论理论的或事实的，早已无从成立。⑦

关于清朝封建制度之论证　为了论证上述的清朝封建制度，作为封建制度根源之一的 Commendatio 必须确认此种理论系以汉人的"带地投充"的形式表示着。质言之，即汉人以其所有地投靠满人权门之下，改事耕作——赋满人以占有权的形态。清初，投充地编入官庄田。至投充之动机，一为处于乱世保持所有权；二为回避地租及徭役。制度之根源，实乃典型的 Commendatio。下文可为例证："顺治元年，时近畿百姓带地来投者甚夥，设乃纳银即为庄头，愿领入官地亩者，亦纳银为庄头，各给绳地。每四十二亩为一绳。其密、苇、棉、靛附纳焉。分隶内务府、镶黄、正黄、正白三旗。奉天、山海关、古北口、喜峰口亦令设立。又令诸王、贝勒、贝子、公等，于锦州各设一庄，盖州各设一庄。其额外各庄皆须退出。"⑧所言事实即如此。顺治元年（一六四四年)带地投充者极多,投内务府者有之,投八旗者有之。总之,纳入银两即为庄头,并分给绳地。不过,其投充动机,除前述二点外,投充后不服官命,横暴之极,且抢掠无辜百姓所有地,此皆投充所生之弊端。虽在顺治四年(一六四七年)颁布投充禁令,然并未见诸实施之证迹⑨——以上所述例证,自 Beneficium 与 Commendatio 之事实言之,清代经济社会之性质为如何,即可明确把握矣。再者,别于此处之法制史的观点,就经济史的观点来做本质的认识,可参照本书《第三编·补论》。

抑有论者,作为兵农合一的 Beneficium,在八旗兵制第二次完成之际,已开始崩溃。所谓八旗兵制,最初出发于牛录制度。明万历十六年(一五八八年)之际,满洲兵游猎时,以"牛录"设编队,不论员数大小,以 Sippe 为单位编成之。每人持矢一支,每十人设一长指挥之,称为牛录额真。万历二十九年(一六○一年)始有以三百人编成一牛录之制度,每牛录置长一人,授以牛录额真之官名。此即为满洲八旗母胎。后改称牛录章京(后之佐领),每五牛录置甲喇额真一人,后改称甲喇章京(后之参领),每五甲喇额真置固山额真一人(后之都统),每固山额真置左右两梅勒额真,后改称梅勒章京(后之副都统)。其后,于万历三十四年(一六○六年)设黄、白、红、蓝四旗,至万历四十三年(一六一五年),更分四旗为正、镶两组。每旗设总营大臣(固山额真)一人,佐管大臣(梅勒额真)二人,其下即为甲喇额真及牛录额真,分别指挥所属兵丁。⑩第一次八旗兵制大要系如此。八旗中之正黄、镶黄、正白三旗定为天子亲军,呼为上三旗,余五旗呼为下五旗。⑪然在清崇德七年即明崇祯十五年(一六四二年)六月,八旗兵制虽最后地整编为满汉蒙二十四分旗,唯结果由于明降将洪承畴的献策,禁止旗人生产活动,生产权独落于汉人。此时,明代的兵农分离故习逐告复活。关于此事,《清代轶闻》卷二《名人轶事》下《洪承畴有功汉人》一文中曾有谈及:"当汉满一家之日,洪承畴造请崇德,竟建以汉人养旗人,不令旗人营生计之策。从此满汉分居,汉人安于

其农工商贾之业,二百七十年来得免受其扰。虽出租税以养之,犹有
利焉。"唯此中所纪并不可靠。实际上,作为给旗人土地的代价即禁
止旗人营利活动,乃出发于保持八旗军队的强韧之理念而生。况且
所予土地之农耕生产活动并不在禁止之例。不过事实上(De Facto)
的问题,农耕次第由汉人佃户经营。甚至在顺治七年曾有旗民不交
产例(旗地出卖禁令)的颁发,其所以要颁发如此禁令,亦不过由于
旗地出卖之旺盛耳。咸丰二年(一八五二年)作为一种缓和汉人政
策,方撤废在关内的旗民不交产例,致满洲旗民不交产例的撤废直
至光绪三十一年(一九〇五年)奉天将军赵玺巽(张作霖的直奉之战
的物的基础的奉天官银号的创办人)时始实施。至此时期,连作为权
利的(De Jure)问题的旗人土地独占权始行废止。前所引用的《清代
轶闻》一文语中实将 De Jure 问题与 De Facto 问题混合不清。汉人洪
承畴就 De Facto 问题,为了汉人的利益,即确立了汉人的务农营商
状态,而引起拥护。满清方面,则吝于以汉人土地实行 Beneficium 之
故,而容纳洪承畴建策,两者利益根本一致,并不冲突。由于此种实
际情况,虽然在 De Jure 问题上汉人无土地所有权,然另一方面,却
出乎意外地养成旗民游民化,致酿成后来满洲的经济未能发达的素
因。进言之,清朝末叶山东、直隶商人的大批进出满洲(地主、窝棚、
烧锅经营)的踏脚石,即由此而生。不仅如此,因为旗人的游民化,造
成生活穷困,尤以在咸丰、同治朝(一八五一年——一八七四年)以降,
至为显著。因此,政府不能不讲求救济之策(赈恤、赏借、给地)⑫,以
至更形增加了政府财政的负担。关于此点,在清朝八旗兵制的第二
完成时期,到后来清朝二百七十年间的兵农分制作最先开始的洪承
畴献策,实形成了极端重要的构成意味。从此以后,清朝军政早已脱
离了太祖时代的军屯政策,本来的军制中最关切的生产一面,乃专
门移于军事费的补救与支付一面了。

【附注】

① William C.Hunter, *The "Fankwae" an Canton Before Treaty Days 1824—1844*, Reprinted 1938, Shanghai, P.94.

② 萧一山,《清代通史》,上,页九十三。

③ 萧一山,《清代通史》,上,页一百二十四以下。

④ 萧一山,《清代通史》,上,页九十三、一百二十四。稻叶岩吉,《满洲发达史》,页二百二十三—二百二十五。

⑤《皇朝开国方略》,卷三。

⑥《殊域周咨录》,卷二十四。

⑦ 伊斯德,《世界史的自然的基础》(日本生活社译本),页一百二十九。

⑧ 濂希逸,《中国财政史辑要》(光绪二年刊),卷三,《田制》,下。

⑨ 稻叶岩吉,《满洲发达史》,页三百一十五。

⑩ 萧一山,《清代通史》,上,页五十一。

⑪ 萧一山,《清代通史》,上,页五百十三、七百十三。

⑫ 萧一山,《清代通史》,中,页五百二十一。

二 军事费的容量

有清一代军事费的如何惊人与庞大,列表如下:

经常支出中军事经常费所占比例

年次	军事费（万两）	总经费（万两）	比例（%）
顺治九年（一六五二年）	1,300	1,573	83
康熙元年（一六六二年）	2,400	2,700	88
康熙二十四年（一六八五年）	1,360	1,900	71
乾隆三十一年（一七六六年）	1,780	3,451	51
道光二十九年（一八四九年）	1,682	3,200	52
咸丰—同治间（一八五一年——八七四年）	5,000	7,000	71
光绪清日战前（一八九〇年—）	4,500	8,000	56
光绪清日战后（一九〇〇年—）	8,500	20,000	43
宣统三年（一九一一年）	10,100	29,800	34

备考：

（一）本表所收系根据《清史稿》所载，引自松井义夫所作《清朝经费之研究》（三）一文。（见《满铁调查月报》第十五卷第一号）

（二）顺治、康熙两朝战费无经常与临时之区分。乾隆以降，只录经常费，临时费在外。故经常、临时两种费用合计之总军事费数额，当极庞大可惊，自可想见。

（三）清朝之重要临时军事费另列如下表，以见一斑。

清代重要临时军事费支出表（单位：万两）

乾隆朝	第一次金川役	（乾隆	十二年—十四年）	2,000
	准回之役	（同	二十年—二十二年）	3,300
	缅甸之役	（同	三十四年）	900
	第二次金川役	（同	三十一年—四十一年）	7,000
	台湾之役	（同	五十三年）	800
	廓尔喀役	（同	五十七年—五十九年）	1,052

合计 15,052

嘉庆朝	红苗之役	（乾隆	六十年—嘉庆元年）	1,090
	教匪之役	（嘉庆	二年—六年）	2,000
	洋匪之役	（同	十二年—十三年）	300

合计 3,390

道光朝	第一次回疆役	（道光	五年—七年）	1,100
	鸦片之役	（同	十九年—二十二年）	1,000
	第二次回疆役	（同	二十七年—二十八年）	730
	太平天国运动	（道光	三十年—同治三年）	13,520

合计 16,350

上列两表所代表之实际意义，兹加以说明：

（1）顺治到康熙初年，军事费所占岁出总额之比例，近乎90%，至康熙二十四年，乃大见低下，为71%，故康熙二十四年实乃最可铭记之一年，不过该年到底为具有如何意味之一年后编自有交代。

（2）乾隆一代，不论经常军事费已增高至绝对额，然在岁出总额中所占比例，不过50%，较康熙朝低近一半，唯以土建（水利）费、文化（图书撰修）费、奢侈消费（巡行、游狩、宴筵）大见增高，经常费总额亦甚为膨胀，被讴歌为一代盛世的乾隆帝，正是具有着法国路易十四世的意味，此点后编另有所说明。

（3）清末之际，不论经常军事费已增高至如何程度，由于行政费的亦步亦趋的增高,经常费总额亦极为膨胀,军事费所占岁出总额之比例,因此显示低下。像这样的一般行政费的增高,实表现了清末新官僚的"自强运动"(富国强兵)意味。自此际开始,可以看出清代国家的近代化运动,在徐徐开展。详论当见后编。

三 军事费的社会经济史的意义

如上所述的那样庞大惊人的军事费,对于清代经济社会的发展,到底起着怎样的作用,这当然是值得一加探讨的问题。若依据德国学者桑巴特(Werner Sombart)在《近代资本主义论》(Der Moderne Kapitalismus)中所说,则军事费(即军队)对社会的发展,特别是近代社会的形成,其所具之意义,实应有极高度的评价。维持着庞大的集团部队的近代军队,对于近代企业的发生和发展,和近代集团精神的养成,起着大的促进作用。分言之,乃是由于(1)兵士的给养,(2)整一的军服的供给,(3)海军必要的船舶的建造,(4)武器的大量生产,为其要因。①一般经济史家,动不动的就说是近代社会的始源,只是由于纤维工业的发达,而认为造船事业不过是基于商业上的要求而成立的近代工业之一,实忘却了造船事业在近代社会形成上所具有之重大意义。另一方面,还有军事费的备办,公债之累积的流通,一则促进了资本的形成,二来促进了经济生活的商业化——以上所引述,即桑巴特对于军事费(即军队)评价之要点。

故此,清代的军事费对于其经济社会所形成的一面,必须加以检讨,由于下列各种事实即可予以证明。

第一 货币地租与矿山事业之关联

明正统元年(一四三六年),南畿以下的七省南方地区,依据金花银所制定的田赋银令,是颇有名的一回事实。因之,以"大明宝钞"的强制流通为目的的明朝政府的银流通防止政策,最先即告瓦解,进而至于自嘉靖初年(一五二二年)亘约一世纪间,官方经济著著卷入银(货币机构)的旋涡。这个被称为"落后社会"的国家,在十五世纪初期,即很快地出现了货币地租,确是值得惊异,其说明根据之一,可于军事费一项中见之。在隆庆—万历年间(一五六七年——一六一九年)的北边军饷,复加以满族的正在勃兴,为了补救军事费,占全岁出中的70%以上,以致巨额白银北运,日人百濑弘氏在《关于明代的产银与外国银》一文中(见《青丘学丛》第十九号)即早加以指出与论证。以充分理由做出这样的结论:货币地租,系为了补救北边的军事费而被促进和采用的。而且根据明朝一代的银山开发(矿业制造),可以明了。明朝的银山开采,早在永乐年间(一四〇三年——一四二四年)业已开始,永乐十二年(一四一四年),派官至湖南辰州、贵州铜仁二处督饬开采,征收银税。同时,陕西凤凰山八个处所及福建浦城二个处所亦加开发。永乐十三年(一四一五年),云南的银山开发,十九年(一四二一年)曾派御史监督征收福建、浙江两省银税。至宣德五年(一四三〇年)浙江温州、处州两处大银矿加以改革,当时产额空前增加。依上而论,永乐—宣德年间(一四〇三年——一四三五年)的产银中心地为福建、浙江两省,至四川、云南两省之作为产银中心地带,则属于天顺年间(一四五七年——一四六四年)。其间诸况,《天工开物》中曾有所记载云:

> 中国出银之所,浙江、福建有旧坑场,国初或采或闭。江西之饶、信、端三郡,虽有坑而从未开采。湖广则辰州出,贵州则铜仁出,河南则宜阳赵保山、永宁秋树坡、卢氏高嘴儿、嵩县马槽山,与四川之会川密勒山,甘肃之大黄山等皆称美矿。……燕齐诸道则以地气寒而石膏薄,不产金银。然合八省之所生,不敌云南之半。故开矿煎银惟滇中永可行也。云南之银矿,以楚雄、永昌、大理为最盛,曲靖、姚安次之,滇沅又次之。……采者,穴土十丈或二十丈,工程不可日月计。寻见土内银苗,然后得礁(银矿)砂(砂银)所在。凡礁砂藏深土,如枝分派别,各人随苗分经横空而寻。上桩横板架顶以防崩压。采工篝灯逐径施镬,得矿方

止。……出金之所，三百里无银，出银之所，三百里无金。造物之情，亦大可见。

前文所引，前半所叙系指产银地区，后半所叙则系说明生产状况。不过从其说明，并不能窥见其采掘规模。只就"穴土十丈或二十丈，工程不可日月计"之点而言，则其艰难状况，可以推知；而所用工具，亦只及于手工业工具镵之类。惟据马丁氏（Robert Montgomery Martin）在《中国之政治商业与社会》（*China, Political, Commercial and Social*）一书中所称，则迨至十九世纪四十年代末叶，在云南国境与广西国境之银山，常时拥有工人 2 万人，年产银 200 万两。准此类推，明代云南银山生产规模，大体将不难推知。但以清末事实而言，若以三百年来之溯变推断其生产状况，则我们又不能不表示怀疑。然而，这种类推总是正确的。因为中国在每一次王朝交迭之际，总有许多大破坏和改变。明末的开矿事业至清初可谓已完全停顿，直至清代中叶由于边境征讨军事费的迫切，清朝始积极地从事银山开发，时当在乾隆朝（一七三六年——一七九五年）。

第二　版图扩大与国内市场形成之联系

清朝开国以来版图构筑的广大，是众所周知的。明代时，被称为苗夷之疆的云南、贵州、湖南、广西及蒙回相争地的新疆等地区，完全为满清皇帝所囊括，此种大帝国在乾隆时已大体构筑完成。在这样的大领土上，无论是不得已地维持消极的不生产的消费，或积极地想获得广大的商品市场，都是一个问题。至于在这些边疆地区，商贩流通情形，可引林则徐《云贵奏稿》卷六的《拿获叠次抢劫焚掳各匪犯惩办折》（见《林文忠公政书》丙集）：

永平之曲硐一带地方（在云南省），为往来永昌大路。每年客商贩运黄丝、棉花等物，驮载络绎。……道光二十七年（一八四七年）十二月初三日，木有才纠众二十六人，各持刀枪，在曲硐地方抢得客商棉花，共一百九十二驮。内计宝隆号九十七驮，合盛号四十驮，美盛号五十五驮。又建昌号之黄丝三十四驮……又，于是月初六日，唐泳受纠众二十七人，在齐屯地方持械抢得引盐九十一驮，内计马增禄二十驮，马体和十三驮，马阿四二十三驮，马定成三十五驮，马定成因识得盗伙马阿三，给银十八两，赎回盐十八驮。……又，于初十日，吴正潮纠众三十四人，在桃源铺，分执鸟枪刀棍，抢得宝隆号棉花一百三十驮及衣物布匹甚夥。……是时，各事主因连起被劫，不敢再行驮运。将在途之黄丝棉花截留于漾鼻地方（云南省），寄存熊姓店内。木有才等闻知，同赴熊姓店内，入室搜劫，抢去棉花一百八十驮，黄丝三十四驮又八十四包，及盐斤、布匹、衣物无算。……

由此，从林则徐的奏章，可以发现重要的几点：

（一）在云南省，盗匪极为猖獗，客商行路备受阻害，实由于交通制度不备，以至治安不保。

（二）棉花、生丝等原料品，由客商自他省大量搬运，在作为与他省贸易的交通要道上，被盗匪所劫。此等原料品又在此地被制为成品，所谓前期经营的家庭手工业，在此多数的分布与发达，则不难想象。

（三）殷实的批发商行，多方地经营棉花、生丝的贩卖和经纪，亦可推想及之。

（四）关于盐商品，在此际可说是特殊存在的事情。奏折中所云盐商马定成与盗匪马阿三相识一节，亦是值得注意之点。这里不仅是在道光朝，且与整个清代与云南盐制亦有关联。关于云南盐制后文自有详论，惟就与此点相关之处说来，则云南盐制向以维持本省自给自足为原则，不仅不运往他省，即他省亦不能运来。云南在当时被称为中国之二大产盐区，至本省之盐自给自足政策，实由于：（1）本省盐区为井盐，一井区之盐产额，由量到质，自然低劣。（2）灶户（盐生产者）为补助家计，在作小规模生产者，自不能期望有大量产品——此二种原因。不过，林则徐奏折所指的道光年间系清代云南盐业最盛时期,史家所谓"就井征税制"(即自由生产——贩卖制度)的时期,被称颂为生产额激增,盐商集中,盐税增收之时期。由于盐业之发展,运输机构必然地相随着有所进步,由原来的手推车时代进至利用动物力输送时代。[②]奏折中所称的盐商马定成与盗匪马阿三相识一节,可断定其为本省人,而其他盐商(马增禄、马体和、马阿四)亦可以推定其为客商。由此可以见出,云南盐业已冲破本省之阀族(Sect)主义,进入自由制度时代,而卷入全国性规模的交换经济中,至于客商的市场开拓热,亦可见一斑。

第三　官营军事工业(吉林造船厂)之创设及因此所引起之若干问题

军事费在近代社会经济史上所具有的意义,比什么都切要,或就 Industrie(产业＝工业)真实名义说来,当无逾于军事工业的建设。而且,比较起来,算是最关切的问题的,由政府方面看来,则军事费与官营军事工业的结合,尤属必然。在欧洲亦然。作为军事工业最典型之一的造船业,可以说是最初出现的官营大企业。十四世纪威尼斯的造船业即属于此型。[③]准此而论,清初最堪注目的关于军事工业的创设,当推吉林造船厂了。吉林造船厂创设于顺治十八年(一六六一年)(关于吉林造船厂创设时日共有三说,一作顺治十五年,一作顺治十八年,一说在康熙年间,当以顺治十八年之说为可靠)。拥有东西 159 丈 6 尺,南北 18 丈的大面积。[④]这样的吉林造船厂——清军军事力的哺育者,使得康熙帝在与俄国彼得大帝的战争中,获得了二度雅克萨(一六八五年,一六八八年——一六八九年)战役和《尼布楚条约》(一六八九年)的光辉胜利成果。清军在第一次雅克萨攻略中,使用野战炮 150 门,攻城炮 50 门,战舰 100 只(系康熙二十四年正月),在第二次雅克萨攻略中,使用大炮 400 门,战舰 150 只(系康熙二十五年七月),反之,俄军使用兵器,不过野战炮 8 门,旧炮 1 门,大、小炸弹 500 个而已,胜败之数,固于战幕开启之日早已决定。换言之,雅克萨的战胜,完全由于军事技术(武器)的优越所致。⑤

这个官营工厂,历经雍正、乾隆二朝,都曾发挥其伟大的军事哺育力。唯在康熙帝时代,因鉴于宁远、永平两役的战败,而特别遵奉太祖、太宗遗训,故其效用,尤其有着最高度的发挥。康熙帝在有名的三藩之乱间(康熙十二年—二十年)于该朝十三年(一六七四年)时,命御用宣教师南怀仁(Verbiest)铸造大、小铁炮120门,轻便神武炮320门,炮成,试放于卢沟桥,对其威力叹服不止。⑥然而,由于三藩之乱,同时表明了八旗兵的无能与无力,若无武器威力相助,战局恐更将迁延。迨乾隆以降,由于文贪武嬉,腐化成风,吉林造船厂的经营,日趋荒惰,由于武备的荒惰,而致在鸦片战争一役,原形毕现。

我们所要探讨的问题是:为何造船厂须建立于吉林这一点。因为无论就劳动力的调用上,或消费地(其最大的需要者系北京宫廷及御林军)与生产地的距离上——或按《工业分布论》的作者韦卜所说的"劳动力指向因子"和"运搬费指向因子"而论,吉林并非具有最理想条件的处所。要解答这样的疑问,除去说是由于吉林背后的吉、黑二大森林地带的原料木料供给(原料地指向),无其他原因可答。在吉林造船厂成立以前,崇德二年(一六三七年)正月太宗于攻略朝鲜江华岛时,曾命劳萨于沈阳招聘工匠,督率八旗兵建造小船80只。由此点观之,就原料地指向视点而论,满洲不失为造船业的良好基地。这里,可以下列两点说明之。

(一)当时船舶的主要材料是木材。在十六世纪的英国,建造一只五六吨船只所用之铁量,须使用木材3,739吨以上⑦,在十九世纪的英国,建造中型战舰一只,需用槲木4,000株!⑧在十七世纪末的清代社会,船舶中需要使用绝对压倒数量的木材,自毋庸置疑。由此观之,十七世纪的清代造船业,系以木材为主要建造材料自极当然,故造船业必须建立于拥有丰饶的森林产地,亦极当然。至于清帝如何明悉吉、黑二地为广大林木产区,观乎康熙帝东巡时随行的高士奇日记所载，则不难恍然了。

（二）其次，关内的木材资源的业告枯竭，亦是一因。就以地近京畿的山西而论，据《山西通志》所载（手头无原本，兹姑据冀朝鼎氏英译）⑨，在十六世纪初期，山西祁县原是森林丰富之区，自从被当作家庭燃料开始采伐后，至十六世纪中叶，更被作为建筑材料而猛烈滥伐，祁县南方诸山，不及一载尽成童山，祁县的财富亦失去70%。不过，此种记述亦不足完全征信，否则难免有无批判能力之讥。因山西自"黄土时代"（Loessperiode）以来⑩，由于偏西风，中央亚细亚吹来的细砂日益沉积⑪，除宁武以外，全省皆成黄土地带，至于黄土地带，是否生长树木，学（说）［者］显然持有异说。不过黄土地带树木枯竭，总是一般的现象，至少在《山西通志》的记述中，关于树木枯竭的经过，最为（类）［典］型。我们在此可以确定的，是吉林造船厂之所以建厂吉林的原因当有其根据。且清政府为确保原料资源，曾厉行满洲封锁政策。

同时，可以提起我们注意的，由于关内木材的一般枯竭，而造成我国的洪水与饥馑的自然原因，另一方面，造成了石炭（矿业）工业发展的社会根据。

【附注】

① Werner Sombart，*Der Moderne Kapitalismus*，I.Bd，1924，S.346，353，355，358，360 ff.——然而桑巴特氏所列举的这些原因，并未把握着近代社会发生的起点，而不过单是近代社会之速进要因。未能把住全机构的发展经纬，而只列以这些要因，是不能形成近代社会的。我们在此引据桑巴特氏的近代社会的速进要因，不过来表示清代经济社会的构成效果。但是我们不能不将这位被称为社会经济史学派的桑巴特的见解，看作有其明确的限界的。

② 刘隽，《清代云南的盐务》（《中国近代经济史研究集刊》，第二卷第一期所收）。

③ W.Sombart，*Der Moderne Kapitalismus*，Ⅱ.Bd.S.779.

④《吉林通志》，卷五十。

⑤ 萧一山,《清代通史》,上,页八、六百十三—六百十五、六百十六—六百二十三——关于雅克萨攻略及《尼布楚条约》的缔结月日,诸说不一。此处姑从萧一山氏所说。

⑥《国朝柔远记》,卷二,《康熙十六年·秋八月命治历南怀仁铸火炮》。萧一山,《清代通史》,中,页二百八。

⑦ W.Sombart,*Der Moderne Kapitalismus*,I.Bd.S.767.

⑧ *Derselbe*,Ⅱ.Bd.S.1139.

⑨ Chao-Ting Chi,*Key Economic Areas in Chinese History*,1935,P.22.(本处所引系《山西通志》卷六十六所载。冀氏本书,系编译中国各地通志而成者)

⑩ 华库那,《中国农书》(日本生活社译本),页五十九。

⑪ 伊斯德,《世界史的自然的基础》,页一百七十二。

第一编　清代国家之经济政策

第一章　产业政策

清朝的以军事国家而出现,自亦有其出现的必然性。准此以论,则此军事国家,赖之以生长和发达的经济政策,形态如何,自为我们探讨的主题所在。

一般而论,要增强军事力量,须有二种经济政策,一系产业政策,一系租税政策。唯以清朝来说,因产业政策受到明确的社会限制,故其军事力之补强,势必移注于租税政策,亦即以租税政策为主要的军事费(财政收入)补救力量。至于清朝产业政策所受的社会限制情形如何,且其为补救军事费(财政收入)如何攫取财源,如何经营其经济,凡此皆为问题的中心所在。现在,作为解答这一问题,本章即以矿山业为指标,来分析清朝产业政策的本质。

明代的银山开发政策,为我国亘古以来,王朝交迭时例有的阻止和破坏所影响,至清初而中绝。直至清朝因迫于边境征讨军事费的急增方始复活,而时已在乾隆朝以后。惟被史家评为"圣训未尝许可开矿"的清代矿业政策,其具体情况,如展开讨论,则清朝银山(一般矿山)开发的中绝,实归咎于后列二大要因。

第一节　清朝开矿政策消极化的第一要因

明朝的矿税率,仅正税一项即在30%以上①,然实际负担尤不止此数。由于阉寺专权,矿使四出,而勒索中饱等贪污行为,负担尤高于正税,矿政实腐败已极。②迄至清代,因鉴于前代恶例,而严禁开矿,只此一事,实足以代表清代开矿政策消极化的第一要因。不过需要提明的,即在清初,并非全无开矿情事,惟屡加封闭而已。今就濂希逸所辑《中国财政史辑要》(清光绪二年刊)卷三十,《坑冶下》所录自清初至中叶矿山主要开采与封闭情况,制为下表,再行展开分析。

清初至中叶矿山开采事例表

年次	矿产名	地名	摘要
顺治元年 (一六四四年)	银矿	山东省临朐、招远	顺治八年封闭
康熙二年 (一六六三年)	白铜厂	四川省黎汉、红卜萱二洞	旧厂复活民营
十五年 (一六七六年)	银	山西省应州边耀山	派官严加监督
十七年 (一六七八年)	银矿	陕西临潼,山东莱阳	试采
二十四年 (一六八五年)	铁矿	四川邛州蒲江县黄矿山 (大处)	民营税率20% 康熙二十五年封闭
四十九年 (一七一〇年)	铜矿	云南昆阳州子母厂 易门县寨子山厂	
五十一年 (一七一二年)	银矿	云南大姚县惠隆	
五十七年 (一七一八年)	银矿	云南金龙	
雍正元年 (一七二三年)	银厂	云南马腊底厂	
三年 (一七二五年)	银厂	云南古学厂	
五年 (一七二七年)	矿厂	云南黄泥坡厂,贵州威宁府白腊祈子	
六年 (一七二八年)	一般矿山	广西	
七年 (一七二九年)	铅厂	贵州毕节县大鸡倭	
	铜矿	贵州威宁府猓木果	
八年 (一七三〇年)	铜厂	四川建昌府,迤北兴隆宁番县紫古咧砂基九龙	招外省人投资,税率30%
同	鸡冠石	广西南宁府果化、土州	
十年 (一七三二年)	银厂	云南阿发	乾隆十四年封闭
乾隆七年 (一七四二年)	铜厂	四川建昌道迤北沙阳紫古咧	官督商办税率20%
同	铜铅厂	四川川东道云阳奉节县	
同	铅厂	四川永宁道长宁县茶山沟厂	

八年（一七四三年）	金矿	贵州天柱县相公塘东海洞	税率30%
同	铁矿	湖南邵阳、武冈、慈利、安化、永定、芷江县	
同	铜铅矿厂	湖南郴州、桂州	
同	铜铅银砂	广东	民营税率20%，每矿准由数商合营或独营
十二年（一七四七年）	银铅矿砂	贵州威宁府大化里新寨	税率40%，乾隆十四年封闭
十五年（一七五〇年）	铁	浙江温州、处州	原矿准予再开
二十六年（一七六一年）	硫黄矿	甘肃骚狐泉	因军事需要临时开采
同	黑铅厂	云南通海县逢理山	税率20%
同	白铅厂	云南弥勒州野猪畔	税率20%
三十年（一七六五年）	铁矿	四川江油	税率20%
三十一年（一七六六年）	铁矿	四川宜宾	税率20%
同	铅矿	贵州清平	
同	白铅矿	广西融县	正杂税率共23%

备考：

（一）矿政令颁发情况如下：

1. 开采铜铅例（康熙十四年，准本省人民营，"全国性"）。

2. 开采铜铅例（康熙十八年，准本省人民营，"全国性"，税率20%）。

3. 矿厂事宜例（乾隆三年，因铸造货币，准予开采铜山，惟禁止开采金银及黑铅）。

4. 川省铜铅开采事宜例（乾隆七年，因铸造货币，参照表中所列乾隆七年栏）。

5. 湖南、湖北矿厂开闭事宜例（乾隆八年，参照表中所列乾隆八年一栏并备考（二）11项下）。

6. 广东招商民承采事宜例（乾隆八年，参照表中所列乾隆八年一栏）。

7. 湖南郴、桂二州矿厂事宜例（乾隆十六年，铜铅矿砂税率50%）。

（二）除表中所列封闭情况外，尚有下列各处封闭情形：

1. 山东、山西两省全部矿山（康熙二十二年）。

2. 湖南铅矿（康熙五十年）。

3. 四川各厂（康熙五十七年）。

4. 贵州铜山(雍正元年)。

5. 云南中甸铜矿(雍正五年)。

6. 广西苍梧县芋荚山金矿(雍正九年)。

7. 广东全矿山及湖南郴州九架夹黑白银铅(雍正十三年)。

8. 广西怀集县汶唐山临桂县水槽野鸡矿山(乾隆二年)。

9. 全国金、银、黑铅(乾隆三年)。

10. 贵州威宁府白腊银矿,广西苍梧县金盘岭金矿、荔枝山银矿(乾隆五年)。

11. 湖南常宁县龙旺山黑铅厂、沅陵辰溪永顺桑植矿山、绥宁县铜山、会同县金山、宜章县金山,湖北迤南兴国竹山矿厂,云南大姚县惠隆金隆银山,贵州天柱县相公塘东海洞金山,广东海阳县水尾白圪坷、丰顺县李村湾风吹磜、阳春县莫村那软瓦盎等矿山(乾隆八年)。

12. 陕西华阴县华阳川黑铅(乾隆三十年)。

分析(一)自原料资源视点论矿山业意义

清代主要矿区系四川、云南、贵州、甘肃、广西、湖南六省,且富有各种矿产。至山东或明代产银主要地区浙江与上述六省相较,却居于次等的地位。惟上述六省之为矿产地,明代政府亦已知悉,《天工开物》卷下《五金第十四》一章内曾有论及。虽然,上述六省中,除四川外,系于清初始辖入新版图中,然在明代亦有提及。因此,清政府在构筑其新版图的过程中,多少含有确保资源地带的意味,自属明显。至如前文所述,清政府为筹办军事费,而扩大商品的销场,同时,其确保资源地带的措置,自亦不难理解。下列各节,足资论证:

(1)雍正九年(一七三一年),刑部尚书励廷仪疏言:"天生五材,铁居其首,用之以备军需,而造器物,所系綦重。"③(军器及器具材料与铁的重要性)

(2)乾隆二十六年(一七六一年),甘肃骚狐泉硫黄矿床,开采时,陕甘总督杨应琚奏请:"查磺斤为营伍所必需,例如遇有缺乏,给批赴产磺地方,得购置备用。若开采本地之磺,以供支各营操防之用,实较远处购置节省多多,兹访得骚狐泉磺矿……责成兰州府,招

商开采矣。属于筹备本营伍之要需。"④（弹药制造原料与硫黄的重要性）

（3）乾隆七年（一七四二年），《川省铜铅开采事宜例》制定之际，四川巡抚硕色奏言："建昌道所属之迤北、沙沟、紫古喇三铜厂，川东道所辖与云阳界连之奉节县铜铅矿厂，永宁道所辖之长宁县茶山沟铅厂，并无妨碍田园庐舍（必须注意！作为开采许可理由之主点，后文当有论及）。取矿煎试，每矿一斤，可煎净约铅铜三四两不等，实属旺盛，应准其开采。所出铜铅除抽课外，商民得照例收买铜铅，以供鼓铸。"⑤（货币铸造素材铜铅之重要性）

（4）乾隆十六年（一七五一年），政府收买湖南铅斤买价公定之际，湖南巡抚奏请："黑铅系京局鼓铸关系之物，必上不亏帑，下不病民，方可经久。"⑥（货币铸造素材铅之重要性）

由上述四例，即可明了作为军器制造及货币铸造之原料素材，政府攫取矿物及矿山开发利益之情况。反之，当时与国定货币素材之铜铅无关系的金、银矿（但非砂金、砂银）并不许开采。乾隆三年（一七三八年），《矿厂事宜例》制定之际，曾有谕旨："凡产铜系山矿，实有裨于鼓铸，先行结报始准开采，其他金银矿悉行封闭。至黑铅即系银母，亦严禁之。"⑦再则，乾隆八年（一七四三年），制定《广东招商民承采事宜例》，准许开采铜、铅、银砂之际，亦曾有谕旨："金银二矿于鼓铸无涉，悉行停采，其有夹带金砂金屑之铜铅矿，照原定章程准予开采。"⑧依上所列，原则上严禁开采，除非矿山于政府利益有必要者，方可准许开采。并且，不仅如此，为了确保政府之利益与必要，矿产地与军事费之结合，自为必然的举措，此点，尤属切要。

分析 （二）清代煤坑业之地位

前节所列表中，煤坑开采事业，全付阙如，此点自有其原因。在开矿之际，无论上谕怎样命令，"准人民开采"也好，"派官吏督励"也好，人民常以土法开采，小规模家计补充式的经营着，政府对此事之默认中，实含有征收矿税之意味，所以在政府默认前，人民之自行开采，可谓属于"私矿"性质，若再规模宏大，简直可说是"盗矿"了。虽然此种"私矿"在政府实行默认前，遵照所谓开矿常规，先由政府派官测量矿床，试行采掘，渐至正式开矿，则可谓绝无仅有之例外。此种人民以补助家计为目的的"私矿"，虽系出于求生之需要，然就人类生活的微妙而必然的智慧（Weis Heit）而论，此间所表示之睿智，实为最原始的社会发展的杠杆。

此处所论之石炭（煤），在我国早就与盐铁二事为"私矿"发展之对象，关于盐、铁二类，早在汉代《盐铁论》一书中，已载及廷臣的可否官营的论议。至于石炭有名的《马可·勃罗游记》中，亦曾论及。马可·勃罗自元朝至元十二年（一二七五年）以来，在华度过二十年的惊异生涯，"燃烧的黑石头"（石炭），被马氏目为一大惊异。马氏记述中曾云："黑石"在中国全国皆有丰富的矿脉，像木炭一样地燃烧而较木炭火力强大，可由早晨燃烧至夜，且价格低廉云云。而十三世纪欧洲商业发展的先锋队威尼斯商人，亦曾大为惊异，从石炭很早即与中国人民生活必需的结合中，可以看出人类生活之适应能力与睿智，尤以石炭开采容易，促成人民生活的安乐。《天工开物》卷中《燔石第十一·煤炭》一节中亦云："煤炭普天皆生……深至五丈许方始得煤……经二三十年后，其下煤复生长，取之不尽。"与深及十丈或二十丈后始得银矿相较，石炭采掘自极容易。再者，由于在早期，一般人民已利用开采石炭作为生活必需品，政府自无改动开采令的必要，且若封闭煤矿，势必夺去多数以采煤为生的人民生活，自亦无必要刺激人民的不平与反抗，而酿成社会混乱。所以在前表中未列煤坑在内。

若依此而论，人类生活之睿智所适应之处的客观根据在哪里，当为问题。而此客观根据，即为木材枯竭。《天工开物》一书中对木材枯竭与石炭关系，在该书卷中《燔石第十一·煤炭》一节中亦曾有云："山无草木者，下即有煤。……煤炭不生于草木茂盛之乡，此可见天心之妙。"所谓"天心之妙",实即为人类生活的适应能力(睿智)。天心之妙非他,在草木茂盛之乡,自无以石炭代燃料之必要,而无须从事采掘。

此处还要讨论的,是关于前章所说的吉林造船厂所以设立于吉林的理由。如前所述,是因为关内一般的木材枯竭,并为展示关内木材枯竭情况,以山西省示例且附带提及木材枯竭系造成洪水、饥馑等的自然原因。然而,还有没有解决的问题,以山西一省为例,即可概括为一般的全国性的木材枯竭,是否确切呢?关于此点,清末新官僚林则徐曾有明敏的感觉和认识。他说:

> 自陕省南山一带及楚(湖北、湖南)北之陨阳上游,深山老林尽行开垦,栽种包谷。山土日掘日松,如遇有发水,沙泥随下,以致积年淤垫。自汉阳至襄阳,愈上而河愈浅。⑨

此系林则徐在道光十七年(一八三七年)湖广总督任内的奏折,就其在陕西、湖北、湖南三省所见实况,却与《山西通志》所载不约而同。均指出由于山地森林的滥肆砍伐,木材枯竭,而致造成洪水原因,可谓一语道破。且再次地断定关内木材的枯竭。不过我们要更进一步,研究全国木材枯竭的原因所在。这个问题有下列几个答案。

(1)魏马斯在《中国经济农业》一书中称:

> 黄土地带本质的拒绝植木,植木不可能地带的人类,原缺乏植木思想。再者,汉族系发原于黄河狭谷(黄土地带)而南移,故汉族缺乏植木思想。这或许就是全国木材缺乏的原因罢!⑩

——这样带着保留条件的三段论法。

(2)《马可·勃罗游记》中云:

> 全国树木稀少,因住民稠密,炊事入浴尽需沸水,不仅如此,因不论何人,每周入浴三次,尤其在冬天,如有可能,每日入浴,享福者,自宅备有专用浴室,故虽柴薪山积,倾即罄尽。木材之供给,自不能应付需要。

——这样的"季候风"（Monsoon）地带入浴原因论。

（3）《山西通志》，如序编所引，系由于用于燃料及建筑而滥肆砍伐。

不过，上引三说，只论及真理的一面，并未触及问题的本质。实际地说来，中国木材枯竭的原因，实基于中国社会经济的未臻发达。木材枯竭并非中国的单独现象，在社会经济的某一定阶段中，即连欧洲亦是如此。这是世界史的现象。原来木材的主要用途，不外：（1）原料（例如建筑用材、器具用材、造船用材），（2）补助材料（例如抽取染料，部分器具用品），（3）燃料。据桑巴特在《近代资本主义论》中所称，欧洲直至十八世纪，森林（木材）尚被广泛地利用。就以近代工业的发展而论，木材实具有大的作用。反之，由于近代产业的高度木材用量，林木必至渐趋枯竭不敷，故如何补给、代替木材的供应，实乃迫切的问题。在欧洲必至以有机的原料素材改用无机的原料素材不为功。因此，随着技术的发展，如建筑用材的铁、石，机械、造船材料的铁，染料用的煤胶（改用安泥林 Aniline），由于新的发现，克服了木材枯竭的影响。然而在中国，除去石炭可以代替木材作燃料外，木材的用途还是占着近乎支配的地位，早在十九世纪林则徐所慨叹的滥伐现象，依然变本加厉地进行着。

然而所谓"经济社会未发达"的根据何在，这种原因的原因，先要究明前文提到的清朝产业政策所受的社会限制，亦即是下节我们讨研的主题所在——清朝开矿政策消极化的第二要因。

【附注】

① 百濑弘，《关于明代的产银及外国银》（日本《青丘学丛》第十九号刊）。

② 萧一山，《清代通史》，中，页四百九十七。

③ 《中国财政史辑要》，卷三十二，《坑冶下》。

④ 《中国财政史辑要》，卷三十二，《坑冶下》。

⑤ 《中国财政史辑要》，卷三十二，《坑冶下》。

⑥ 《中国财政史辑要》，卷三十二，《坑冶下》。

⑦《中国财政史辑要》,卷三十二,《坑冶下》。

⑧《中国财政史辑要》,卷三十二,《坑冶下》。

⑨ 魏马斯,《支那农业经济论》(日译本),页一二。

⑩《中国财政史辑要》,卷三十二,《坑冶下》。

第二节 清朝开矿政策消极化的第二要因
(清朝产业政策的限界)

A. 分析的素材——有关矿政的六道上谕及奏折

以下所引据之素材,应作为清朝产业政策一般的基本型加以分析。

(1)康熙五十二年(一七一三年)大学士九卿等议奏:

开矿一事,除云南督抚及湖广山西地方商人王纲明等各雇本地人民开矿不议外,所有他省之矿,向未经开采者,仍行严禁。其本地穷民现在开采者,由地方官查明姓名记册,听其自开。若有别省之人往开,及本处殷富之民霸占者,即行重处。

上谕批示云:

有矿地方初开时,即行禁止。乃久经开采,若系贫民勉办资本,争趋觅利,借可为衣食之计。如忽行禁止,则已聚之民,毫无所得,恐生事端……要在地方官处置得宜,不致生事耳。①

(2)雍正二年(一七二四年)两广总督孔毓珣上奏,请开广东省矿山,以救贫民一事,雍正帝上谕:

昔年粤省开矿,聚集人多,以致盗贼渐起,是以邻郡戒严,永行封闭。夫养民之道,惟在劝农务本,若皆舍本逐末,各省游手好闲之徒,望风而至,岂能辨奸良哉!况矿砂乃天地自然之利,非得人力种植焉。不保其生息,今日有利,聚之甚易,他日利绝,散之甚难。尔等揆情度势,必不致聚众生事，庶几可行。若招商开厂，设官收税，以致远近传闻，聚众藏奸，则断不可行也。②

(3)雍正五年(一七二七年)湖南巡抚布兰泰奏请开矿时之上谕：

开采一事，目前不无小利，集聚人多，为害甚巨。从来矿徒率皆五方匪类，乌合于深山穷谷之中，逐此末利。今聚之甚易，将来散之甚难也。③

(4)雍正十三年(一七三五年)，乾隆帝上谕④：

广东近年以来，年谷顺成，地方宁谧，若举行开采之事，不免聚集人多。现在劝民开垦，正可用力于南亩，何必为侥幸贪得之计哉？⑤

(5)乾隆八年(一七四三年)，户部议覆：

查楚省（湖北、湖南）颇多产矿之地，而开有成效之处甚少。若请悉心筹划，因地制宜，不滥开采，适滋扰累。今湖南常宁县属之龙王山矿厂，曾先刨试黑砂粗铅，且系工本不敷，随经封闭在案。又，沅陵、辰溪、永顺、桑植等县之矿厂，并绥宁县之铜矿、会同县之金矿、宜章县之金矿及湖北迤南兴国、竹山等府州县之矿场，或属苗疆，或有妨田园庐墓，或产砂微细，无人承采，均应饬令地方官严加封禁，其他湖南之邵阳、武冈、慈利、安化、永定等州县之铁矿，俱系供各该居民农隙，以农具自刨（**此点证明铁制农具之生产**）。产铁旺盛之芷江县间，挑往邻邑售卖，应听商民自便。⑥

(6)乾隆十五年(一七五〇年)户部议覆闽浙总督喀尔吉善疏言：

五金之产，为天地自然之利，果如经理得人，设法开采，原足便民生而资器用，第恐防闲不密，料理未周，每致纷扰滋事，是以向有查禁之例。今据该督等奏称，处州府属之云和、松滋、遂昌、青田四县并温州府属之永嘉、平阳二县及附于平邑、淘洗之泰顺一县，土瘠民贫，以采铁为恒业……应照该督等所请，仍弛其禁，照旧开禁，以济民生。⑦

B. 素材之分析——清朝保守主义的物质的根据

从上文所引述之六条上谕及奏折中，实在可以看出清朝政府对矿业政策的方向与所取态度，同时，亦表明清朝政府一般产业政策的方向与所取态度。在这种精神中，渗透并呈露出的是统治者的温情主义（Paternalism）精神，亦即是中国儒家的精神——统治者对人民的态度和方法。这种 Paternalism 表现在这里的，就是不许开矿。而问题的关键所在，就是不放心人民，恐惧人民力量。这些上谕和奏折，用现代的意思表现出来，就成为下列几个要素：

（一）以农业为生产力的唯一的基本，视矿山业不过是"末利"的投机事业（"侥幸贪得之计"）。因投机事业的一时的魅力所吸引，民众不免猬集矿区，以致引起农业生产力不足之后果而有害根本。这在以农业生产为主要生产的清朝，自然是极为忧戻的，所以，一般地不许开采。

（二）因在矿区，各省的失业者（"游手无赖之徒"）猬集，所谓"五方匪类"易于跋扈，以致往往造成地方骚动（"易生事端"，"纷扰滋事"）。而地方骚动，在中国历史中又往往是易姓受命（"改换朝廷"）的导因，所以严禁开矿。

（三）由于矿业智识的浅薄，以为矿脉一旦贫乏化，一定要造成生产费昂贵和利润低下（"工本不敷"）等现象，从而矿业倒闭，进而招致失业问题。而这些矿工，则又"集之易而散之难"，是足以造成地方骚动的因素，所以对于新矿的开采，一向列入不许之例。

（四）若将矿山开采事业，由本省穷民的家计补充式的小规模经营（"借为衣食计"，"土瘠民贫以采矿为业"）换为准许他省人进出，必至造成销路缩小以至丧失诸现象。至于准许本省人大资本的经营，又可能造成市场独占（"本处殷富之民霸占"）现象。如此，必致使本省小本经营者被淘汰吞并，并减少其被雇用的机会，造成失业、对立及骚动。故凡此种场合的新矿开采建议，亦悬为厉禁。

（五）惟开矿事业，如在不破坏农田墓地情况下（"无妨碍民田园庐墓者"），且有益于地方民生（"济民生"，"供农器"，"挑往邻邑贩卖"），亦可勉为通融开采。至于一旦许可开采，在由本省穷民凑资办理，作补助家计式的经营（"贫民勉办资本争趋觅利"），或则由官办（"云南督抚"）或则由民营（"湖广山西地方商人王纲明"），而系在雇用本省人民的场合下，在此两种情况下，因可防止失业，亦一概不予封闭。但如矿脉贫乏化（"黑铅砂粗"，"产砂微细"），以至工本不敷、经营不振，或征税成绩差劣、官吏勒索有加，则断然予以封闭。

上述五点，即系前引六道上谕及奏折的内容。总之，清朝开矿政策消极化的理由，第一是由于对于农业生产力减退的恐惧心理（清朝农业社会的当然理论），第二是由于对失业者发生的恐惧心理（易姓受命思想的当然归结），尤以从后一点，我们可以看出一个真理：一切统治者都不信任人民和恐惧人民、防范人民，以民为理想敌的心理状态和措置。清朝以异族而入主中国，这种心理自然更为浓厚，而这种恐惧心理，就造成了清朝政府对一般产业政策的消极甚至退化的态度，而阻碍了清朝经济社会的发展。所以清朝的保守主义（墨守祖法）的客观根据，最重要的还在第二点的理由上，所谓农业生产问题，倒还在次要。而一般政府所施的慈惠政策，要之亦系为防止人民"滋事"的措举，以之为巩固政权的手段。就如水利事业（治水、灌溉），亦必须作如此理解，方能把握问题的本质所在。这种水利事业，固然系清朝农业社会的维持农业生产力的必要措举，然而更重要的一面意义，却是统治者为了本身的安全，防止"滋事"的失业救济事业。聪明人如林则徐，对此自然有明慧的理解，观其《筹挑刘河白茆河以工代赈折》（见《林文忠公政书》，甲集，《江苏奏稿》卷三），可为证明：

年来，河道愈形淤塞，农田连遭积歉……田畴即渐就荒芜，浅漕亦愈难征。故该两河（江苏省刘河、白茆河）急需开浚，实为目前必不可缓之工……并以上年秋禾为歉，现值青黄不接之时，小民食力维艰，正宜以工代赈，禀请即时兴办。

在林则徐禀折内，道出因连年发水，河道泛滥、农产不作、民生凋敝的情形，故认为此际兴办水利事业，实为不可或缺之事。但所需工事，不用徭役劳动，用募役劳动办法（给资之雇工制），借水利事业与失业救济同时兼收之效。此处所云"代赈"，即是赈恤意义（救贫事业，社会经济史家所谓前期社会政策），这种"赈恤"和"蠲免"，屡次同被用为农民救济的慈惠政策，用作统治者缓和人民情绪的策略之一；而在这种"赈恤"和"蠲免"的骨子里，又可看出统治者对其剥削的惨重所生的后果的非常恐惧，所以这"赈恤"和"蠲免"，实在就是统治者的自行赎命赎罪的政策，不过被眩目而巧妙地利用着罢了。所以林则徐所奏请"即时兴办"的以工代赈的水利事业，重点并不在于水利事业的重要，而实际是失业的救济却重要于一切。而他的以工代赈办法，又要比不生产的赈恤政策聪明多了。要言之，这种救济政策，政治意义实重于经济意义。

更有进者，在林则徐所生逢的清朝末叶，这个失业问题，不仅具有内在的意义，而且更具有可怖的外在意义，含有摇撼清政府的统治基础。因为从鸦片战争以来，清朝政府的"内在的"忧戾以外（对人民的恐惧），更有着外在的忧戾（对帝国主义的恐惧）。换言之，人民的无从生活，不仅要发生内在的地方骚动，而又外在的予帝国主义以政治经济的机会，这点，有现代的中国历史证明。这实在是清末政府的一个严重深刻的政治难题。观乎在此期间，清政府的设立招商局（同治十一年，一八七二年），可为佐证。由李鸿章奏请所成立的招商局，着眼就在于救济中国民船危机的一点上。清末有名的史料书《国朝柔远记》，对这个问题的见解，可谓具有慧眼，其卷十七，《同治十一年冬设招商局》一节内有云：

八荒四极时，自古绝域不通之国，来宾或享互市各海口，李鸿章为中国之利尽为洋商所侵，恐失业之民悉为洋人所诱，因设招商局，自置轮船，分运漕米，兼揽商货，冀清稍可收回原利。

综合说来，清朝政府对失业问题，发生"纷扰滋事"的恐怖感情，为主要的对开矿政策一般的取消极，甚至退后的原因。此点就是前文中所说的清朝政府产业政策的社会的限界之所划的一线，我们必须作如此看法。此种社会的限界，毕竟是清代经济社会发展的唯一的重大的主体的阻滞力量，像开矿政策的消极化，不过是其局部的表现而已。准此而论，像康熙四十三年（一七〇四年）的上谕，则绝对严禁开矿：

开采之事，甚无益于地方。嗣后有请开采者，悉行不准。⑧

在这种上谕里，Paternalism 的精神表现无遗。反言之，假若不是这样的社会限制，则明代产业的归趋和结实——渐渐以转进官营企业为中心，由清代予以按部就班地继承下去，清代矿山制造业的发达，确是颇有期望的。再引《天工开物》卷中，《锤锻第十·冶铁》：

凡炉中之炽铁用炭，煤炭居其七，木炭居其三。

从这种记述里，可以见出远在十七世纪前半期的明末时代，制铁所用石炭的用量比例，已达 70% 以上的高率，较木炭用量高出二倍又半弱，充分说明了制铁业对石炭高度需要的意味。而制铁业的发展又为煤坑业发展的酵母。因之，明末的制铁业，以其已达使用石炭 70% 的发展阶段，亦相应地达到这样的发展阶段，或有可能。在欧洲，由于制铁业的发展在先，而刺激了煤坑业的发展。然在中国，如前之所说的由于木材极度的枯竭，石炭的需用量，自然现出不均等的高度。事实说来，明末以铸造"大将军""二将军""红夷炮"等铁制火器，且有生产铜制火器（西洋炮）的事实⑨，制铁（金属工业）的发展指标或者是够了。明朝在灭亡前的顷刻，因迫于当前将趋灭亡的客观情势，力求推进矿山（金属工业）的建设事业，以图用纯粹的军事技术力量（火力）挽救其覆亡，虽然这结果一定是悲剧的。而明代所遗留的金属工业建设的所以中绝，实由于近三百年的满清政府的军事国家的性格，观乎清代国家的军事建设，在产业政策中，无根据可寻，即可了然。所以租税政策，实在是清代军事费的最后和最大的补救路，这就是我们在下章中所要探讨的主题。

【附注】

① 《中国财政史辑要》，卷三十二，《坑冶下》。
② 《中国财政史辑要》，卷三十二，《坑冶下》。
③ 《中国财政史辑要》，卷三十二，《坑冶下》。
④ 雍正帝于雍正十三年八月逝世，由乾隆帝继位，规定至年末不改元。
⑤ 《中国财政史辑要》，卷三十二，《坑冶下》。
⑥ 《中国财政史辑要》，卷三十二，《坑冶下》。
⑦ 《中国财政史辑要》，卷三十二，《坑冶下》。
⑧ 《天工开物》，卷中，《冶铸第八·炮》；卷下，《佳兵第十五·火器》。
⑨ 《中国财政史辑要》，卷三十二，《坑冶下》。

第二章　租税政策

清朝最初的岁入构成，是义和团事件的翌年即光绪二十七年（一九〇一年）的 Robert Hunt 的岁入改革案和被称为满清王朝最后的挽歌的宣统三年（一九一一年）的预算修正案。原案见下表：

I. 光绪二十七年 Robert Hunt 岁入改革案

项目	收入（单位：千两）	%
地丁	26,500	29.3
漕粮	3,100	3.4
盐课、盐厘	13,500	14.9
关税	23,800	26.3
厘金	16,000	17.7
常关税	2,700	3.0
土药税	2,200	2.4
地方收入	2,600	3.0
总计	90,400	100%

备考：

依据罗玉东《光绪朝补救财政之方案》（原载《中国近代经济史研究集刊》第一卷第二期）。

Ⅱ．宣统三年岁入预算修正案

项目	收入（单位：两）	％
田赋	49,669,858	16.3
盐课茶税	47,621,920	15.6
关税	42,139,287	13.8
正杂各税	26,163,842	8.6
厘捐	47,176,541	15.5
官业收入	47,228,036	15.5
捐输各款	5,652,333	1.9
杂收	35,698,477	11.7
公债	3,560,000	1.1
总计	304,910,294	100％

备考：

1. 贾士毅，《民国财政史》，上册，页二六。

2. 盐课、茶税合计中，盐课占 99％，见萧一山《清代通史》，中，页四百五—四百六之表。

上表Ⅰ之田赋、盐税、关市税（关税、厘金、常关税）三项占岁入构成中 91.2％；Ⅱ表之田赋、盐税、关市税（关税、厘捐）三项占岁入构成中 61.2％。

因从来清朝田赋正税以外的所有财源，或多或少的被充作军事财源，所以要是除开田赋、盐税、关税所占的比例，在Ⅰ表中占 61.9％，在Ⅱ表中占 44.9％。即是：第一，田赋在 16.3％ 乃至 29.3％ 线上；第二，盐税、关市税在 44.9％ 乃至 61.9％ 线上，这是必须注意的。

第一节 作为军事财源的矿税

清代矿税一项数量的微末，从前列两表中皆未予以独立项目，即可察知。因政府厉行开矿严禁政策，所以矿税征收来源的矿业萎靡不振，事实昭然。据清末史家濂希逸从《大清会典》中所作统计，云南官定银税每年 67,300 两，金税 60 两，铜税 10,800 两，锡税 3,000 两，其他广东、广西、四川、贵州、湖南、山西诸省未定官额①，不过"尽拨尽解"而已。若据林则徐上奏所列，情形更差，嘉庆十六年(一八一一年)户部所订云南银厂 16 处课税年额不过 26,550 两，还有，在嘉庆十九年(一八一四年)，白沙厂因亏折而被封闭，须纳矿税的 15 家银矿，额数亦不过 24,114 两。②

据此而论，清代矿税率似非常低下，然而不然。清代矿税率以 20% 为原则，这是从康熙十八年(一六七九年)官定各省铜、铅税率为 20% 以来③所规定的。这比明朝的 30% 的矿税率稍低，却是事实。然而，并非无例外的原则，由于时代使然和矿种使然，上述原则 20% 不断曾被破坏，举例言之。康熙十九年(一六八○年)各省金、银税率定为 40%，康熙五十二年(一七一三年)湖南郴州黑铅厂的分解银税率定为 50%，雍正八年(一七三○年)四川建昌府迤北兴隆、宁番的铜税率定为 30%，乾隆八年贵州天柱县的金税率定为 30%，乾隆十二年(一七四七年)贵州威宁州大化里、新寨的银、铅、矿砂税率定为 40%，乾隆十六年(一七五一年)湖南郴桂二州铜、铅、银税率定为 50%，诸如此类。④像这样地提高税率，多少与边境征讨的军事费急增有关，有康熙时代财政制度中未整理就绪的，而乾隆十六年的提高 50%，就是为了大金川役(乾隆十二年—十四年)并准喀尔役(乾隆二十年—二十二年)的事后来补办事前的工作，极为明显。

从这样营养不良的矿税中，清朝政府如何指抽军事费，下文我们将引证上谕及上奏以资证实。

A. 分析之素材——关于以矿税充当军事财源的五道上谕及上奏

(1)康熙元年(一六六二年),在贵州开州斗甫厂,关于水银每年征收 95 斤现物税,闰年加课 10 斤一事,上谕云:

变价充本省之兵饷。⑤

(2)康熙四十六年(一七〇七年),为禁止加征云南矿税,谕令大学士等云:

云南矿税一年征银八万两零,用拨兵饷,数亦不少,若再令加增,不致有累民乎?⑥

(3)康熙五十一年(一七一二年),四川巡抚能泰的奏折批答云:

原任四川巡抚能泰,曾具折奏闻,开矿后又奏称:江中有银,派官监视,捞取以为兵饷。朕以此二事俱不可行。……

在此种场合,虽否认以银税充当军事费,然问题本质并未变。⑦

(4)乾隆三十年(一七六五年),当开采四川江油县铁矿时,四川总督阿尔泰奏称:

江油县之木通、溪和、合硐等处,每十五斤矿砂产铁,煎生铁四斤八两,岁可得生铁二万九千一百六十斤,请照例开采,十分抽二,变价拨充兵饷。⑧

(5)乾隆三十一年(一七六六年),四川宜宾县许可开采铁矿之际,四川总督阿尔泰奏称:

宜宾县之滥坝等处,每十斤矿砂产铁,煎生铁三斤,每岁计可得生铁九千七百二十斤,照例十分抽二,按年征收变价,拨充兵饷。⑨

B. 素材之分析

从上所引征之五道上谕及上奏内,可以窥见以矿税"拨充兵饷"的情形,而且,受产业政策社会限界的清朝政府的唯一的支点

（Anhaltspunkt），只此而已，余无可得，于此证实。并且清朝政府除田赋正税以外的所有 Anhaltspunkt，只不过此一项，亦必须予以注意。至于上引素材的分析要点有下列二端。

第一　实物租税与货币租税之争竞及其社会的根据

清朝征收矿税，系采用实物纳税制及货币纳税制兼并两用，文中所云"变价"，即指实物纳税制而言，即所谓 Vice Veroa。此种实物纳税制与货币纳税制所征收的课税，除非生产课税的牙税、契税、船钞、关市税等以外，凡田赋以下的生产课税皆经并为采用，与官吏给予制度之并行采用俸银制与禄米制遥相对照。⑩由此观之，清代社会并非单独立足于现物经济之基础上，同时极明显地具有货币经济时代的特征，其表现就在"西班牙墨西哥洋（银元币）时代"一事上。以下我们具体地说明这个命题。

中国最初铸造银货，应在金朝章宗之时，即是承安二年（一一九七年）的"承安通宝"⑪的铸造，惟银高度地作为一般通用力，开始普遍流通，系在所谓欧化东渐的初期，即西班牙占领菲列宾（一五七一年）以后。在这以前，业已完成两件大事。其一是加马奉葡萄牙国王马诺尔之命迁回喜望峰，于弘治十一年（一四九八年）到达印度之加尔各答，开辟了东印度航路；其二是麦哲伦得西班牙王加尔罗斯一世之补助，于正德十四年（一五一九年）通过麦哲伦海峡，开辟了欧亚西南的航路。不过最初发现喜望峰的是加尔士（一四八九年），并名为荒岬（Cabo Tormeutoso），后由葡萄牙王约翰二世始改名为喜望峰（Cabo de Huena Esperanza），还有，由陆路最先到达印度加尔各答的是代·高尔洛扬（一四八七年），加马不过是完成先辈的伟业而已。惟加马的发现东印度航路，可称为对欧洲经济史上划时代的贡献，不能不为一般人所公认。由此，意大利诸都市若威尼斯、热内亚渐趋衰亡，而代之以里斯本的勃兴，欧洲之经济文化中心，一移而至葡萄牙，所以葡萄牙在欧亚的关系上，有了重大的存在意义。⑫加马的东印度航路的发现，在欧洲经济史上虽有着划时代的意义，而麦哲伦海峡的开拓者,对于东方经济史上的影响,亦应具有高度的评价。即是,以此为开端,西班牙(墨西哥)洋始行流入。

葡萄牙的中国经略 在西班牙以西班牙(墨西哥)洋开始与中国接触以前,关于葡萄牙对中国之经略,缕列如下:

自东印度航线发现后,一五〇五年,堂·法兰西斯·阿尔马加在高亚(即 Goa,东方的威尼斯)被任命为印度总督,直至一五一一年,达尔包、可尔可占领马刺甲。葡人始初次访问广州,翌年,发尔拿翁·菲立斯·达得拉的率葡船四艘,马来船四艘,奉该国王命到达广州测量港湾,在澳门西南上川岛碇泊。此时,随船来华者,有高亚总督任命的国使杜米·比拉斯,由亡命马刺甲的华人火者亚三相随,共赴北京,呈送准许在广州贸易的国书,由于明廷不理,此等一行遂舍弃广州,至宁波、漳州开始贸易——非法贸易。此二处之非法贸易,由嘉靖初年直至嘉靖二十八年(一五二二年——一五四九年),继续不绝,但是当时宁波并没有葡人的领馆。惟至嘉靖二十八年,该二处之非法贸易,始被明舰队所扫荡,葡人的贸易地遂再行移至广东沿海一带。在此以前,即嘉靖十四年(一五三五年),都指挥黄庆曾受葡人巨额贿赂,准由葡人在澳门设港通商,并约定年纳贡金 2 万两。抑有进者,葡人因于嘉靖三十六年(一五五七年)时,扫荡海贼有功,由巡海副使汪柏准许将澳门为葡人殖民地,自万历十年(一五八二年)起,年纳租金 500 两,由香山县征收,此种额定,直至十九世纪四十年代,仍历行不绝。葡人经营中国,以如此状态进展,故葡人来航者日众,嘉靖十六年(一五三七年),葡人在广东沿海,既已以上川岛、电白县、澳门三处为居留地,迨至嘉靖二十一年(一五四二年),遂以电白县为中心,设定殖民地后,更以澳门为其"首府"矣。葡人进出中国,节节奏功,迨嘉靖三十九年(一五六〇年),只电白县一处的葡人,为数已达五六百人以上。⑬

在西班牙占领菲列宾当时的葡萄牙东方经略,已如附论所述;比葡人稍后来的西班牙人,即直接与明朝福建、广东等沿海诸省人民建立贸易关系,而这种贸易,不过是以中国的绢、茶、瓷器为对象的单面贸易,因之,大量的西班牙(墨西哥)洋开始流入中国。此点,葡人亦同。即是以高亚、马剌甲、澳门为据点的葡人,与以马尼拉为据点的西人从当时开港时起,即开始使用西班牙(墨西哥)洋,渐次地,在江南地方建立了高度的一般通用力的基础。然而这种举措,无论如何,对明代货币经济的进展,起了援助和推进的作用。质言之,麦哲伦对明清两代的社会经济进展,尽了侧面掩护推动的功用一语,亦非过言。十六世纪末,葡人领有高亚时,流通之银货为八里拉,但去中国的旅行者,为了需要墨洋,甚至有贴水的传说。这种情形,一五一九年,墨西哥被征服后,西班牙即利用其丰富之银矿,供给欧洲诸国八里拉之墨洋,为用于国际贸易通货所起作用甚大,如葡人为了在东方经营单面贸易亦尽量利用墨洋为流通通货,如出一辙。

墨洋在明末的每年流入量,据日人百濑弘氏所考(见《清代西班牙洋之流通(上)》一文),为 200 万圆以上,若此种论据可靠,则如此巨额的白银流入,对明代的货币经济的发展,则如注入酵素一样的有着重大的意义。明代出赋的银纳制,本实施于南畿以下的南方 7 省,因而国内一般的经济和政府经济,银货必然在货币机构中有着重大作用,我们在前文中曾为提及。而墨洋的大量流入,更加助长和推进了这种作用。不过必须注意的,这是种单面贸易,明朝政府并不赞同,明朝对于出洋贸易的态度,一贯遵从着太祖的遗训:"不许寸板下海",取着极为消极的态度,只是由福建、广东沿海诸省一带的人民,私下经营着非法贸易而已。[14]至于福建广东的人民对于菲列宾及南洋诸国的贸易和侨寓,极为兴盛。在明代的有名的史料书《东西洋考》中,下列片段可见一斑。

(一)吕宋(菲列宾)之例:"吕宋在东海中……夷遂决计谋杀诸流寓(华人)……华人在大仑山饥甚不得食,冒死攻城,夷人伏发,竟以铜铳,击杀华人万余,华人大溃,或逃散饿死山谷间,横尸相枕,计损二万五千人,存者三百口而已。"[15]

（二）旧港（苏门答拉地方）之例："旧港古之三佛斋国也……永乐初年,三佛斋竟为爪哇所破废为旧港。是时南海豪民梁道明,窜泊兹土,众推为酋,闽广之流移从者数千人,廷议遣引人谭受胜往招,道明从受胜来归,留副酋施进卿代领其众。"⑯

（三）下港（爪哇）之例："新村旧名厮村,中华人客此成聚,遂名新村,约千余家。村主粤人也,贾舶至此互市,百货充溢。"⑰

不管明朝的出洋贸易态度如何消极，就上文所例举的而言,福建、广东省民（华侨）的进出于西班牙、葡萄牙势力圈内,以此为中介,为机缘,所以中国即无该各国的船舶亲至沿海互市,但墨洋的流入,亦所必然。何况以澳门为根据地的葡人,对此国际贸易通货（墨洋）的使用力,较诸华侨的使用力为尤高,自无疑义。因之明末每年要流入墨洋200万,就是这个缘故。

然而,明朝对外贸易的消极主义,至清代而转趋积极化。这种转入积极化的时期,是在康熙二十四年(一六八五年)前文中我们论述清朝军事费容量之际，曾以康熙二十四年为具有如何意味之一年,予以提出,并保留在后文中加以说明之意旨。然而康熙二十四年先就外国贸易一面来说,无论该年是否在清朝史中为由开国以来的文化破坏到复原的一年,确是对外贸易政策转趋积极化的一年。至于积极化的导因何在,后文另有详论。在此处我们只要记住这年是在对外贸易转入积极化的一年已足够了。不仅如此,十七世纪中叶以来,由于荷兰、英国的加入贸易,驾乎前期的西班牙与葡萄牙势力之上。⑱不论这两国的场合,是单面贸易,还是为了茶及绢的换取,银货仍是源源流入不绝。尤其是荷兰,为了获取这两种欧洲的必需品（茶及绢）,始终向清廷进呈贡物,甚至连欧洲使臣所不屑为的觐见皇帝的"三跪九叩首",亦不惜遵行如仪。⑲所以在《粤海关志》中,荷兰、英国以朝贡国列入"贡船"之部,以示优于美国、俄国等的"市舶",可见一斑。⑳

明末,每年流入200万的墨洋。在十八世纪清朝中叶,流入年额高至500万至600万墨洋^㉑，而在贸易的构成上，自然有不少变化。

（一）西班牙本国与清朝的开始直接交易，和马尼拉贸易的衰退同时，西班牙自身的贸易额亦失去昔年的盛势。^㉒

（二）自乾隆四十九年（一七八四年）起，美国新加入贸易。如《国朝柔远记》所云，"即于是年，遣船至中国购茶，是为美利坚来粤互市之始。"而贸易的对象，仍为茶。至于美国自华输入之茶，又以其总额二分之一乃至四分之一向欧西输出，至一八一五年，拿破仑战争终结，欧洲和平恢复以后，逐渐减退四分之一乃至十分之一，惟平均每年输出总额仍在300万封左右。^㉓虽然美国是以毛皮及白檀为输出品，以输入茶类，但美国在单面贸易上^㉔，从一七八四年以来，以至十九世纪四十年代，美国支付中国而流出之白银计在1亿圆。^㉕美国对中国的白银供给，在十九世纪初期，年额在200万以上，数年以后，达到600万至700万程度^㉖，到一八三〇年，美国开始利用伦敦汇兑之后，始行断绝。^㉗

（三）最重大的转换起于英国。即自一七九〇年起，英国毛织物输入极为旺盛，反之，英国之银输出锐减。英国最被称道的物产是毛织物和矿石，一七九〇年第一次贸易的转期可以说是羊毛的胜利。所以一七九〇年的英清贸易转期，由英国方向看来，也就是所谓一七七〇年开始的所谓产业革命的胜利，因之，必须加以注意这在英清贸易关系上最早的一个转期，特制表如下。

东印度公司向清国输出之商品及银（单位:磅）

年次	商品（以毛织物为主）	银	合计
一七八五年	270,110	704,253	974,363
一七八六年	245,529	694,961	940,490
一七八七年	368,442	626,896	995,338
一七八八年	401,199	469,408	870,607
一七八九年	470,480	714,233	1,184,713
一七九〇年	541,172	—	541,172

（续表）

年次	商品(以毛织物为主)	银	合计
一七九一年	574,001	377,685	951,686
一七九二年	680,219	–	680,219
一七九三年	760,030	–	760,030
一七九四年	744,140	–	744,140
一七九五年	670,459	–	670,459

备考：

本表系自 George Leonard Staunton，*An Authentic Account of an Embassy*，etc.，1797，Vol.Ⅲ.P.487.AppendixⅧ中抽出。

随着上述的贸易构成上所起的不少的变化，年额 300 万至 500 万圆的银币流入，直到十八世纪中叶,继续不绝,一九三〇年代末银流通总额,估计在 5 亿圆程度。[28]这 5 亿圆中,虽含有国产纹银及外国银(番银——洋银),然外国银的流通比例,约占 60%—70%,则可以推知。[29]详加论列,外国银又有下列数种： (1) 西班牙圆(Pillar Dollar,亦即八里拉银货 Rialles of Eight,Pardawes de Reales)；(2)墨西哥圆 (为一八八五年以来广东流通的主要通货);(3)Crown 银货(法国造)；(4)Duceatson(威尼斯造);(5)Rixdollar(斯干的那及德国造)等五种。[30]这些各式银货,一般的输入时代,都在一八二五年以后,在这以前,几乎全为西班牙圆 Oed Head(西王加罗斯四世铸造)所控占。[31]除西班牙圆以外,金块及银块亦同时流入,对中国的经济社会,颇有可喜的影响。所以,西班牙圆(即 Oed Head)不仅表里模样相异,且对加罗斯三世圆以 10%—15% 的贴水而流通[32],至于墨西哥及南美各国所铸造的各式银货,对 Oed Head,则须打 3% 乃至 7% 的折扣。因之,一八五四年在广东、福建、苏州各地仿造 Oed Head 时,不仅要对原品有 18% 的贴水,且模造品本身即有 10% 以上的贴水,半年以后,甚至要打 30% 的折扣,而仿造事业失败大吉。还有,一八六六年,香港造币局,以墨西哥圆为标准货币,开始铸造,以 10% 的折扣流通使用,两年以后,造币局仍关门大吉。[33]凡此诸事实,都是因为 Oed Head 在中国流通最广,信用最著,而中国人对杂式货币(Solution Goed)的轻蔑观念,根深蒂固,最典型地反映了前期社会心理,如若我们的经济生活不能突破这种前期社会的范畴,这种落后经济心理,即用法西斯的暴政手段,也是无法加以消灭和占领的。因之,Oed Head 虽自一八三○年以来流入激减[34],但迄至一八五七年,仍作为清代经济社会的国际贸易通货而存在[35],就是这个道理。

关于墨洋的流通范围,虽然最初由广州流入,迨康熙中叶(一六九○年)经由福建省而流入江西境,至乾隆朝末期(一七九○年)始到达长江下流一带。[36]但在华北方面,直到鸦片战争以前,虽然在山东还未见通用,但在北京的巨宦却以之为蓄储的目的物。[37]举例言之,嘉庆四年(一七九九年)被诛杀的大臣和珅,在抄没家财时,有"洋钱五万八千元,地窖内埋藏银一百万两"[38],据此而论,墨洋在华北被用作蓄储的目的物,当无疑义。至乾隆朝末期,随着墨洋流通的普遍化,在江苏、浙江、福建诸省,即以墨洋完纳田赋。[39]这正是强制通用力的进一步措施。不仅如此,在道光末年(一八四○年)广东下级文武官吏的俸给悉用墨洋付给,鸦片战争时募兵的饷项,亦用外国银货[40],这些虽属一时现象,然强制通用力的事实已为众所公认。而此种事实——庶民通用外国货币,政府公认其使用,在客观上正反映了这个国家的经济生活的内容,虽然一方面表示了这个国家商品生产的高度发展,但也说明了外力在一国经济生活中起着怎样的作用,以至这个国家的政治经济社会生活,多少为外力所影响,甚至所左右,渐就会失去了她的独立形态。当时中国银产缺乏,国内银货的供给,自不能适应商品生产的进度,而以墨洋为主的外国通货的大量供给,异常发达了中国的商品制造业——十八世纪江南地方茶绢制造业,是最为重要的一点。

从以上的分析中,可以回到原来的问题。明末以来,由于墨洋的大量流入,中国的货币经济内在的必然日趋进展,以至矿税及租税渐用银纳制,官吏薪给改用俸银制,从此在中国的经济生活中,都有着重大的契机作用,予未来中国的命运,有着很大的影响。而中国人本质的爱银心理,从上述的历史背景和客观条件上加以把握,确是极有兴味的事情。

　　第二　铸造制钱原料的铜铅及其所引起的诸问题(鸦片战争的开端)

　　前文中所引用的五道上谕及奏折内的第二要点,"拨充兵饷"的主要对象是铁。严格地说来,与在原则上禁止开采的金银相异,而开采最盛,裨益矿税最大的铜、铅亦非拨充兵饷的对象。这似乎是奇怪的事,但是要理解了清代的货币制度,自然也就不觉奇怪了。要之,作为清代货币制度本质的铜和铅,禁止以其"拨充兵饷"。因为铜、铅即是清代唯一国定铸造通货的原料,若以之"拨充兵饷",自不如拨送鼓铸局铸造货币较为有利。何况所需要的铜铅很多呢?

　　银不仅为秤量货币,且亦为个别的商品,被可以用为 G.加塞尔(Gustas Cassel)所称的"计算单位"(Rechrungsskala)的配脚。反之,制钱乃清代唯一的国定铸货,以 1 文为单位,实亦是世界最小的货币。[41] 制钱与银的交换比率,顺治四年(一六四七年)定为钱 10 文 = 银 1 分(钱 1,000 文 = 银 1 两),只云南一地,制钱 1,200 文 = 银 1 两,直至乾隆元年(一七三六年),皆维持此种比率。但早在天命元年(一六一六年),制钱 1,000 文称为 1 串,这却算是有清一代的定法,但制钱的重量时有变动,1 文之重量,天命二年(一六一七年)为 1 钱 2 分,顺治元年(一六四四年)为 1 钱,顺治二年(一六四五年)为 1 钱 2 分,顺治八年(一六五一年)为 1 钱 2 分 5 厘,顺治十四年(一六五七年)为 1 钱 4 分,康熙二十三年(一六八四年)为 1 钱,康熙四十一年(一七〇二年)为 1 钱 4 分,雍正十二年(一七三四年)为 1 钱 2 分,乾隆十七年(一七五二年)为 1 钱 2 分,在清末则为 1 钱。[42]

　　至于制钱的原料,完全为铜、铅 2 种,至于历代皇帝为庆祝改元所铸的标准货币,亦不过以铜、铅为主要原料。如天命通宝(太祖),

天聪通宝(太宗)、顺治通宝、康熙通宝、雍正通宝、乾隆通宝、嘉庆通宝、咸丰通宝、同治通宝等,在当时都以其为唯一的国定货币而强制通用,至于铸造银币而加以强制通用的,则在渐入光绪朝(一八七五年——一九〇八年)以后。

制钱所含的铜铅比量,由于时代更迭,不免有或多或少的变更。举例言之,在顺治元年,含红铜 70%、白铜 30% 的纯粹铜货,而在康熙二十三年,改比量为铜 60%、铅 40%,唯在云南一地,因铅产不足,铅价较高,则定为含铜 80%、铅 20% 的比量。在当时,因其所含金属的性质而呼之为黄钱。但在乾隆五年(一七四〇年)铸成通称为青钱的制钱,定为红铜 50 斤、白铅 41 斤 8 两、黑铅 6 斤 8 两、锡 2 斤的比量,初次用锡混入通货原料铸造制钱。㊶至于到乾隆朝,以锡混用于铸造制钱的原料中,这一事实,说明了政府自身多少不免因铜、铅的缺乏而苦虑。再则,早在清初,即禁止民间之铜器制造及铜锡私卖。而在康熙十年至十二年时,规定民间所存旧钱及废钱 1 斤以公定价格 6 分 5 厘收回,并禁止 5 斤以上的铜器制作。乾隆元年,为了购入外铜,曾奖励人民出洋贸易,不征收出洋许可费,所带回之铜,由政府出价收买——这样不得已而为之的苦肉计。㊷

关于为铜钱缺乏而感到苦恼的,实不自清朝始,前代诸王朝,为了这一难决问题,曾有过形形色色的事实表现:

(一)在十世纪至十一世纪的宋朝时代,最为发达的四川益州的"交子",实乃近世最早和最典型的纸币,流传至三世纪之久,进入元朝时代,连在元做官的威尼斯商人马可·勃罗亦大为赞叹,甚至称皇帝忽必烈是"炼金术家",可见纸币在当时社会"猖獗"的程度。至于宋朝的交子,实乃唐代"飞钱"的必然的遗传物,其早期发达的原因与先导的任务,虽有种种不同的解释㊸,但就问题的要害而言,亦不过铜钱的缺乏而已。当时,由于铜不足而造成钱荒危机,此种现象的本身,即宋代急速进展的交换经济步筹与铜的供给的脱节,当可无疑。

（二）各王朝时屡次见到的"排佛毁释"运动，虽有其宗教的、观念的原因，但亦包有着不少的经济原因在内，如韩愈在《原道》一文中，即有很多的解释，而许多经济原因中，铜钱缺乏即属其一。举例言之，唐会昌五年（八四五年），武宗所发动的排佛政策，4 万佛寺化为乌有，26 万僧尼被迫还俗，规模可称浩大，同时，却颁布了铜禁令，则其经济意图自极明显。明白说来，就是铸化佛寺里的铜像、铜钟之类，以救六朝（二二九年—五八九年）以来日趋急迫化的铜钱危机，如此而已。⑯

清朝虽然亦感钱铜缺乏的苦恼，但像宋朝滥发纸币，唐朝排佛运动之类的挽救危机的手段，却未施行，在顺治八年（一六五一年），虽规定每年发行 128,172 贯之钞（纸币），但在十八年即行废止。⑰而其挽救缺乏之道，则全依靠明末以来巨额流入的墨洋——外币。再则，由于明朝大明宝钞的强制通用的悲惨失败结果，使清朝政府不敢轻易尝试这个失败，而只能求之于外币——墨洋，来挽救其危机了。

但是，清朝对于铜钱的供给并不是毫无办法。如前所说的为了铜铅原料的保持所施的苦肉计；另一方面，即以这些原料铸造铜钱，在各地创设官营鼓铸局。户部所隶的宝泉局、工部所隶的宝源局，早在顺治元年即已创设⑱，这两局即是政府直辖下的各省鼓铸局的总枢，直存在至清末。在顺治十七年（一六六〇年），全国各省会所在地几全设有鼓铸局，历经改废，在乾隆年间（一七三六年—一七九五年），以宝浙局（浙江）、宝苏局（江苏）、宝南局（湖南）、宝武局（湖北）、宝川局（四川）、广桂局（广西）、宝直局（直隶）、宝昌局（江西）、宝晋局（山西）、宝广局（广东）、宝泉局（福建）、顺宁局（云南）、宝黔局（贵州）为地方鼓铸的中心地，至乾隆二十二年（一七五七年），在叶尔羌（西藏），乾隆四十年（一七七五年），在伊犁（新疆）等边区地带亦创鼓铸局。⑲与鼓铸局设立相适应制钱铸造额渐次增大，顺治元年不过 7,000 万串，顺治十八年即为 3 亿串，康熙六十年（一七二一年)4 亿串,雍正九年(一七三一年)则达到 10 亿串。⑩由此看来,财政支出膨大和交换经济发达,在制钱的铸造中,多少也可以看出其扩展的波纹和方向。恰于此时,十八世纪最盛时期的年额 500 万圆的墨洋大量流入,这只远远伸过来的救援的手,大大地帮了清政府的忙,以至在嘉庆年间(一七九六年——一八二〇年),户部所定铸造额锐减至 200 万串。⑪但至道光十一年(一八三一年),铸造额复又昂回 250 万串,而道光朝的再转增铸,实在与清末悲剧的一连串变化灿烂的通俗剧(Melodrama)的前奏曲鸦片战争有关。明言之,道光初期,以一八二〇年为转捩点,印度鸦片输入激增⑫—贸易入超—银流出—银价腾贵—制钱比价下落—制钱物价(庶民物价)昂涨—鸦片战争—败北,有这样一连串的壮美悲烈的运命曲的鸣奏。所以道光朝制钱增铸的复转昂回,实由于银货流出而促成通货不足。再则,自嘉庆朝迄道光朝所增铸的制钱,虽不过 50 万串,然合银要 50 万两。故在该时的增铸制钱,此点实足为重要的指标。这个指标所说明的中国悲剧的旋转,实以一八二〇年代为划期,所以我们必须铭记这重大转换期的一八二〇年,同时,必须把握这是英清贸易关系的第二转型期。具体言之,一直至一八二八年(道光八年),中国贸易虽常为出超,但至一八二九年,开始入超,以至到一八四〇年(道光二十年)之间虽流入之银只 7,303,841 圆,反之,而流出 26,618,815 圆的洋银、25,548,205 圆的纹银和 3,616,996 圆的黄金。⑬而与此相对照的英国银货输入,则如下列表所显示的增大。

英国银货输入(单位:磅)

一八二〇年	2,206,571
一八二六年	4,341,000
一八三〇年	6,735,100
一八三三年	4,890,935

备考:

据 H.B.Morse, *The International Relations*, etc., Vol.I.P.90.

前列一连串的过程,使当时为政者如何恐惧,在下引二上奏中极端地表现出来。

(一)鸿胪寺卿黄爵滋奏称(道光十八年):

> 近年银货高而钱价贱,每纹银一两易制钱千,今则兑一千六百有奇,耗于内地之银,实由于粤中洋船鸦片盛行,银漏于外洋也。盖自道光三年鸦片流入中国以来,每岁漏银数百万两,其初不过为浮靡纨袴子弟之习,嗣后,上至官府缙绅,下至工商优隶,以及妇女、僧尼、道士,随在吸食。……故自道光三年至十一年岁漏银一千七八百万两,自十一年至十四年岁漏银二千余万两,自十四年至今,渐至漏三千万两之多。若合福建、浙江、山东、天津各海口,亦数千万两……以中土有用之财,易填海外无穷之壑,害人之物渐成病口之忧,日复一日……湖广总督林则徐之奏最为剀切,言:鸦片若不禁绝则国日贫,民日弱,十余年后,岂惟无可筹之饷,抑且无可用之兵。(54)

(二)江苏巡抚林则徐奏:

> 臣等伏查给事中孙兰枝所奏,地丁、漕粮、盐课、关税及民间之买卖,皆以钱贱银昂,致商民交困,自系确有所见……至原奏,称之鸦片,由洋进口,潜易内地之纹银,尤大弊之源。比较以洋钱易纹银其害愈烈。盖洋钱虽有折耗,尚不至成色全亏,而鸦片以土易银,直可谓谋财害命,如该给事中所奏,每年出洋银数百万两,积而计之,尚可问乎?(55)

从上引之上奏中,鸦片之害,系把握了国民保健和白银流出二视点加以指发,事实明显。关于第二视点,一般重视经济问题者,主张鸦片可作为药材而输入,课赋关税,禁止鸦片走私输入,以资防遏白银流出(太常寺少卿许乃济,总督觉罗吉庆)(56),还有主张准予在国内公开种植罂粟,以对抗鸦片输入(白银流出)(57)(总督觉罗吉庆),当时,政府对鸦片之对策,显然未能确立,以至庙议纷纭,在无论是国民保健的视点或经济的视点中矛盾未决,而自苦的政府的狼狈形迹,很浓厚地表现出来。而在这许多纷纭的争议中,以林则徐的信念和英断为媒介,遂尔揭开鸦片战争。然而,我们应该看作这样的爆发,实在不仅是由于英国经济内部的必然性所驱使,抑亦系清朝经济内部的必然性所驱使,质言之,通货危机,白银的悲剧,只此二项,在经济史学上,足以说明鸦片之战的关键所在。因之,迄至鸦片战争爆发前,作为铜货不是救济的手段,而以银铸造国定货币,并强制通用的运动,乃逐渐而起。如道光十八年(一八三八年)之"道光年铸足纹银饼"及"足纹通用漳州军饷"[38]皆属之。前者系模仿墨洋,为给予台湾军队而铸成,后者如名称所示,系在漳州发行,用之给予军队——不过以补救军事费为目的。继铸此种银货的,是咸丰年间,上海"号商"(特许钱庄)所请准发行的"足纹银饼"[59],其直接理由亦是以补助军事费为目的——"讨伐"太平天国运动。惟这些为军事目的所铸发的银通货,并未取得一般社会的信用,通用力不高,旋即云散。由此,由于渐渐认识了近代货币制度的性质,在光绪十五年(一八八九年),始行铸造"光绪元宝",这种以强制通行铸造的银货,方获得一般的通用。[60]

我们还要讨论的是制钱的流通范围所及的问题。作为国定通货的制钱,系政府重要的支付手段。政府以之给予胥役、兵士及募役之用。顺治十二年(一六五五年),政府敕令,以每年二月八日为政府支付日期,对于兵饷、役食、俸工、驿站、杂支等的支付规定半分以制钱支付,半分以银支付。[61]至于高级文武官吏,则支付白银,下级官吏,则支付制钱。支用白银的高级官吏,数额又极微小,因之,于正俸以外又得付予别俸(恩俸、养廉银、公费),而下级官吏的所入尚不足维持生活,其给予系属于世界最小的货币——制钱,连银半钱半单位的给予都不行。这就是一切文武大小员吏的贪污舞弊,工作无效能的根据所在。反之,一般胥役、兵士、募役等下级人员所发放的货币通用力普及一般,真是手段高妙的举措。再者,顺治十二年的前列规定,后来愈趋具体化,至雍正元年(一七二三年),关于兵饷一项规定照银八钱二比例,隔月发给,更于雍正二年令宝源局,就每年所铸制钱中,除生产费外全数解送户部,充当军饷。但距北京辽远的省份,因制钱输送极为不便,雍正七年(一七二九年)另定办法,对于如私铸钱通用的广西省,命顺宁、临安两鼓铸局(皆属云南),每年必须解送制钱 6 万串以充军饷及俸工,其解送额得换为白银,由广西归还广东——这样便宜行事的旨意。更在乾隆三年—四年为便于支付四川、贵州两省的兵饷,官吏养廉银,在四川设宝川局,贵州设宝黔局。另如在乾隆十七年(一七五二年),山西宝晋局重开时,规定该省一应兵饷官俸以银七钱三的比例支付。⑫

综观上述各项经过,有清一代官吏货币给予制度,实已建立了银钱并用之基础。迨嘉庆朝以后,其中银钱支付比例未行规定,虽然在实施中,银支给的比例占 70%—90%的压倒的高势。⑬且不仅官吏如此,举凡一切政府支付的对象如鼓铸局职工、河工、修城的募役,皆通例办理。举例言之,如宝泉局之工资,最初支予制钱,乾隆四年(一七三九年)改为银两制,至乾隆三十八年(一七七三年)再改为制钱给予。⑭而乾隆三十九年,湖南巡抚觉罗敦福的疏言内称,"宝泉局积钱至十七万四千四百余串,已难流通,请于修巴陵县城工内减价易银"⑮,从类此事件中,当不难明了政府支付的银钱并用制,甚至政府以之为支付手段而用银钱的意味所在。故据上而论,清朝庞大的官方经济,虽然一方依赖白银,而尚不能离开铜钱的基础,反面而论,官方经济的货币化,中期以后,渐渐由铜而移至以银为重心,凡此种种事态,原因自极明显。

然而,政府的支付制度与其收入制度,自非表里相应不为功,因之,在顺治十四年(一六五七年),租税征收定例为银七钱三。至于在征收银中,田赋特呼之为地丁银,盐税特呼之为盐课银,漕粮特呼之为漕项银,关税特呼之为关税银,由顺治十四年所规定,京师附近征税时所设计。时户部奏称："直省缴纳之钱粮多系收银,现今钱多壅滞,应令上下流通,请嗣后征收钱粮兼收银钱,以银七钱三为准,永为定例。"⑯清政府即从此请奏,特谕令:凡钱粮在一钱以上者,不得全以制钱交纳,钱粮一钱以下者,得听任自由交纳。⑰这样,银七钱三的征税率,渐为以后的法定而通行。

【附注】

① 《林文忠公政书》,丙集,《云贵奏稿》,卷九,《查勘矿厂情形试引开采折》。

② 《林文忠公政书》,丙集,《云贵奏稿》,卷九,《查勘矿厂情形试引开采折》。

③ 《中国财政史辑要》,卷三十二,《坑冶下》。

④ 《中国财政史辑要》,卷三十二,《坑冶下》。

⑤ 《中国财政史辑要》,卷三十二,《坑冶下》。

⑥ 《中国财政史辑要》,卷三十二,《坑冶下》。

⑦ 《中国财政史辑要》,卷三十二,《坑冶下》。

⑧ 《中国财政史辑要》,卷三十二,《坑冶下》。

⑨ 《中国财政史辑要》,卷三十二,《坑冶下》。

⑩ 但俸银、禄米两者俱发者,只限于在京文武官员,外省官吏只发俸银。至于官吏的给予制度,给予额,给予名目等,可参照下列书籍:

萧一山,《清代通史》,上,页五百三十五——五百三十八;中,页三百八十四——三百九十四。松井义夫,《清代经费之研究》,(三),(《满铁调查月报》第十五卷第一号刊)。

⑪ 田中萃一郎,《墨银考补遗》(《田中萃一郎史学论文集》,页五三)。《中国财政史辑要》,卷二十二,《钱币四》。

⑫ J.L&B,Hammonds,*The Rise of the Industrial Development* 3.ed 1927.P.P. 18,21.

⑬ 田中萃一郎,《东邦近世史》(日文《岩波文库》版),上卷,页三一、三二、三三。

萧一山,《清代通史》,上,页五百六十六——五百六十七、页五百六十九——五百七十。

成田节男,《华侨史》,页一百〇一、一百〇二、一百〇三。

矢野仁一,《近代支那的政治及文化》,页一百三十六。

⑭ 成田节男,《华侨史》,页一〇七——但迄成化八年(一四七二年),有泉州、明州、广州三市舶司,同年,泉州市舶司移设福州,另设漳州市舶司,这种措置,不

仅用在征税,而且具有许可出洋贸易的意义在内。

⑮《东西洋考》,卷五,《东洋列国考·吕宋》。

⑯《东西洋考》,卷三,《西洋列国考·旧港》。

⑰《东西洋考》,卷三,《西洋列国考·下港》。

⑱ 荷兰的东方进出史——由创设荷兰东印度公司(一六〇二年),建置巴达维亚(一六一九年),攻略澳门失败(一六二二年),占据台湾澎湖岛(一六二四年),获得日本德川幕府之特许贸易(一六三八年),获得清朝的特许贸易(一六五六年,顺治十三年)等诸事迹,可参考下列各书:

(1) H.B.Morse,*The Chronicles of the East India Company Trading to China*,1926,Vol.I.P.3.

(2)《粤海关志》,卷二十二,《贡船二·荷兰国》。

(3)《国朝柔远记》,卷一,《顺治十三年·荷兰表请修贡》。

(4)萧一山,《清代通史》,上,页五百七十一——七十二。

(5)田中萃一郎,《东邦近世史》,上卷,页九十四——一百〇六。

英国的东方进出史——由创设英国东印度公司(第一期一五九七年,第二期一六〇〇年,系两者合并,号称 United East India Company),伊利沙白对明朝遣使的失败(一五九六年,万历二十四年),英人沃得尔来航至广州——与明朝开始贸易(一六三七年,崇祯十年),东印度公司船舶赴厦门失败(一六六四年,康熙三年),轮船 Banardistona 号由伦敦直航厦门(一六八一年,康熙二十年),组织的对清贸易开始划期(一七二九年,雍正七年)等诸事迹,可参考下列各书:

(1) H.B.Morse,*The Chronicles*,etc.Vol.I.P.P.14—30,45,47.

(2)《粤海关志》,卷二十三,《贡船三·英吉利》。

(3)《国朝柔远记》,卷四,《雍正七年·英吉利复来通市》。

(4)萧一山,《清代通史》,上,页五百七十二——五百七十三。

(5)田中萃一郎,《东邦近世史》,上卷,页一百一十一——一百一十五。

⑲ 萧一山,《清代通史》,上,页五百七十一。

⑳ 据《粤海关志》,卷二十二,《贡舶二》;卷二十三,《贡舶三》;卷二十四,《市舶》等编。

㉑ 百濑弘,《关于清代西班牙圆的流通》,(一)。

㉒ 百濑弘,《关于清代西班牙圆的流通》,(一)。

㉓ Sir George Thomas Staunton,*Miscellaneous Notice Relating to China*,1822,P.P.287,323.

㉔ H.B.Morse,*The Chronicles*,etc.,Vol.IV,1929,P.P.384—385 ——由一八〇四年至一八二九年的美国对广州贸易表中包括贸易对象后贸易总额。

㉕ R.M.Martin，*China*，etc.，Vol.I.P.176.

㉖ 百濑弘，《关于清代西班牙圆的流通》，(一)——该氏系据 Lotaurette 氏著作引用。

㉗ 矢野仁一，《近代支那的政治及文化》，页四百一十五。

㉘ R.M.Martin，*China*，etc.，Vol.I.P.176.

㉙ 百濑弘，《关于清代西班牙圆的流通》，(一)——该氏系引用魏源《圣武记》，卷十四《军储篇一》而立论。

㉚ H.B.Morse，*The Chronicles*，ete.，Vol.I.P.68.

㉛ W.C.Hunter，*The Fankwae*，etc.，P.36.

㉜ W.C.Hunter，ibid，P.36.

㉝ 田中萃一郎，《墨银考》(《田中萃一郎史学论文集》)，页四十八—五十。

㉞ 百濑弘，《关于清代西班牙圆的流通》，(下)。

㉟ H.B.Morse，*The Chronicles*，etc.，Vol.I.P.47.

㊱ 百濑弘，《关于清代西班牙圆的流通》，(二)，(《社会经济史学》第六卷第三号载)。

㊲ 百濑弘，《关于清代西班牙圆的流通》，(二)，(《社会经济史学》第六卷第三号载)。

㊳ 《清朝野史大观》，卷三，《清朝史料·查抄和珅家产清单》。

㊴ 百濑弘，《关于清代西班牙圆的流通》，(二)。

㊵ 百濑弘，《关于清代西班牙圆的流通》，(二)。

㊶ R.M.Martin，*China*，etc.，Vol.I.P.176.

㊷ 《中国财政史辑要》，卷二十二，《钱币四》。

㊸ 《中国财政史辑要》，卷二十二，《钱币四》——惟据萧一山《清代通史》，中，页四百七十七所载称，清政府直辖之鼓铸局、宝泉局及宝源局所铸制钱含有原料成分比例如下：

	铜	白铅	黑铅	银	锡	铁	砂
宝泉局	56.11%	36.50%	4.42%	0.04%	1.09%	1.16%	0.22%
宝源局	56.88%	39.40%	2.38%	0.03%	0.52%	0.66%	0.15%
乾隆时期	50.10%	39.88%	5.64%	0.04%	3.11%	0.98%	0.25%

㊹ 《中国财政史辑要》，卷二十二，《钱币四》。

㊺ 陶希圣、鞠清远，《唐代经济史》，页一百〇九——一百一十一。田中忠夫，《支那经济史研究》，页五十四、二百〇九、二百二十一——二百六十。

㊻ 玉井思博，《唐时代的社会史的考查》，(二)，(《史学杂志》第三十四编第

五号刊载)。

㊼《中国财政史辑要》,卷二十二,《钱币四》。

㊽《中国财政史辑要》,卷二十二,《钱币四》。

㊾《中国财政史辑要》,卷二十二,《钱币四》。

㊿ 清初的制钱铸造额,据萧一山《清代通史》,中,页四百七十八—四百七十九所载(单位:千串):

顺治朝	铸造额	康熙朝	铸造额	雍正朝	铸造额
元年	71,664	四年	295,880	元年	499
二年	443,752	十年	290,476	四年	675
四年	1,333,384	二十年	231,399	五年	723,528
八年	2,521,664	三十年	289,925	六年	746,304
十二年	2,413,879	五十六年	399,167	八年	757,865
十八年	291,585	六十年	437,326	九年	1,048,760

(51) 嘉庆年间至道光十一年(一七九六年——一八三一年)户部所定各省制钱铸造额,据萧一山《清代通史》,中,页四百七十九—四百八十,如下(单位:串):

北京	899,856	直隶	60,666
江苏	111,804	浙江	129,600
陕西	87,360(附加 43,204)	四川	179,259(附加 14,868)
广东	34,560	江西	41,928
湖北	84,000	广西	24,000
云南	94,860(附加 84,924)	贵州	94,860
湖南	47,880	山西	17,472
伊犁	1,122		
总计	2,052,222		

(52) 关于鸦片累年输入额，可参考 H.B.Morse, *The Chronicles*, Vol.IV.P.383.惟众说不一，如 Staunton, Serget, Eitel 等，即 H.B.Morse 本人，在其另一本书 *The International Relations of the Chinese Empire*,卷一,页一百七十四、二百〇九、二百一十上所列数字亦与 *The Chronicles* etc.,一书中所列相异。

(53) J.B.Eames, *The English in china*, 1906, P.248 注。

(54)《国朝柔远记》,卷八,《道光十八年·夏四月鸿胪寺卿黄爵滋禁食鸦片行保甲连坐法》。

(55)《林文忠公政书》,甲集,《江苏奏稿》,卷一,《会奏查议银昂钱贱除弊便民事宜折》。

⑤⑥⑤⑦《筹办夷务始末·道光朝》，卷之一。

⑤⑧ 加藤繁，《关于道光咸丰年间在中支那铸造洋式银货》(《东方学报》，东京第二册)——惟据加藤氏称，传闻在道光年间浙江曾铸造重量一两之银货。

⑤⑨ 加藤繁，《关于道光咸丰年间在中支那铸造洋式银货》(《东方学报》，东京第二册)——惟据加藤氏称，传闻在咸丰年间，香港曾铸造一两重银货。

⑥⓪ 加藤繁，《关于道光咸丰年间在中支那铸造洋式银货》(《东方学报》，东京第二册)——惟据加藤氏称，光绪八年(一八八二年)，吉林机器局曾铸造重量1两及0.5两之银货；十年，铸造1两、7钱、0.5两、3钱、1钱，5种银货。

⑥① 《中国财政史辑要》，卷二十二，《钱币四》。

⑥② 《中国财政史辑要》，卷二十二，《钱币四》。

⑥③ 加藤繁，《关于道光咸丰年间在中支那铸造洋式银货》。

⑥④ 《中国财政史辑要》，卷二十二，《钱币四》。

⑥⑤ 《中国财政史辑要》，卷二十二，《钱币四》。

⑥⑥ 《中国财政史辑要》，卷二十二，《钱币四》。

⑥⑦ 《中国财政史辑要》，卷二十二，《钱币四》。

第二节　作为军事财源的盐税

A. 问题之端绪——云贵总督林则徐奏稿

清末岁入预算中，在表Ⅰ及表Ⅱ中占15%的高位的重要财源的盐税，清政府如何把握之以充为军事费的给源，在下引云贵总督林则徐的奏折中，当不难理解。

但思常有国家之经费，曷敢添饷增兵，复于部中正饷之外（临时军事费），另筹拨款。惟当于本省自行筹画，庶足以资久远，而节度支。查滇省盐务课款中，因销数畅旺，于正溢课外，尚有溢余银数万两，道光八年（一八二八年），前督臣阮元奏请按年据实造报，以一半归部报拨，一半留存本省，以备边费，各项之例销不准就此款支销，奉旨允准在案。……准于本省盐课溢余项下，每年尽先动拨银一万两，遇闰加增八百三十二两九钱，用作新添兵饷米折之用，除开此款之外，尚应存之溢余若干，再照奏定章程以一半归部充公，一半留存本省之边费。①

从林则徐的奏章中，表明了若行增大临时军事费，仅依本身有限的中央财政到底无从支发，故云南省临时军事费，需在近年增收的云南省盐税收入中正溢课以外的溢余额（额外溢余）中提充。此例不仅云贵总督林则徐就其治下的云南作此提案，还有四川总督岑春煊于光绪六年乃至二十九年（一八八〇年——一九〇三年）间，所施行的四川盐法改革案，亦明显地系出于军事费支出的意图。②关于盐，政府所关切之处，并非如何发展盐业，而是如何增收盐税。所以岑的盐法改革实系盐制改革，与现在的盐业改革不能混为一谈。关于此点，在矿山业以至一般产业的场合，皆属相同。

同一道理，在林则徐所治理的云南，亦曾屡次施行盐法改革，清初以至清末，前后有四回改革之多。

关于云南盐制 四回改革系包商制、官专卖制、就井征税制及就井官卖制，兹分别说明之。

包商制（清初——雍正初年） 一种商人包工制度，派提举大使等官于各井户，督令灶户（盐生产者），制盐后，照户部所定税率课税。贩运则依各省长官所发之照票支给，本省商人办理之。在照票支给时，偿清征税。而不论灶户制盐，商人贩运，设有一定之范围，如灶户甲在井户 A 制盐，商人乙将灶户甲所制盐贩往 B 地，井户的生产者及销路皆有定规。然包商制有下列困难：（1）由于云南自然情况而生的运输困难；（2）燃料——生产费的高昂；（3）盐税额高；（4）由于考成制度（租税责任的征收制度）而起的盐官苛索；（5）大资本的缺乏。由于上述诸种困难，故站于资力强大地位的官卖制度，必将取而代之。

官专卖制（雍正初年至嘉庆五年） 由官给予薪本（燃料），灶户制盐。盐一旦贮入仓库，由官办理运搬及贩卖（官运、官销）。于贩卖之盐价中，偿还正课、养廉、薪本费、运赁各项。销路限于省内，且每一井户之销路皆有定规,如有陨越,以私盐论罪处罚。但有州县诉请盐用不足时,特许扩张销场。办理运贩时,依照各州县户口数规定额数,由官雇用人夫贩运之。然此官卖制度亦有其缺点:(1)官吏的勒索。如偷减重量、抬高价格、强征"余盐"等。尤以强征余盐为烈。官吏诛求倍于正课之余盐,而以私盐贩卖,借饱私囊。(2)盐质之低下。灶户以泥沙混入盐内,以节斤量,而取私盐,系由于官吏勒索与薪本腾贵。(3)私盐横行。官吏及灶户所卖之私盐,较官盐价廉而品良,用者争购私盐。官盐销路日趋不振。(4)烟户盐(门户盐)之盛行。官吏因考成责任,尽多收纳盐税,然而由于官盐不秤的恶行,州县官按户强卖,消费者之盐消费却有其限度,而强卖无期无尽,不得不将以前之存盐便宜卖出,再行高价购买。然豪绅勾通官吏,却可便宜买入,以之卖于一般人民,而一般人民若自行卖盐,又被目为私盐蒙受处分。因之,卖妻鬻子买盐的悲喜剧所在皆是。虽在康熙—雍正年间(一六六二年——一七三五年),云南巡抚杨名时,有改革盐法之议,然下吏不遵,私盐愈见盛行。乾隆四十五年(一七八〇年),商民负债达 461,600 两之巨。乾隆五十六年(一七九一年),盐道蒋继勋,以官银将安宁井区等处之私盐收回,图贩运至各州县,需卖之盐累积,州县官仍一袭烟户盐之苛政,且祸害倍于往昔。云南全省人民,不分老幼皆负有征纳盐税之义务。在嘉庆初期,人心动摇,迤西迤南地方迭生变乱。演变至此,至嘉庆五年(一八〇〇年),始行改革。

就井征税制(嘉庆五年至咸丰十年)此可称之为自由贩卖制。由灶户统任制盐、贩卖及搬运。交易对象,完全听凭自由意志。官方原则上不供给薪本,零星细户则给予之。灶户自卖出之盐价中归还官借薪本。盐之贩卖,委诸灶户之自由意志,官不得干涉,搬运亦由商人自行取决,销路限制一时亦告废除。只发给运搬许可证的"井盐照票"而已。征税限于三种场合下征收:(1)制盐时,向灶户征收;(2)商人自灶户收盐,从官支取照票时,向商人征收;(3)商人向官支取"井盐照票"时,向商人征收。在此种自由制度下,各井户所出之盐有生产额多寡之不同,盐质优劣的差异,但由于自由竞争,争夺销路的盛行,劣井不免被淘汰。在此种场合,劣井照传统办法,照例被予封闭,与矿脉贫乏化的矿山命运相同。复由于本省内供给亦发生故障,不得不施行销场协定政策,力救劣井。结局销路恢复前态,以至又行指定销场(限制)。不过实际说来,此种传统的指定销场(限制)办法,对于盐业,实为阻止其自由发展的一大原因。惟实施指定销场(限制)办法,像两淮地方那样巨大的独占商(纲商)当无从出现。而实施结果,生产额增大—商人猬集—销场扩张—私盐根绝—盐税激增,产生诸如此类的成绩。直至回乱勃变的咸丰五年(一八五五年),可称为云南盐业的鼎盛时期。虽然一般说来,盐制对于盐业的发展多少不无关系。林则徐督云贵时,正逢此种兴盛时期,因而想起军事费与国内市场形成的关联,而奏陈就盐税溢余中支付地方临时军事费的计划。

就井官卖制(同治七年至清末) 同治七年(一八六八年),回乱平定,清政府立即着手恢复盐业,至同治十二年(一八七三年)正月,创痍渐愈,盐务始行就绪。同年,钦许试办盐道三年,其间,因灶户逃亡过多,废除官吏考成,缓和盐税征收。乃由提举大使管理井务,一面招致逃亡,由官给薪本,以黑元永琅阿之五井试行就井官卖制,其他井户亦次第仿办。灶户制盐、官买、民运、民销。但在边区地带,因安南盐、缅甸盐之私贩甚夥,再则边地之运销者并非专业,多系零星副业,故起始实施官运制,运赁官给。但至光绪十七年(一八九一年)为对抗盛行之私盐,遂普遍地改为官运制度。③

现在我们回到原问题上。林则徐总督云贵时代,系在嘉庆五年乃至咸丰十年的第三回改革施行期中(就井征税制),这时期系云南盐业的鼎盛期,因此,在他的上奏中称:“滇省盐务课款中,因销数畅旺,于正溢课外,尚有溢余银数万两。”

然而,云南盐业生产——商业机构,极为微小,与出现了睥睨一世的巨大盐商(纲商)的两淮地方相较,自不免有大巫与小巫之别。

关于两淮之纲商 纲商系继引商而起的盐商形态。"引"者,系指称宋代开始的一种交易证券。广义之"引法"经过二种发展期,即引法与纲法。宋初,盐由官专卖,后改为许可商人搬运及贩卖之制度,庆历(一〇四一年——一〇四八年)末年,范祥始创盐钞,功用如纳税证券。商人纳税时,给以盐钞,始得搬运,贩卖。次至崇宁年间(一一〇二年——一一〇六年)蔡京复改盐钞为盐引,而盐引即系钞引。

元朝至元年间(一二六四年——一二九四年)盐引制定,始废钞名。盐以引为计算单位,灶户照生产引额,向官纳税,官照引收买盐斤,付给灶户代金。无论灶户商人,私行买卖,悉行禁止。商人于贩运时,得先向政府买引,即所谓引价。商人携引至盐场,经官检定后,始可收买。其时,支给商人"水程",商人以此"水程",方得销售。引有效期间只限于一次使用。综言之,灶户生产,官收买,商人运销(民制、官收、商运)之三段制,系生产者与消费者连系之线索,称之为《官专卖引法》。

明朝承继元制,中叶以后,盐政腐败,官停止收买,听任灶户商人直接交易。因之,引山积,《引法》成为具文。万历四十二年(一六一四年),作为盐法紊乱的救济策,而有《纲法》事系由巡盐御史龙遇奇提议以旧引兑换新引,预计于十年间完成此一计划。作为兑换之手段,而设纲册,共十纲,每年以一纲使用旧引,九纲发行新引。纲册创设后,以之作为恒久的窝本(登本)。凡纲册登记之商人(纲商),方给予新引,以限制登记,得行使永久权益。未被登记者,不得享有权益,造成窝商与利权之争夺。嗣后,由《引法》建立了一种特权制度(引商专岸制),独占盐商,由此起源。

清朝继承明制,用《纲法》招致商人给窝(认窝),各销路之引设有定额,认引多者为总商,认引少者为散商(注意:总商、散商之称谓,在后书中考及广东十三行时,亦有此一说),散商认引,由总商名义给予,此系出于租税征收之便宜与保证责任制度。(注意,此种政策,系清朝基本的精神态度所产生者)引之发给,由户部办理。盐以引为单位计算之,引之大小各区相异。按引征税是为盐课,亦即额课。盐课之轻重随区而异,户部所发之引,按年分纲记账。故引盐亦称纲盐,引商亦称纲商,盐岸亦称纲岸,卖盐亦称食引,贩地亦称食岸。商人取领引时,以窝单为证据,是为根窝。生产场废弃官收制度而立场商,设公垣为贮盐场。贩盐权悉归引商,收盐权全归场商。场商将所收之灶户盐转卖引商,引商纳税领引运盐再卖予零售商及个人,所以称之为商收商运制。而生产者与消费者连系之线索,即灶户—场商—引商—(零售)—消费者。政府只按引征税而已。因之,商人权限极大。而变质之《引法》称之为《纲法》或称之为《商专卖引法》④,与云南盐制之形态大为背异也。

云南盐业生产规模与两淮地方相较,极为微小,盐商的资本的基础亦极脆弱,问题症结,应归咎于:(1)政府急于盐制整备(盐税征收),对于盐业自身的发展,政府未能予以积极的关切;(2)受云南自身的自然的社会的各种条件所限制。关于第一点,并非单独云南盐业的命运如此,实系清代一般产业界的原则性的共同命运,惟第二点云南盐业所遭受的本身的特质的限制(自然的与社会的)我们需要研讨,因之,我们先行分析阻碍云南盐业的诸种自然的及社会的条件如下。

B. 云南盐业的形态及其约制发展之诸要因(清代盐业之另一方向)

(一)生产规模

云南与四川同属于井盐地区⑤,与两淮、长芦之海盐,宁夏、山西解池的池盐不同。因之,因系井盐关系,生产技术极为困难,生产费亦极高昂,且与无尽藏之海盐相较,盐源枯竭为早。所以云南盐业,从自然条件所受的不利很大。仅由于自然条件的约制来看,云南、四川两省的井盐地带,自不是培养像两淮地方那样巨大的盐商的土壤,当是一大要因。再以云川两省相较,虽同属井盐地带,四川的自然条件尤属不利,且云南像四川那样大规模的固定设备,亦不必要。两省的制盐历程,有如以下所述的相异处。⑥

凿井 四川盐井的深度为 100 余丈,较浅者亦有数十丈,故凿井工事往往需时数年,凿井工费自极巨大。而云南盐井深度不过十数丈,浅仅一丈。

汲卤 凿井工竣,即须汲卤,所谓排水。四川利用竹筒,以 10 余竹筒插入地中,再用牛力,地上装置回转的辘轴。辘轴一个,需役使牛 2 头至 6 头,排水 3 回须换牛 1 次。惟浅井户,低辘轴,短竹筒情况下,不使用牛力。若井口狭小,不过汲出盐水 1 石乃至 2 石,即利用人力。而云南汲卤时,只需投牛皮袋于井内,利用地上装置之辘轴,即可汲出盐水。大牛皮袋的容量为 100 斤至 200 斤,小牛皮袋之容量,亦可有五六十斤。

置梘 四川汲出盐水后,在煎煮以前,如井户与盐场距离远时,利用梘户——用水车将盐水注入高数十丈之掌盘(槽),盘与梘(竹筒)相连通,而送至相距十数里之灶户煎场,而云南只需人力担运牛皮袋即可。

煮盐 煮盐过程中,完全为依赖工具的手工生产,工具以灶、锅、木瓢、铲、木桶、卤槽、卤池、缸、沥甄等为主要。

灶系石制之发火具,灶上置锅。大灶可置锅 40 只,称之为大灶,中灶置锅 17 或 18 只,有者 14 或 15 只,小灶置锅 6 或 7 只。燃料用薪炭。

锅系铁制之煮盐工具。云南所用之锅,重量有 100 斤,70 斤乃至 80 斤,10 斤乃至 20 斤,与四川相较,可称为小焉者。四川所用之锅,口径 4 尺余,重量 1,000 余斤,深 4 寸及至 5 寸,底厚 2 寸。煮盐时需要相当时间。

木瓢系盐水分离器。

铲系铁制之盐渣分离器。

木桶系盛水器。

卤槽、卤池系盐水贮藏器,有木制和石制(石砌卤池)者。

(二)生产者

从上节的叙述中,四川云南两省相比较,可以看出云南盐业的生产规模如何过小,生产技术如何手工化。虽同属井盐地带,四川生产技术虽较为困难,而生产规模却较大,云南正因为生产技术较易,所以常常走入家计补充式的过小副业规模。这是因为云南的灶户,系于农耕余暇,方从事制盐劳动的农民,全为家计补充的季节劳动性质。[⑦]这是自然条件加惠于云南的副业的家计补充的道路,而云南农民如何必然地要走向这条道路(矿山业与盐业同属如此型类),林则徐说得明白:"滇人生计维艰,除耕种外,开采是其所习。"[⑧]然因矿山业的严禁开采,故盐业是一条较易通引的道路。惟这样副业农民的过小规模的经营,亦是自然条件上云南盐业不能大规模发展的阻力。尤其在农耕全然不可能的井区,虽有专业灶户,然每年应征2,000两盐税都不可能,否则,灶户倒闭,生产者逃亡,相继不绝,以至乾隆四十四年(一七七九年)有过免征及许人民自由开采的事实。[⑨]这样证明专业灶户的经营无成绩可言,亦说明了云南盐业所起的恶劣条件。而这八面不通的恶劣条件,就是天下周知的云南"盗匪"的发生根据。而这一切全要清朝的统治负责。云贵总督林则徐的《云贵奏稿》中全十卷,则充满了"匪"的报道。因为农民在黑暗政治统治下,"生计维艰"时,会自己走一条比兢兢业业难维一饱的什么"煮盐"要有出息的道路的。

(三)生产费

云南盐业灶户,制盐时,以薪炭为燃料,然因本省一般的木材枯竭,得来不易,因之,不绝的负担薪炭搬运费的云南盐业实苦于燃料的增高(生产费)。而以副业规模经营的零星灶户,必然地要自官方借贷"薪本役食井费"。在康熙三十八年(一六九九年),业以官本6万两充作此种费用,在官专卖制度最盛期的乾隆十六年(一七五一年),薪本役食井费规定 40 万两,其中除既定的官本 6 万两外,所余三四万两,改为于借贷翌年偿还官方。至嘉庆五年(一八〇〇年)以降,作为自由制度的代价,一切生产费由灶户自理,仅贫穷灶户得由官借薪本。不过各井区之"提举"(直接管辖长官)却令各富裕柴户(薪炭商)以薪炭供给灶户。自翌年起,一年分为四期,灶户得自盐价中,偿还官方借贷之薪本费。如未能偿清,由经放人负责赔偿。嘉庆二十五年(一八二〇年)以后,改为每春发给,一年分为四期,偿还期自翌年夏季起算。像云南二大井区之黑盐井及白盐井,在嘉庆年间(一七九六年——一八二〇年),渐次地陷于借贷官方薪本费(燃料——生产费)27,000 两的苦境。[⑩]且于原本以外附加利息,因之,甚至生产旺盛之矿区,亦痛感借贷官本之苦恼,由此可见井盐地区的云南如何苦于燃料(生产费)的高昂。凡此皆系云南盐业发展不利的限界,由下表中可予证明:

燃料(生产费)官借额与生产规模之关系

	官借薪本费(A)(两)	设备灶数(B)(个)	一日产盐额(C)(斤)	百斤之燃料(D)(斤)	井户深度(E)(丈)	百斤之盐价(F)(两)	百斤之总生产费(G)(两)
黑盐井	7,000	65	10,000	*300	*10	2.8	0.932
元兴井	5,000	99		*300	*10		1.046
永济井	3,000						
白盐井	3,500	45	22,000	*300	1—4	1.6—2.5	
乔后井	2,500	80	1,000	*300	10		
石膏井	2,000	6	8,400	*300	16		
磨黑井	3,000	26	24,500	*300	15	1.6	1.187
抱母、香盐井	2,000	46	7,370	*630	*10		
按版井	3,000	104		*300	*23	1.3—1.5	0.800
琅盐井	600	115	2,600	*300	16—17	2.6	2.092
安宁井	500	69	700			1.9—2.5	2.006
阿陋井	600	15	*1,700				
总计	32,700						

备考：

1. 本表系据刘隽《清代云南的盐务》（《中国近代经济史研究集刊》第一卷第二期）第三表、第四表、第五表作成，其中（A）项出于《清盐法志》卷三七六，（B）（C）《盐政辞典》及《云南盐产纪要》，（D）（E）《乾隆云南通志》及《续云南通志稿·井地》，（F）（G）《清盐法志》卷二八一。

2. （A）之年代为宣统元年（一九〇九年），（F）（G）之年代为雍正十一年（一七三三年），其他年代不一致。

3. ＊代表"以上"的意思。

4. 各井中，黑盐井官借薪本费（A）最高，百斤之盐价亦最高，而百斤之总生产费（G）亦最低。因之，燃料（薪本费）在生产费中占有如何重要的构成要素，其备办偿还之负担如何，当可明悉。按版井，井户深度（E）最高，而百斤之总生产费（G）及百斤之盐价（F）最低，且其设备灶数（B）最高，从此可以看出其生产规模过小，可作为家计补助副业的典型。白盐井，一日产盐额（C）占第二位，井户深度（E）最低，设备灶数（B）中等，故其生产技术较易，一灶户之生产额为多，生产费及其盐价，亦为低廉，然其百斤之盐价（F），百斤之总生产费（G）皆相当高度，所以其官借薪本费（A）占第二位之高度，当亦为对照之现象。总言之，燃料费之重要性及其备办之负担，从此表所说明中当可了然。

但是，不得已而负官债，非特云南盐业如此，即如两淮盐商，在号称繁荣期的乾隆时代，亦陷于多额负官债的泥潭之中。虽然一面不断地向政府要求免除盐税，而两淮地方的举借官债，亦和云南相同，非由于生产过程中的技术限制，实由于清朝的政治形态所造成，亦即所欠官债之利率累积太重。再进一步说，两淮地方的负债累积，不特两淮地方如此，亦不特盐商如此，这是一种必然性的现象造成，广东十三行负债至而破产的，亦属于这种必然性。这个问题，后文自有详论，此处仅就关系所及，将两淮盐业负债到达如何巨额，列表说明，借以与云南盐业相比较，可见两淮盐业举借官债之规模，在云南十倍以上。而被讴歌为一代豪富的两淮盐业，尚且不免负债——税金滞纳——破产，与云南无异，可见政治形态与工业制造关系的重大了。

乾隆嘉庆两朝两淮盐商官借帑本表(单位:两)

年代	借发帑银
乾隆十三年(一七四八年)	600,000
二十七年(一七六二年)	300,000
二十九年(一七六四年)	112,000
三十年(一七六五年)	100,000
三十一年(一七六六年)	37,756
三十五年(一七七〇年)	100,000
三十六年(一七七一年)	300,000
四十六年(一七八一年)	10,000
五十年(一七八五年)	400,000
五十八年(一七九三年)	50,000
嘉庆五年(一八〇〇年)	100,000
六年(一八〇一年)	200,000
总计	2,309,756

备考:

本表见刘隽《道光两淮废引改票始末》(《中国近代经济史研究集刊》第一卷第二期,原典出于《嘉庆两淮盐法志》卷十七,《借帑》)。

(四)市场

有清一代盐制,虽不免因时因地而有所变动,然有一个原则始终未变,即是销场的指定(限制)。行施销场指定的根据,系由于盐为普遍的民食这一理由。盐的成为生活必须品,意义在米麦以上。我国南北民食因米麦而相异,约在淮河—秦岭山脉相接处雨量 800 毫米之线为米麦地带分界处,而无论米麦地带,非盐不可。自林则徐看来,在十九世纪中叶每人每日食盐消费量平均为 3 钱[①]。因之:(1)盐的供应断绝,必惹起重大民生问题,而就前期社会的生产技术而论,不易保障盐的定量生产,故一定地区之需要,必须指定一定数量的供给。(2)因盐为民食所必需,以课税对象而论,最为简便,且可得收税之实。因之,盐必须置于政府直接统制之下。由于上述二种理由,盐之销场(限制)被指定,而此种销场指定,结果使盐业发展被局限于一定之范围中,如前所言,以云南而论,盐以本省内自给自足为原则,仅接壤四川之昭通、东川,乾隆十六年(一七五一年)以来,被指定为川盐消费地区,与广西省境接壤之广南、开化,乾隆九年(一七四四年)以来,被指定为粤盐消费地区,算是例外⑫。此种限制办法,致使各处(云南在内)私盐旺盛,因超过法定量的生产额不能不寻求市场也。然而,若行撤消合法的销路限制,则为担保销路的扩张,对云南盐业的更发展又须考虑约束的办法。事实上,在"就井征税"的自由时代,曾昙花一现的实行撤除,既已如前所述。然因遂引不彻底,销场竞争的结果,以致劣井受淘汰、倒闭等等纷扰滋事,层出不已,而这就是 Paternalism 的最大威胁。因之,限制销路,不论何时何地,都为有清一代的定法。下表可予证明。

然而,在政府所指定的一定的产区和销场的梏桎中不安分的生产者,其生产品(私盐)就以私盐的形式被官方解决了。如道光十七年(一八三七年)湖广总督时代的林则徐,即曾报呈没收私盐100万斤以上,虽然,和江苏地方相比较,没收额仅不过数分之一而已⑬,由此可见私盐的如何猖獗了。

清代各省盐区销境表

产盐地	销场	产盐地	销场
长芦	直隶、河南	福建	福建
两淮	江西、湖南 湖北、安徽 江苏、河南	广东 广西	广东、广西 贵州、福建
山东	山东、江苏	四川	四川、湖北 贵州
河东	山西、陕西 河南	云南 甘肃	云南 甘肃
两浙	浙江、安徽 江苏		

备考：

本表系依照萧一山《清代通史》，中，页三百七十一——三百七十二所制（原典出自《熙朝纪政·直省盐课表》）。

（五）总结

在如上述诸条件上立足的云南盐业，发展上皆或多或少的遭受约制，就连"就井征税"的自由制时代，云南总督林则徐所称的"该民（指白盐井）以煎盐为业，众多殷实"。[⑭]这样的状态下，亦系如此。然而这又可看作云南盐生产者的幸运，因为如他省所出现的独占盐商（纲商），由于云南缺乏培养独占商的环境而没有出现。如广东，巨大的独占盐商与官府相互勾通，"亦官亦商"，甚而"凡商人之业皆官之业，凡商人皆为官之人"[⑮]，盐业如此被垄断，又如两淮地方，亦有纲商专岸（销场独占）之弊害。故此，两淮地方，不堪此种弊害，不得不逐次施行盐法改革，淮北系在道光十二年（一八三二年），淮南系在道光三十年（一八五〇年），此即所谓票法制度。票法亦限制销场，以引为计算单位，关于民制商收商运一点，与《纲法》无异，其意义不过转化为《引法》之形态，但无纲商那样的把持窝本的独占之弊。纳税领票，始许贩运，而与《纲法》显然不同之点，在于一年一票。票法为票之根本，不限定商人资格，此点意在打破从来的独占形态。此种革新仅只废止了独占制度，销场指定（限制）依然存在，所谓《引法》的形态如此而已。史家刘隽亦认为票法非根本改革之法。[⑯]两淮票法将有某种程度的改革效果，恰值咸丰三年（一八五三年）太平天国陷江宁，于是又不得不回复旧制。这正和云南的就井征税制正在蓬勃实行之际，回乱勃发，一瞬间烟消云散，如出一辙。嗣后虽有曾国藩、李鸿章的盐法改革，然不仅未能打破两淮盐商的传统的独占制度，且只激成此种制度的发展。[⑰]然而，云南盐业若除开税金较他省为重一点外，像就井征税的民营自由制度，得以施行五十年余，确是因其内在的条件不利而化为有利的。

云南盐业亦系军事费补救的给源。同治朝以降（一八六二年），盐课正税以外，外加盐厘、加派、盐捐、羡余等新项目，达正课数倍之多。征收正课以外的盈余，额外盈余，始自雍正十年（一七三二年），正课28万两，附加盈余，额外盈余7万两，总计35万两，为清初顺治时代（一六四四年）的14万两的2.5倍，被称为空前的盐税收入。[18]然而，清末征税的苛重与税目的烦多，较此甚甚。下列表中即可看出光绪、宣统二朝云南盐税中纯军事费所占比量。作为军事费财源的盐税，其意义如何，当可明白。

光绪宣统二朝云南盐税中军事费比量表（单位：两）

光绪年间（一八七五年—一九〇八年）

税目	收入实额	军事费比量
加价	4,930	3,400（边防费）
盐捐	1,041,500	430,410（团费） 169,660（练兵经费）
盐厘	161,000	30,000（团费）
总收入	1,702,334	633,470
百分比	100%	37.2%

宣统二年（一九一〇年）

税目	收入实额	军事费比量
正杂课	309,266	9,000（边防费） 30,000（团费）
溢课	122,723	40,000（购置外国武器费） 22,397（团费、俸饷）
总收入	480,834	101,397
百分比	100%	21%

备考：

（一）据刘隽《清代云南的盐务》作成（原典光绪年间系自《云南财政说明书》第三类第一款，宣统二年系自《故宫文献档案》）。

（二）总收入一项内包括其他税目。

从上表看来，云南小民在应纳租税内，仅纯军事费一项的负担，在光绪年间为 40%，宣统二年为 20%。这点，前文所提的四川岑春煊所行的盐法改革，同样如此。[19]

清朝这个军事国家，在灭亡前，还在挣扎图存，不顾一切的可怜相，这里当可窥见一面。

【附注】

① 《林文忠公政书》，丙集，《云贵奏稿》，卷九，《迤西移改协营添设汛兵折》。

② 吴铎，《川盐官运之始末》（《中国近代经济史研究集刊》第三卷第二期刊载）。

③ 刘隽，《清代云南的盐务》（《中国近代经济史研究集刊》第二卷第一期刊载），另参照曾仰丰，《中国盐政史》。

④ 刘隽，《道光朝两淮废引改票始末》（《中国近代经济史研究集刊》第一卷第二期刊载）。

⑤ 《天工开物》，卷上，《作咸第五·井盐》。

⑥ 吴铎，《川盐官运之始末》。刘隽，《清代云南的盐务》。

⑦ 刘隽，《清代云南的盐务》。

⑧ 《林文忠公政书》，丙集，《云贵奏稿》，卷九，《查勘矿场情形试引开采折》。

⑨ 刘隽，《清代云南的盐务》。

⑩ 刘隽，《清代云南的盐务》。

⑪ 《林文忠公政书》，乙集，《湖广奏稿》，卷三，《整顿醝务折》。

⑫ 刘隽，《清代云南的盐务》。吴铎，《川盐官运之始末》。

⑬ 《林文忠公政书》，乙集，《湖广奏稿》，卷三，《整顿醝务折》。

⑭ 《林文忠公政书》，丙集，《云南奏稿》，卷二，《甄别盐提举州县各员折》。

⑮ 刘隽，《道光朝废引改票始末》。

⑯ 刘隽，《道光朝废引改票始末》。

⑰ 刘隽，《道光朝废引改票始末》。

⑱ 刘隽，《道光朝废引改票始末》。

⑲ 详情可参照吴铎之《川盐官运之始末》一文，但未能举出具体数字。

第三节 作为军事财源的关税

A. 分析素材第一段——关于设置税关目的的六道上谕

清末岁入预算中，在表Ⅰ中占 47%，表Ⅱ中占 29.3%，为税目中最高位的关市税,以何种目的而征收,且其征收机关的税关,以如何意图而设置,我们在考查清代关税问题时,初以此为问题出发点。这得先从论及这个问题的六道上谕研究。

(一)顺治六年(一六四九年)圣谕:

设关征税,原寓稽查奸宄之意,非专与商贾较锱铢。①

(二)康熙四年(一六六五年)圣谕:

各省关钞之设,原期通商利民,以资国用。②

(三)雍正元年(一七二三年)圣谕:

国家之设关税,所以通商而非累商,所以便民而非病民也。③

(四)雍正二年(一七二四年)圣谕:

从来设关权……利商便民之至意也。④

(五)乾隆二年(一七三七年)圣谕:

国家之设立关隘,原所以查察奸宄,利益商民,并非为收税员身家之计也。⑤

(六)嘉庆十九年(一八一四年)圣谕:

关市之设,所以通商便民,成法极为详备。⑥

上引六道上谕中,各皇帝反复强调设置税关的目的,旨在"稽查奸宄","通商便民"。"稽查奸宄"与"通商便民"之间有如何的理论的关系,其必然性虽然不易明了,要之,政府的主观的意图不管表面上的口实,是如何出发于 Paternal 的慈惠"至意",实际上,从上谕(二)中正式讲明的"资国用",我们不难明白,其真实立意,全为补救财政收入。而表面上予以第二义的存在,似乎无关紧要,其实这种把主要意图退为背境的手段,是中国政治技术精义的所在。所以,清代开设税关,意在以关税收入而"资国用",纯然出于经济要求,且以清朝关税政策看来,此种要求还极为强烈。况且,在所谓"资国用"的意图中,以关税收入充当军事财源,表现极为确实。

以上是供我们分析的第一段素材,以下我们再看可供我们分析的第二段素材。

B. 分析素材第二段——关于以关税充当军事费的二道上谕

(一)康熙三十八年(一六九九年)圣谕：

> 向因军需繁费，关差官员欲于正额外，以可得之盈余交纳，充用。[7]

(二)康熙二十三年(一六八四年)圣谕：

> 向令开海贸易，谓有益闽粤边海之民生。且此二省之民用充阜，财货流通，则各省立俱有益。夫出海贸易，本非贫民之所能，富商大贾懋迁有无，薄征其税，以充闽粤兵饷，复可免腹地省份之转输、协济之劳……故令开海贸易。[8]

上谕(一)中，证实以关税额外盈余充当军事补助费，因之，关税亦系军事财源之一的说法，无可置疑。上谕(二)中，证实以福建的出洋贸易税充当本省的军事费，其中实含有重大因素。下文我们当以此为机缘，展开问题之研讨。

C. 素材之分析

第一 出洋贸易担当者的二阶层人民

分析素材第二段(二)中的第一要点，系以为出洋贸易，"非贫民所能"，仅有富商大贾来从事。然而，譬如为了获取生活资料，小商人贫民之属，亦有从事出洋贸易的；如《国朝柔远记》所称："富者为船主、商人，贫者为头舵水手，一船几及百人。"(见该书卷三，《雍正五年·春开闽省海禁》)，有这样形态的出洋贸易。因之，出洋贸易企业即属富商大贾之独占事业，故"一船几及百人"的具有宏大规模，只此而论，以出洋贸易税资国用，充当军事费的意味，大有理由。虽然这些出洋贸易群中，不见得能生长几个了不得的巨富，但其中像有名的荷印华侨建源或同治年间(一八六二年——一八七四年)上海巨商叶澄衷那样大小的成功者,确有其人。⑨然而,富商或大贾一人出洋贸易的大企业,需要贫民从业者100人,这些贫民,多系福建、广东一带水田耕作限界外溢出的剩余农民,这和北方干田耕作限界外溢出的剩余农民走向满洲开垦,恰相辉映。而这可称为"一将成功万骨枯"的出洋贸易者,全系水田耕作限界以外的剩余农民,雍正五年(一七二七年),闽督高其倬的疏言说得最明白:

> 福兴漳泉汀五府,地狭人稠,自台湾平定以来,生齿日繁,山林斥卤悉成村落,无田可耕,流为盗贼,势所不免。臣再四思维,惟广开其谋生之路,如开洋一途前经严禁(关于清朝禁止出洋贸易,海禁之事,后当叙及)……开洋似有益于地方,请弛其禁。⑩

在这个疏言中,政府明白了福建农业已经达到了一定的社会界限,对于限外溢出的人民,请求解除海禁,许可出洋贸易,以为救济之策。这当然系出于 Paternal 的对人民慈惠政策而发,而这种慈惠政策的根据,当然亦系 Paternal 的恐惧人民因生活苦而致纷扰滋事,不利政权。与此政府主观的意图不同,另外还有一个许可出洋贸易的客观根据。缘在雍正二年(一七二四年),广东十三行商人,因逃避官吏苛税,逃至厦门,于该地创立公行(Guild),政府对其力量无可奈何,结果,解除福建海禁,唯此问题,此处姑置不表。

这种水田耕作限界以外的剩余者,其最大的特征表现,即是南洋华侨。今日之南洋华侨,其侨居原因,出于经济穷困原因的正确科学数字,陈达氏已有调查。(见陈达《南洋华侨与福建广东社会》一书)

南洋移民离国主因表

类别	家数	百分数(%)
经济困难	633	69.95
南洋姻渊关系	176	19.45
天灾	31	3.43

（续表）

类别	家数	百分数（%）
从事扩张	26	2.87
不正行为	17	1.88
地方不安	7	0.77
家庭不和	7	0.77
其他	8	0.88
总计	905	100.00

备考：

（一）本表系制自陈达《南洋华侨与福建广东社会》。

（二）本表系汕头附近一华侨区的实地调查。

从上表中，可以看出现代华侨的原因，70%系出于经济困难，且系出于清朝南方经济社会，可断定系水田耕作限界外的剩余者无疑。过去时代，南洋华侨的原型，系唐代踏上探求真理之旅的佛僧，其念佛唱名之声音早与荒海之藻屑同时消失①，而水田耕作溢出的剩余者则最果敢地继承了这一原型。英人牧师 A. 史密斯（Auther Smith）的话来说，他们系为了家族怀了一攫千金的梦想踏上漂泊旅途的 Chinese Enoch Arden。②然而英国的 Enoch Arden，由逆旅迄临终，始终信仰"为了神的光荣"（In Majorem Gloriam Dei），而中国的 Enoch Arden，还在欧美产业的社会的中产阶级有了新教（Protestantism）以前的伦理世界中，为了千金的探求而漂泊。因之，自清末鸦片战争迄至一八五九年，这个在世界史上有名的惨淡的苦力贸易，继续展开不绝——我们应把握上述的出洋贸易者群的二种阶层性。

第二　军事费本省自办主义

分析素材第二段上谕（二）中的第二要点，系以许可出洋贸易所征收之关税，规定充当本省之军事费。此即素材第一段（二）上谕中所表露的"资国用"的最本质的目的所在。亦即特以关税充当本省之军事费这一问题。原来清代定法,为避免起运——协饷上的输送繁重和危险,特规定应征银的存留(拨储)办法,文中所谓"可免腹地省份之转输协济之劳",殆即此意。这个谕令,对于理解清朝地方税制,意义很大。

清代各省收入银两中,留之充任本省经费谓之存留,其存留共有五种:(1)封储,由藩库(省银库)留之,以充任临时经费;(2)分储,由各省府库留之,以充任州县之临时经费;(3)留储,由各州县库留之,充当经费,系存留中最重要者;(4)解储,省所辖各州县,将一切所收之赋银送解藩库,由藩库保管;(5)拨储,各省兵备道库及河道库,每年将由本省布政司所拨给及邻省所协拨之兵饷银,岁修银,官兵饷俸银存留之,以充任特种机关之特种经费。除上述五种存留分外所余之部分,得输解户部及他省,谓之起运,其中解输户部者谓之京饷,各省相互间解输者谓之协饷。京饷更分为二类:(1)原定京饷,全国并未一体推行,如陕西、甘肃、四川、云南、贵州等收入薄少之省份,乾隆时代,一律予以蠲免;(2)额外京饷,为补救原定京饷之不足部分,由清朝中叶起创设,以为军事费用度。再者,协饷又称协解,由户部指定,由一省解输以补助经费不足之他省,此即各省经费自办主义的本旨所在。仅对东三省、热河、伊犁三特别区,由户部直接协解补助外,其他省份,概委诸各省相互扶助。⑬

上谕中所称"可免转输,协济之劳",系为避免起运(协饷)之劳,以贯彻军事费本省自办之主义。因为在输送机构整备不周的清代社会,解输银两,危险殊甚,不仅要派官押送,还要着兵役护送,定为银1万两,护送兵2名,役4名,途次如遇损失,酌量当时情形,分为十分之五,十分之三,十分之二等赔偿办法。⑭在《水浒传》那样的社会做皇帝,最聪明的办法,莫如省却这种"保险的损失",这使我们想起前面提起的林则徐以云南盐税留充本省军事费的上奏。

第三　关税充当军事费之意味的根据（外国贸易国家管理之必然性）

如上所述，清朝政府以关税充当军事费之先，必须先行"令开海贸易"。该时，在清政府，必须将外国贸易置于国家管理之下。然而清政府仅只管理外国贸易，并非禁止外国贸易。这是因了军事费的补给和支出问题，所以没有禁止外国贸易。这更非封锁，虽然清政府有海禁（限制海外渡航）之律，论者所谓清致府"闭关自守"（禁止外国贸易）殆即指此而说。其实最典型的实行闭关政策的，莫如日本的德川幕府对于外国贸易及海外渡航并行严禁，其根据就在于一旦开放对外贸易，边境诸地俱可输入武器，幕府的存在基础，将大受威胁，所以幕府禁止外国贸易，在其维持自身政权之点来说，为绝对必要之举，至于禁止海外渡航，亦是为加强和增加禁止外国贸易这一工事的构筑。但在清朝来说，却无禁止外国贸易的必要，这还是为了补救军事费的目的。虽然清朝在三藩撤镇以前，其处境正如日本德川幕府，对于处于边境形同封建领主的三藩，一面由贸易积蓄利润，一面购入新式武器，觉得强大对抗势力的危险，未尝没有"闭关自守"之感。

三藩之乱与撤藩的史的评价　明将孔有德、耿仲明、尚可喜投降清朝，在《序编》中已曾论及，另有明将吴三桂"丈夫一怒为红颜"，不仅降清，且引清兵入关定都。清朝对于这批"汉奸"，自然优赏有加。耿仲明于顺治六年（一六四九年）七月战死江西吉安，由子继茂承袭其位，孔有德于顺治九年（一六五二年）战死广西桂林，因无子而绝。残余三将，吴三桂被封为云南王，尚可喜、耿继茂共封为广东王，继茂后封为福建王，死后由耿精忠继位。此即所谓三藩。其中以吴三桂兵力最为强大。彼等之行政不受吏部、兵部掣肘，财政不为户部过问，本质实为封建领主。云南王吴三桂之藩财政年在 900 万两以上，广东王尚可喜、福建王耿精忠之藩财政合在 200 万两以上，虽有赖于江西地方之租税。至而达到如顺治十七年（一六六〇年）户部劾奏中所称"天下财富,半耗于三藩"那样的状态。迨清朝国基渐固,对于三藩的兵力、财力自然大感威胁,且开国时以汉制汉的政略此时亦成过去,现在所考虑的,不过除去三藩的时间问题。渐至康熙十二年(一六七三年)三月,以广东王尚可喜的家庭纠纷为开端,同年七月,云南王吴三桂叛变,翌年三月,耿精忠响应,康熙十五年二月,尚可喜之子之信附和,遂成历史上所谓三藩之乱。清廷平定三藩,直至康熙二十年(一六八一年)十月,费时数载。三藩即系封建领主,故清廷的"扫荡"三藩,在政治上,深具强化中央集权意味。乱平(撤镇)以后,康熙帝开始了他的划时代的政治手段:一面迅速地剥夺地方权力,同时强化中央权力。其具体办法,即:(1)籍没藩产,以充中央军事经费;(2)藩兵收回北京;(3)以八旗兵驻扎福广荆诸州;(4)废除土地及兵权世袭制(此点关系重大,天聪五年六月太宗所订之"功臣爵职世袭例",至此否认,等于完全否认了 Heneficium 制度);(5)大官功臣一律移居北京, 此点为后来清朝 230 年的 Mandarinen-Feudalismus(无土地领有权的官僚制)建立的基础。以此而论,三藩之乱,在清史上意义甚为重大,可以说是清代经济机构的一大转型期。对于如此强大的三藩势力,清政府和日本德川幕府处于同样的危惧地位,下文所举例中可以证明。

(一)平南(广东)王尚可喜的独占广东贸易——横筑财政基础

尚可喜依从盐课提举白万举互市利益的劝说[15],任命中国商人 Hunshunquin,特许为王商(The Kings Merchant),代行独占广东贸易,当时,这个受命的王商凭借广东王力量,积成巨富。[16]尚可喜没落后,他仍以既成势力,凭借北京宫廷支撑,无视一般商人的切齿反感,依然独行阔步,左右广东贸易商品价格。康熙三十八年(一六九九年),英船 Macolesfield 号航抵澳门时,船长 Robert Dougless 因与一般商人无从议价, 特趋赴广州拜会 Hunshunquin 始与 Hunshunquin 单独商定价格[17],此事在尚可喜没落以后很久,由此可见特许商人在外国贸易中潜势之大与利润之丰,这个商人的经济力,自然是大有可观的一种力量。而这商人即曾为平南王的王商，平南王所得的贸易利润，当更在商人之上。像这样的边境领主的积蓄经济力，当然招徕中央政府的危惧，而构成了撤藩的动机之一。撤藩完成三年以后，康熙二十四年（一六八五年），创设粤海、闽海、浙海、江海四榷关，于澳门、漳州、宁波、云台山等处，特许任命官商（The Mandarin's Merchant）代行管理政府贸易，利润直接收揽于政府手中。由于设置粤海关，遂成了日后广东十三行发展的张本。

（二）平西（云南）王吴三桂之经营边境贸易——输入武器

三藩之中，兵力、财力最强大的吴三桂，其生活腐化情况，兹就《清朝野史大观》中引述二则，以见一斑。

（1）三桂即以永历（明朝最后一帝永明王）所居之五华山作新府，重楼复道，拟大内规制。又于西郊外为园，名安阜园……以歌舞自娱。（见该书卷五，《清人逸事·三桂新府》）

（2）后宫之选，不下千人……召幕中诸名士谶会……则珠玉金帛堆置满前，诸官人憧憧攘取，三桂顾以为笑乐。（见该书卷五，《清人逸事·三桂之奢淫》）

吴三桂的这种穷极淫奢的生活，是增征盐税，创立关市税，开发矿山等事业经营之结果。[18]下列表中，可为明证。

云南省盐税收入（单位：两）

年次	征额	史料
顺治年间（一六四四年——一六六一年）	146,109,360	
康熙元年（一六六二年）	144,809,360	
三年（一六六四年）	147,809,360	康熙《大清会典》卷三十三
四年（一六六五年）	172,559,360	
二十一年（一六八二年）	147,809,360	
三十四年（一六九五年）	142,049,360	雍正《大清会典》卷五十

备考：

见刘隽《清代云南的盐务》（《中国近代经济史研究集刊》第二卷第一期）。

在上表中，吴三桂系于康熙四年封云南王，与前年（康熙三年）相较，盐税一举增加 20％ 弱，撤镇后，在康熙二十一年，由巡抚王继文奏请，盐税降至以前（康熙三年）水准，仅以此事而论，当不难察知吴三桂经管云南的全豹。而由此所表现的经营用意，不外为了构筑军事力量而确立物的基础。与此相联带的他的外国贸易，不仅积蓄了大量的利润，而输入武器亦复不少。他与达赖喇嘛通使，在北胜州开市，以茶马互易，西番、蒙古马匹经由西藏入云南者，年在 1,000万匹以上。[19]马在前期社会中，作为战争技术，实为最重要的武器，清政府对马匹的蓄殖、输入亦煞费苦心，力图经营的。在《第三编》中，再为详论。就吴三桂的场合，对外贸易，自增加收入（关税）后购买武器两种观点来看，利益极大，在他发动对清政府叛逆时，立予证明。康熙二十年（一八六一年）正月平远、盘江之役，吴三桂驱使象群参加战斗，清军望而溃走[20]，我们虽不知道吴三桂是否研究过迦太基名将汉尼拔的战法没有，但这象群是来自缅甸、安南，当亦系由对外贸易而来无疑。象据说是唐朝由安禄山、史思明所输入中国，明朝弘治八年（一四九五年）北京修筑象房[21]，所以入关以后的满族，不能说完全不知道象，因此对于溃败于吴三桂的战法，只可解释为入北京以后的满人只知道作为玩赏物的象，对于集团的象，作为战争技术而存在，自然是生疏的，只好实行溃散了。

三藩撤镇以前，清政府正如日本的德川幕府，对于边境领主由外国贸易而获得军事财政力量的强大十分危惧，然在撤镇完成以后，与政府的中央集权政策更迈前一步，同时，危惧立解。政府对于贸易的利益，自身感到兴趣，而认为有管理的必要。这就是前文提过两次的康熙二十四年（一六八五年）的转型期。割据台湾二十余年的明朝遗民郑氏一族（海富，商业资本家），既在康熙二十二年（一六八三年）八月投降，沿海一带初归平静，至十月，所谓"迁界令"[22]终告废除，海禁（禁止海外渡航）亦同告开放，外国贸易，遂入于国家管理时代。

然而清朝与日本德川幕府恰恰相反处，在于清朝对于禁止海外渡航问题实较禁止外国贸易尤为重视,这是因为在明朝时沿海一带备受倭寇侵略之患,致清政府有所传承前朝的遗宪。虽然国家管理对外贸易,直至鸦片战争终了时,而海禁亦屡见复活,如在康熙五十六年(一七一七年),既早已宣布《南洋渡航禁令》[23],在雍正五年(一七二七年)再告解禁。[24]征诸此种事实,可见清政府对于禁止海外渡航所持的慎重态度。因之,即在转型期的康熙二十四年,固由于客观的根据——台湾郑氏的败北,亦由于清政府主观上的自信。清初本无海禁,由于郑成功的沿海攻略,顺治十三年(一六五六年)始行海禁,至顺治十八年,形势尤为严重,福建、浙江、江南等地出洋贸易商船,概行厉禁[25],至郑氏败北,清政府始行解禁,康熙二十三年(一六八四年)上谕中,意义极为明显:

> 百姓乐于沿海居住,原因海上可以贸易捕鱼。先因海寇(郑氏海上活动),故未开海禁,今海氛廓清,更何所待……今海外平定,台湾、澎湖立设官驻扎,直隶、山东、江南、浙江、福建、广东各省,先定海禁处分之例,应尽行停止。[26]

准上而论,清朝因国基渐固,以康熙二十四年为转期,渐渐进入由国家管理外国贸易时代,全是为了补救军事费,才有管理外国贸易的必要,换言之,也就是不禁止对外贸易的理由。至此,对于这就是康熙二十四年所包含的意义,亦可了然。

清朝的管理外国贸易,他的具体政策有二:(1)指定(限制)外国贸易的必要道路——港场;(2)特别任命特许商(Licenced=Privileged Merchants)作为管理外国贸易的代行机关。准此二种政策行事。转形期当初的贸易国,以荷兰为首要,次为葡萄牙、西班牙、法国、意大利等[27],此中情形,《国朝柔远记》述之如下:

> 时沿海居民,虽复业(迁海令之撤废),尚禁商舶之出洋互市,施琅(水师提督,攻略台湾名将)等屡以为言,又荷兰曾以助剿郑氏,首请通市,许之。而大西洋诸国,因荷兰得请,于是凡明以前未通中国,而为勤贸易操海舶生涯者,

皆争赴疆。臣因开海禁，请设粤海、闽海、浙海、江海四榷关于广州之澳门、福建之漳州、浙江之宁波府、江南之云台山，置吏以莅之。㉘

荷兰于康熙二年（一六六三年），由协助清政府扫荡郑成功之功，许可二年内贸易一次，至康熙八年（一六六九年），改为八年一次㉙，在康熙二十二年海禁解除后，始以密切而且常则地与清朝建立了公然的贸易关系，英人亦复相同。英国与清朝建立贸易关系，在康熙二十二年，访问定海榷关为始。再以史料引证之。

英吉利货船时往来澳门、厦门，复北泊舟山（即定海县），宁波海关监督屡请移关定海县，部议未许。至是盐督张圣绍，以定海港澳阔深，水势平缓，堪容番船，亦通各省贸易，请捐建衙署移关以便商船，当增税银万余。绍乃于定海城外道头街西建红毛馆一区，以可安置夹板船水艄人等。此英吉利商船来定海之始，然虽时通市，亦不能每岁来华也。㉚

由此可见，转期当初的英国，尚未能与清朝建立紧密的而且常则的贸易关系，但是必然地要进入这样的关系的，那是以雍正七年（一七二九年）为起点。㉛

现在，总括问题：由康熙二十年撤三藩，二十二年解海禁，二十四年设粤海、闽海、浙海、江海四榷关，始行建立了国家管理外国贸易的基础与体制。且由国家管理外国贸易目的全为补救军事费，具体的管理政策有二点。就其所采目的与方法看来，清朝并非采用闭关政策（禁止外国贸易）。且以康熙二十四年系清朝贸易政策（国家管理）方向的转变起点来看，意义极为重大，至方向转变的主要对象，为荷兰，十九世纪大悲剧的主角英国，直至雍正七年始在这个东方最大的舞台上脱离了龙套的地位，而正式地走入中国历史。

分析（一）国家管理外国贸易之再论证（清代闭关说评判）

康熙二十四年的转型期以后，清政府对于关税收入之关心，忽形提高。政府因极度恐惧关税收入减低，故徘徊于一种踌躇政策之中,而认为若提高各个单独的税率,恐外船来航减少,结果官定关税收入将不能如所预期,不若降低各个单独税率,使来航外船拥挤,结果关税总收入当可增高。由此可见康熙中叶时外国贸易不振的情况,再看康熙三十七年(一六九八年)的上谕:

> 广东海关之收税人员,搜检商船货物,概行征税,以致商船稀少,关税缺额,且海船亦有自外国来者,如此琐屑,甚觉非体,著减广东海关额税银三万二百八十五两。㉜

这个上谕即系康熙三十七年所颁,当时欧洲政情,已陷动乱,来华船只减少,自属当然之事,然康熙帝不明国际局势,以为来航船只减少("关税缺额"),应归咎于高率关税。但亦由此可见清政府对于关税收入期望之殷厚,而政府开放海禁,由国家管理对外贸易的财政根据,于此可见。反之,清政府未尝禁止外国贸易的说明,根据也在这里。

这里我们所要讨论的是清政府如此期待的关税,其利用情形。先列表说明关税收入情况。

如下表所示,粤海关(广州)占压倒的地位,至少是乾隆二十二年(一七五七年)以降的现象,其兴盛原因,系基于下述事情。原来康熙二十四年设置四榷关,其管理外国贸易的具体方法之一,即是指定贸易路线(限制),而其对于指定港的限制,适等待遇,并无格别的差别待遇情事。举例言之,乾隆二十年(一七五五年)英商 James Flint(华名洪任辉) 前赴宁波经营贸易之际㉝,曾经有与该地商人 Hanguan、Suguan、Sequan、Wanguan、Shingy-Quan、Teuern-Quan 等的谈话。㉞此处先要加以解释的,是这些宁波商人,全系国家管理外国贸易的第二具体方法之表现所指定的特许商人,由其商号皆带 Quan字既为明证。Quan 所含特许的意义,后文自有交待,现在只需知道这是特许贸易商人的通称即可。由此可以证明宁波亦有特许商人,可见宁波的指定港地位和特许商人的存在,实在具备了国家管理外国贸易的条件,而实现了清政府外国贸易的政策。不仅如此,甚至并未指定为对外贸易港的厦门,于雍正二年(一七二四年)创设公行,后由于获得福建出洋贸易解禁令(见前节《出洋贸易担当者的二阶层人民》一节),而具备了清政府所规定的二种条件,亦实现了管理外国贸易的目的,这都是典型的情况,至于广州,亦如宁波、厦门,自然具备了上述二条件,而成为对外贸易地区,然而在乾隆二十二年(一七五七年),外国贸易路线,突然由于必要理由,只限于广州一地[35],嗣后,再未有许可他港通商或任命特许商人。因之,十九世纪清代外国贸易只可说是广州一港,同时,亦可说广州就是清代外国贸易的全般。这就是粤海关在道光年间关税收入占压倒的情况的理由。

清末关税收入表(单位:两)

关名	所在地	官定额	实征额		
			道光二十一年 (一八四一年)	道光二十五年 (一八四五年)	道光二十九年 (一八四九年)
江海关	上海	65,980	57,046	79,821	72,997
天津关	天津	88,156	83,618	82,528	53,547
浙海关	宁波	79,908	79,908	78,018	79,908
闽海关	福州	186,549	199,465	185,955	193,012
粤海关	广州	899,064	864,232	2,362,162	1,429,766
户部贵州司 二十四关计		3,989,223	3,915,106	5,238,897	4,401,508
工部五关计		363,985	292,589	272,548	303,366
二十九关合计		4,353,208	4,207,695	5,511,445	4,704,874

备考:

1. 据王庆云《石渠余纪》,卷六,《纪关税》节作成。

2. 粤海关为最大之海关,在户部二十四关收入中其所占比例,自表端顺次读下为 22.5%、22.2%、45.0%、32.4%,占压倒的高位,英加入工部五关,为 20.7%、20.5%、42.8%、30.4%,依然占最高位。现在占第一位的上海关(江海关),当时不过尔尔。然在道光二十二年,由于鸦片战争失败的结终,开广州、福州、厦门、宁波、上海五口自由通商,广州不仅失去往年的地位,被上海取而代之,上海且较战前广州地位尤高,此点至堪注意。

据此而论,仅自关税收入一点而论,难免有人误以为这就是清代的闭关政策,然从康熙三十八年的上谕来研究,仅仅 30,285 两的广州关税收入,至道光二十一年增大至 86 万余两,高进 30 倍,道光二十五年,复增至 236 万两,高 80 倍弱,道光二十九年,为 143 万两,增 50 倍弱,由这种趋势来看,若以闭关而论,恰巧禁止贸易而贸易增加,似乎不通,那么闭关之说,当属无稽之谈。再据道光十一年(一八三一年)二月两广总督李鸿宾的关于船舶出入只数的报告,官自身决无禁止对外贸易之事,昭然若揭。李之报告有云:"乾隆年间,至粤各国夷船不过三四十号,今则多至七八十号,百十号不等。"[38]所以不论由任何观点来研究,清代绝无闭关之事。但以为清代开放自由贸易,亦同属无稽。这只要看鸦片战役后,准许五口通商,广州地位的下降,即可知道。因五口通商后,往年对外贸易指定港广州,以近代贸易港成立条件的指向因子而论,自然被上海取而代之。这是十九世纪六十年代所出现的事情,为一加比较,特列表如下:

上海与广州地位交迭说明表

	关税收入(单位:海关两)		输出入额合计(单位:上海两)	
	同治二年	同治十一年	同治七年	同治十一年
	(一八六三年)	(一八七二年)	(一八六八年)	(一八七二年)
上海	2,526,621	3,295,746	87,545,450	101,311,133
广州	950,558	1,057,799	18,336,507	20,304,894
总计	8,509,525	11,678,636	140,346,571	161,786,318

备考:

据《国立中央研究院社会科学研究所专刊》第四号《六十五年来中国国际贸易统计》第十四表及第十七表作成。

总之,自康熙二十四年的转型期以至鸦片战争,清朝贸易政策系规定由国家管理,实为最正确与公正的断定无疑。

分析(二)海关之对外勒索 = 苛税(鸦片战争之一祸根)

清代关税分为船钞与货税两种,船钞即相当于所谓 Measurement

fees，决非近代的 Tonnage duties。[37]货税即输出入商品税。[38]从此两种关税，皆由广东十三行为海关代理征收，算为十三行的特权与义务。至其纳税手续，非常繁剧。外船以每年五六月来航，十月归国为常例，来航时，先行停泊澳门，粤海关监督亲自或派代理赴澳门，加以检定，丈量完毕后，始许进入黄埔。进入黄埔时，外船由引水人2名引导，起虎门鸣放礼炮[39]，至此，与引水人之契约告解除。嗣后，船员留于船内，由船长或副船长往谒海关监督及副监督，再行候准停宿广东十三行商居馆之监督命令，监督发下许可时，船长副船长始得与十三行办理交易，最后，由十三行以粤海关代理资格征收外船出入口税。[40]

但是，这里成为问题的是在正式关税以外，还有种种名目的额外加征这一事实。清初时，虽征收附加税30%，但后来增至40%时，惹起不少外人的反对，迨至康熙四十七年（一七〇八年），增至60%，雍正六年（一七二八年），再于60%原基数外又增10%时，引起了正面的激烈抗争[41]，所增加的10%的附加税，称为"缴送"，至乾隆初年（一七三六年），因"朕加惠远人之意"，遂行废止。[42]尚有可加注意的一事，即《粤海关则例》所定的所谓"规礼银"的存在，这实在是当时中国特有的官许贿赂，为征收极为繁重的恶税。外船入口时，先行缴纳官礼银，次及书吏、家人、通事、头役等皆须贿送。其名目为规礼、火足、开舱、押船、丈量、贴写、小包等几及三十种。外船出口时，复由书吏等勒索验舱、放关、领牌、押船、贴写、小包等各色名目苛索38种。[43]外人不堪此种诛求无厌的勒索，因之纷纷向指定港以外的地区求活路，前述英商 James Flint 之所以赴宁波经营贸易，即系出于逃避粤海关的勒索（规礼银的苛压）。清政府聪明之极，名为不忍坐视洋人受苛，依据广东巡抚兼粤海关监督杨文乾奏请，于雍正四年（一七二六年），规定征收洋银1,950两为改收规礼，由税吏腰包抢入皇帝腰包。[44]至乾隆二十四年（一七五九年），始依新柱、朝铨、李侍尧等奏请，全形废除。[45]但正式关税以外的一切勒索实并未删除，尔后改变形式为"行用钱"，公然通行。所谓行用钱，依《国朝柔远记》来讲，"每价银一两奏抽三分，以给洋行商人之辛工也。继而军需出其中（！），贡项出其中，各商之洋货搬迁，亦出其中。遂分内用外用之名目。此外尚有官吏之要求，与间游之款，亦皆出于入口出口长落之货价，以故洋利渐薄"（见该书卷七《嘉庆十五年·英商请减用银不许》节），例如棉花，一包当价 8 两，正税 4 钱（5%），行用钱即为 2 两（25%），英船长 Roberts 曾请求广东巡抚韩葑酌减行用钱数额，批示不许。[46]因之，清政府关税正额虽较欧洲为低[47]，然正税以外的杂税及勒索，殊非一般商人所能负担。如英国的东印度公司，十八世纪时蒙受损害不浅[48]，这自然一半应归咎于英国羊毛商品世界征霸力的早期未熟性，但海关的勒索与商人的前期式的苛取，责任亦大。而这也就是执着于自由贸易的英国人挑开鸦片之战的"私怨"之一，可以断言。

分析（三）清朝的外国贸易思想（世界经济观念）

由上述诸考察中，当然会出现一种疑问：清朝的国家观念，换言之，其世界经济观念，较具体地说来，其外国贸易思想，到底具有如何性质？贸易，虽然只是经济社会的极为表面的现象，但亦系社会发展的极为重要的契机。假若一般文化系由化合，继承而生成、发展，则贸易实系一般文化的化合，继承的经济的表现之本身。英国古典学派所谓的国际分业——比较生产费说（The Comparative Cost Theory），实意味了文化交流论在经济学方面的适用。

清代社会的外国贸易，并不能作这样的论断。在某种程度上，清代外国贸易，自系为了利用关税收入以补救军事费，但夸称地大物博的清政府主观的意图，其外国贸易的表面口实，认为对外贸易仅只是对洋夷所行的一种慈惠政策，不过"天上帝国"（The Celestial Empire）皇帝的"朕柔远之至意"的表现。康熙二十四年（一六八五年）上谕有云：

外国之私自贸易，或可税其货物，若进贡者亦概税之，殊乖大体，且非朕柔远之意。㊾

一面恐惧关税缺额的康熙皇帝，一面又视外国贸易为一种天上帝国皇帝的慈惠政策，这就是典型的阿Q作风。故嗣后身及外国贸易典盛期的皇帝及官吏，一直保有这种根本观念，不足为奇。乾隆五十七年（一七九二年），英使马加得尼伯爵偕同史丹得男爵，因要求开放自由贸易至澳门，翌年八月十日至北京万寿园呈递国书时，当时隆昌达于极点的清朝乾隆帝，对英回答竟是如此程度的：

"咨尔国王，远在重洋，心响倾化。特遣使恭赍表章，航海来庭，叩祝万寿，并备进方物，用将忱悃。朕披阅表文，词意肫恳，具见尔国恭顺之诚，深为嘉许。所有赍到表贡之正副使臣，念其奉使远涉，推恩加礼，已令大臣带领瞻觐，锡予筵宴，叠加赏赉，用示怀柔……尔国王此次赍进各物，念其诚心远献，特谕该管衙门收纳，其实天朝德成远披，万国来王，种种贵重之物，梯航毕集，无所不有。"㊿及"天朝物产丰盈，无所不有，原不假外夷货物，以通有无，特以天朝所产之茶叶、瓷器、丝斤为西洋各国及尔国王必需之物，是以恩加体恤，并得在澳门开设洋行，资有日用，俾沾余润。"51

从这种诏书中，可以看出清政府帝国理念的性格，是如何昧于世界情势而妄自尊大。立于这样小宇宙主义的孤立帝国，足以说明其对外贸易思想。这种态度，不仅对英国如此，对其他各国，均系如此，如乾隆五十七年（一七九二年），与俄国改订《恰克图条约》五款时，亦出于同一态度。52然而清政府的始终沉醉于尊大感中，自有其必然性。因各国自清输入品，系绝对的生活必需品，而各国之对清输出品，例如美国之皮毛及白檀，俄国之皮毛，英国之毛织物，多非清代社会的生活必需品，清朝在贸易关系上即系商品单面贸易者，自然形成其优越感与自大性。如嘉庆十九年（一八一四年）十月，两广总督蒋攸铭的对英牵制政策，即系奏请对英停止输出，公然地表示了绝对的尊大和自信；其言有云："呢、羽、钟表等物中华尽可不需，而茶叶、丝在该国断不可少，倘一经停止贸易，则其生计立穷。"[53]又，前文所提及的英船长 Roberts 请求免除行用钱时，广东巡抚韩葑正和总督蒋攸铭的态度相同："洋人无利可获，或可杜其偕来。"[54]言外意示了清朝尽可不必要与外贸易之意。虽然当贸易一度衰退时，由于关税减少，康熙帝为了军事费目的大为惶惑，然在极盛期以降的清政府，对于外国贸易是完全充满了自大与自信的。

但是，每一个问题总是多方面的。清朝虽在文字上极为尊大，但乾隆帝在热河行宫接见马加得尼伯爵时，态度极为殷勤，有马加得尼的日记为凭，萧一山《清代通史》中亦有同样记载，可见前面所录的上谕，多少系碍于公文格式，渲染中含有不少夸张气氛。觐见前最为问题的是所谓"三跪九叩首"礼。依马加得尼日记看来，并未执行这种"大礼"，他要求与对英国皇帝相同，行半屈膝礼及接吻御手礼，结果，省去接吻礼，只行半屈膝礼。但是，事实上，这种"大礼"，往往常为清政府与外国使臣郑重争执的问题，至而鸦片战争，就是这种礼法问题另一种解决办法——武力解决。而这种叩头礼在清代社会实为一意义重大之问题，如《红楼梦》中，权门子弟贾宝玉，责令下层子弟金荣向其同性爱人秦钟道歉时，即执着必须叩头谢罪方可。可悲的是在儿童的环境中，尚且以叩头礼为解决问题的通则，实在说明了这个封建社会的奴隶性格。

但在另一方面，欧洲使臣又认为这是一种屈辱问题。嘉庆二十一年（一八一六年）六月，印度总督阿姆哈斯特，继马加得尼前来要求开放自由贸易，拜谒北京宫廷时，惹起了一幕悲喜剧。因叩头问题未能与清廷取得妥协办法，以至在觐见当日，连随同副使，皆以称病缺席，这大大丢了清政府的"面子"，皇帝"赫然震怒"，发出了如下的上谕：

朕降旨令尔使臣于七月初八日瞻觐，初八日于正大光明殿颁赏赐宴，再于同乐园赐食，初九日陛辞，并于是日赐游万寿山，十一日在太和殿颁赏，再赴礼部筵宴，十二日遣行，其行礼日期仪节，我大臣俱已告知尔使臣矣。初八日瞻觐之期，尔使臣已至宫门，朕将御殿，尔正使忽称急病，不能动履，朕以正使猝病之事，或有之，因只令副使入见，乃副使二人亦同称患病，其为无礼，莫此之甚……尔国王恭顺之心，朕实鉴之……并赐尔国王白玉如意一柄、翡翠玉朝珠一盘、大荷包二对、小荷包八个，以示怀柔。⑤

像上面所引述的这样的外国贸易思想，这样的世界经济观，这样的帝国理念，构成了清朝的侮外自尊糊涂根据。虽然这样的思维方法，在农工生产的原始性的统一社会中，夸称地大物博，以至因果颠倒，表现为孤立的小宇宙主义的观念，当不足为怪。且因限制于这样的观念支配中，对于由合化、继承所生长、发展的经济文化，自然亦无从了解与适从，而仅仅传统的陶醉和倒行。并且，这是经历唐、宋、元诸朝发展而来的，将中国经济发达的原素阻滞于一定限界中的结果。故所谓经济交流，不过被认为是收入关税的给源这种观念。斯坦当（Sir George Thomas Staunton）在《中国杂记》（*Miscellaneous Notices Relating to China*）一书中说得好，"像这样的国家，是生活必需品依存于国内资源，而布示禁止奢侈的国家。对于珍奇和侵入的拒否完全出于偏见，连效用如何也不管的国家。在这里，限于听任自然的进行，英国的工业制造品或原料（Manafactures or Products）无希望获得广大的一般消费"。

为了打破这种观念，外在的契机（世界资本帝国主义的发达）绝对的必然要转化为内在的必然性。这样的"不幸"终于轰然而至，时间系鸦片战争，人物系左宗棠，由于鸦片战争，将沉醉于独断的假寐中的亚洲大陆上的"天上帝国"渐次惊觉，对于外国贸易的本质，系由于比较生产费而来的国际分业这样的英国古典学派的意味，始得正当的认识和把握，怀着这种新的觉醒和把握的只是左宗棠一个人。甚至称为清代"先驱者"的林则徐和"洋务专家"李鸿章,也没有足够的认识和把握,左宗棠可说是这方面的嚆矢。像林则徐是仍然极浓厚地固守着外国贸易的慈惠政策观。观其《使粤奏稿》可见他的"眼界"的一般。

> "至茶叶大黄两项……实为外夷所必需……果能悉行断绝,固可制死命而收利权……惟现在各国之夷商……准其照常应市,以示怀柔。"(卷一,《附奏夷人现缴鸦片请暂缓断绝茶叶大黄片》)及"况如茶叶,大黄外国所不可一日无也,中国若靳其利而不恤其害,则夷人何以为生?又外国之呢羽,哔叽非得中国之丝斤不能成织,若中国靳其利,夷人何可图利?其余食物自糖料姜桂而外,用物自绸缎、瓷器而外,外国之所必需者,曷可胜数?而外来之物,皆不过以供玩好,可有可无,既非中国之要需,何难闭关绝市,乃天朝之茶丝诸货,悉任其贩运流通,绝不靳惜,无他,利与天下公也。"

(卷四,《拟谕英吉利国王檄》)

林则徐的根本观念,和历代清帝毫无异样,虽然林则徐是一个早期的新官僚,然因生长于传统的遗习中,所以易于囿于旧见,不易超越、跨步,不足为怪;而号称"洋务专家"的李鸿章,则依然安居于古老的观念中,与他所感受的惊异的同时措施,不过是如何将摇动的清代的经济社会的牢固的深根予以巩固,所谓换汤不换药的粉饰门面办法。试看《李文忠公全集·奏稿》十九,《同治十一年五月十五日覆议制造轮船未可裁撤折》:

> 臣窃惟欧洲诸国百十年来,由印度而南洋,由南洋而中国,闯入边界之腹。凡前史未载之所,亘古未通之所,无不款关而求互市。我皇上如天之度,以概与立约通商,以之牢笼。合地球东西南朔九万里之遥,胥聚于中国,此三千余年之一大变局也。

在李鸿章的上奏中,无疑的是在阿谀动摇的趋势上,粉饰古老的政治,而他之所以不得不做这些讳疾忌医的阿谀工作,是因为新官僚的他的性格不能不被局限于一种明确的界限,不能跨越。至于左宗棠,虽然他的出生性格不能不受当时社会的界限,但比他的同僚李鸿章却远为开明而进步。且看《左文襄公全集·书牍卷》二十二,《答王夔石少宗伯》:

> 开办通商一事,彼此均有利益(达到这种见解的限度,是一大进步!),惟陆运极难,非舟航之便利可比(这就是后来创设福州船政局的根据),劳费多则成本重,销路滞则利息微,必然之势也。

再看《全集·书牍卷》二十二,《上总理各国事务衙门》一节:

> 甘肃向阳之腴地,均宜草棉,乱后荒废,无人业此。每净花一斤,市值大钱七八百文,皆由川陕转贩而至,吐鲁番所产向较内地为佳,本由哈密行销,内地乱后,贩销者无,民苦无衣,甚于无食,老弱妇女多不蔽体。数年前刊发棉书,教民种植,近始稍有成效。……上年净花每斤值钱四百内外而已,吐鲁番花价每斤亦须三百文上下,即内地转贩,亦无甚利,将来或听外人销售,并非不可。(比较生产费用说支持!)

左宗棠认为外国贸易,有交换的利益,必须不能只满足于内地的自给生产,而须输入生产费较为低廉的外国制造品。凡此,均系对满清末时即已被帝国主义者撕破的小宇宙主义的客观情势要求,左宗棠实具有看破客观情势的慧眼,而要求适应和改革,虽然其目的亦不外维持和巩固这摇坠的封建异族政权,但较林、李诸辈的死硬派,却大胆而开明得多了。

然而,该时,鸦片战前的诸政客,都以银问题为中心展开的重金＝货币差额思想,在左宗棠的先觉的慧眼中,已渐次地转入次期的蛹蜕准备,只此一招,殊值注意。因之,仅从贸易思想的内质的展望中,清末经济社会发展的蛛迹,历然感知。

分析(四)外国贸易通路——广州一港限定的社会根据

前文中所说的乾隆二十二年(一七五七年)外国贸易的通路,只限于广州一港,这里作专题的研究。

这问题的理由所在,清政府自身有其解答。

乾隆二十年(一七五五年),前文所说的英人 James Flint 自与宁波互市以来,宁波、厦门等地经营贸易的外国商人,日渐众多。同时,广州贸易亦渐呈不振之状。㊿乾隆二十二年,两广总督杨应琚,请设浙江海关税,以图抵制㊼,征诸此种事实,可见清政府对于广州的格别的偏爱的执着。杨应琚的措置,即于同年十一月,由上谕敕令,继承限定贸易港限于广州一港的政策,迄至鸦片战争,亘八十五年间,除恰克图外,广州在文书上作为管理对外贸易通路的独占地位,因而确立。且广州的贸易特许商(十三行),占有异常高的地位。至于当时说明贸易通路限于广州一港的理由的上谕,所举约有四个要点。

(1) 粤省地窄人稠,沿海居民大半借洋船为生,不独行商 (十三行商) 二十六家而已。 (2) 且虎门、黄埔在设有官兵, 较之宁波之可以扬帆直达者, 形势亦异, 自以仍令赴粤贸易为正本。年来, 洋船虽已照上年之则例办理, 明岁赴浙之船必严行禁绝。但此等贸易细故, 以无重烦纶音, 传谕杨应琚, 可以己意晓谕番商。该督前任广东总督时, 以兼管关务, 深悉尔等情形, 凡番船至广, 即严饬行户 (行商), 善为料理, 于尔等并无不便之处, 此该商等素所知, 今调任闽浙, 在粤在浙均所管辖, 原无分彼此。 (3) 但此地 (闽浙) 向非洋船聚集之所, 将来止许在广东停泊交易, 不得再赴宁波, 如或再来, 必令原船返棹至广, 不准入浙江海口, 豫令粤关传谕该商等知悉。 (4) 若如此办理, 于粤民生计并赣 (江西) 韶 (福建) 等关, 均有裨益, 而浙省海防亦得肃清。看来, 番船连年至粤, 但洪任辉 (James Flint) 等, 不利于避重就轻, 宁波地方必有奸牙 (汉奸行商) 串诱, 并当留心查察,如市侩设有洋行，并图谋设立天主堂等事，皆当严行禁逐，则番民无所依托，其来路庶可断耳。[58]

上谕中所揭绪的四种理由，要之，不外归于以下两点：

（一）国防的见地

就国防的见地而论，这种措置，显系由于清政府对于向所担心的纷扰滋事的杞忧。清政府在谕文中所具的理由，系因广州为要塞地带，福建浙江并无防守，这种国防的见地，自然值得相当重视，但就清政府说来，对于海防有无之恐惧，实在比恐惧国内情势的泄露要差。而且，若单以无海防而虑，厦门、福州、宁波自亦可建造海防，当无杞忧必要。事实绝非如此，盖广州距北京较为僻远，国内情势泄露海外的恐惧可能自然较少，仅是由于地理条件，就是指定广州为唯一的贸易港的原因所在。后来，在嘉庆十年（一八○五年）十二月俄船要求广州通商来访时，在拒否的谕文中，更明白地指出了这种真的恐惧处所：

> 兹据那彦成（两广总督）奏称：俄罗斯僻在极北，向止在恰克图一带通商，今请来广贸易，恐奸商贪利私售，且熟悉来往海道及内地情形，亦多未便等语。那彦成办理此事与朕意相符，所见甚是。那彦成有此一节可嘉。[59]

这个谕示中，表现了只许由南来北的欧洲诸国来广贸易，对于由北来南的俄国，则不许来广贸易，全为了恐惧俄国在沿途中窃取关于国内情势之传闻。再则，乾隆朝以前，在准许外国人居住国内的场合，或则令集居澳门（雍正元年）[60]，或则令集居广州（雍正二年）[61]，不仅如此，非特不许外国人居住内地，与这个政策同时，亦禁止内地人随意走入外国船内（雍正三年）[62]，其理由为，"凡外洋人往来贸易，不许久留，并不许勾通内地奸民为匪，则地方安静，庶不致有意外之虞。"[63]及"外洋远来贸易，宜令其怀德畏威……洋船到日，止许正当商人与行客公平交易，其余水手人等俱在船上等候，不得登岸行走，拨兵防卫看守，如定十一、十二两月内，乘风信便利，将银货交清，遣令回国,则关税有益!而远人感慕,亦不致别生事端矣。"⑭这样极端的监视态度,系出于努力防遏纷扰滋事,不难明白。仍不仅如此,即准许在广州居留之外人,其行动途径亦甚狭小,多方掣肘,亦不过是恐惧国内情势的泄露(纷扰滋事)。这种掣肘外人的政策,至乾隆二十四年(一七五九年),以两广总督李侍尧所创定的"防范外夷章程五条"⑮的规定为基本点,逾后愈益扩大强化。该种政策的要点,节略如下:(1)不准外国人冬季居住广东省,五、六月来广贸易毕,必须于九、十月内即刻归国,其有清算手续未了者,得居住澳门,并无妨碍。(2)外国人在广登陆,必须居住行商馆内,事无巨细,必须听命行商,不得自由出入。(3)外国人不准雇用内地人充任跑街(Messenger),听差(Boy),系防行走内地,搜集情报。(4)外国人不得雇用汉人(注意!特别指明汉人)仆婢。系恐相互勾通,造成"汉奸"。(5)外国人不得乘轿。(6)外国人不得舟游河面。(7)外国人不得携带妻女。(8)外国人限于每月八、十八、二十八三日内带同通译十人,准至海幢寺花园游散,但必须于日落前归馆,并不得饮酒滋事。(9)外国人住所不得改建或装修。(10)外国战船准停泊外洋,不得驶入内洋。(11)向政府诉愿时,得以禀经由行商提出⑯——所有这一切规定,全系为了恐惧国内情势的泄露,换言之,系为了恐惧由外而来的纷扰滋事而采取的政策。由此可见清朝这个专制国家,神经衰弱(纷扰滋事恐怖症)到如何程度!而这就是一切专制的统治者所共具的愚蠢而滑稽的特征。专制政治,真是一种最可怜的政治。

　　这种政策的结果是广州虽早已开为对外贸易港,而外来文化的波及范围,著著被限制于狭小的界限内,外国资本最早进入的广东省,甚至较江苏、浙江两省还未能程度地克服其内在的经济发展的落后性(Lag),较之北方的土地共有制(原始财产)为外来的文化消失其畸形,广东亦无打破其畸形的残余的力量。广东由"兰学事始"的先驱者容闳,而洪秀全,而康有为,而孙中山,这一连串的进步性,都系鸦片战争以后所赢得的成就。

（二）经济的见地

由经济的见地看来，这种措置，亦应归咎于纷扰滋事恐怖症的发作。据谕文说明而论，广东因过小农耕的狭隘的生产力，而丧失了人口收容力，指定其为沿海的对外贸易港，诚为不可缺的予人民以副业的活路办法。同时，福建、浙江、江西接邻诸省，皆为输出商品的输送通路，人民生计及关税收入均两占其益。因之，输出商品，并非单独广东一省之土产，从远处内地诸省搬输而来的当复不少，谕文的说明中说得很明确。故广州实为输出商品的一大集散地，无需赘词。此点，为了便利后来的考察，必须铭记。

问题的起点在于广东系农业社会，仅以农业不可能维持生计。原来，福建、广东两省，为有数之贫省，"夫闽、粤地狭人稠……"的表现，几乎已到公式的通用力程度。沿海省份，特以从这两个省份出来的南洋华侨时间最早，数量最多，亦系基于同等原因。申言之，福建、广东两省的狭隘的水田耕作——农业生产力的界限以外剩余的零细饥饿的耕作者，不得不走向"海"，和北方土地耕作的界限以外的直隶、山东两省剩余的农民不得不走向"陆"，恰成对照。早在唐代，即有如"中国即广州，摩阿（大）中国即洛阳"⑰这样深刻的等置语，早在太平洋航线发现以前的时代，其航海技术，因以广东为对外交流的通路的关系，自有"外在的"必然性，而广东的内在经济性格，再因其省民担当了对外交流责任，而赋予了"内在的"必然性。所以广东省民系之于海，以海而生，实为必至的道路。像林则徐所说的那样适切："缘广东民人以海面为生者，尤倍于陆地，故有渔七耕三之说，又有三山六海之谣，若一概不准其出洋，其势即不可以终日。"⑱这样渔七耕三——三山六海的现实，即已公许其居民出洋贸易，则指定广州为海外诸国来舶贸易的通路自极自然。这就是"天上帝国"皇帝的Paternalism的救济贫省的表现，恐惧穷民因生活苦而纷扰滋生的防预策——如此而已。

【附注】

① 《粤海关志》，卷一，《皇朝训典》。

② 《粤海关志》，卷一，《皇朝训典》。

③ 《粤海关志》，卷一，《皇朝训典》。

④ 《粤海关志》，卷一，《皇朝训典》。

⑤ 《粤海关志》，卷一，《皇朝训典》。

⑥ 《粤海关志》，卷一，《皇朝训典》。

⑦ 《中国财政史辑要》，卷二十六，《征商下》。

⑧ 《大清十朝圣训·圣祖仁皇帝圣训》，卷二十一。

⑨ 《清代轶闻》，卷九，《货殖记·大实业家叶澄衷小传》。

⑩ 《国朝柔远记》，卷三，《雍正五年·春三月开闽省海禁》。

⑪ 成田节男，《华侨史》，页十三以下。

⑫ Arthur H.Smith, *Village Life in China*, 1889, P.318.

⑬ 松井义夫，《清朝经费之研究》(一)，(《满铁调查月报》第十四卷第十号刊载)。

⑭ 松井义夫，《清朝经费之研究》(一)，(《满铁调查月报》第十四卷第十号刊载)。

⑮ 梁嘉彬，《广东十三行考》，页五十八。

⑯ H.B.Morse, *The Chronicles*, etc., Vol.I.P.P.90, 100, 101.

⑰ Do, ibid, P.P.87, 89, 90.

⑱ 萧一山，《清代通史》，上，页四百十。

⑲ 萧一山，《清代通史》，上，页四百十。

⑳ 萧一山，《清代通史》，上，页四百三十四。

㉑ 敦崇，《北京年中行事记》。

㉒ 关于迁海令，可参考下列诸书：(1)萧一山，《清代通史》，上，四百十六—四百十九。(2)成田节男，《华侨史》，第七章第二节。(3)田中克已，《清初之支那沿海》(《日本历史学研究》第六卷第一号刊载)——在田中氏研究中，所可注意之一点，系田中氏认为郑成功氏之反清复明运动的经济根据，系把握了海贼——商业资本家的要求，而撤废迁海令(解除海禁)。公许自由贸易的过程，系沿海商业资本的请求——清政府与商业资本家的妥协过程——此处姑存此一说。虽然事实的说来，彼时并未有公许的自由贸易，只不过对外贸易，置诸政府管理下而已。

㉓ 《中国财政史辑要》，卷三十五，《市舶·互市下》。

㉔ 《国朝柔远记》，卷三，《雍正五年·春三月开闽省海禁》。

㉕ 矢野仁一,《关于支那之开国》。

㉖《中国财政史辑要》,卷三十五,《市舶·互市下》。

㉗《国朝柔远记》,卷一,《顺治四年·秋八月佛朗机来广东互市》;卷一,《顺治十三年·荷兰表请修贡》;卷二,《康熙二年·夏六月荷兰入贡》;卷二,《康熙九年·意大利亚入贡》。《粤海关志》,卷二十二,《贡舶二》《荷兰国》《意达里亚国》。

㉘《国朝柔远记》,卷二,《康熙二十二年·夏六月开海禁》。

㉙ 梁嘉彬,《广东十三行考》,页五十九。

㉚《国朝柔远记》,卷二,《置定海榷关英吉利来互市》。

㉛《粤海关志》,卷二十三,《贡舶三·英吉利》。《国朝柔远记》,卷四,《雍正七年·英吉利复来通市》。

㉜《大清十朝圣训》,《圣祖仁皇帝圣训》,卷二十七。

㉝《国朝柔远记》,卷五,《乾隆二十年·英人来宁波互市》。

㉞ H.B.Morse,*The Chronicles*,etc.,Vol.V.1929.Chap.XCⅦ.

㉟《国朝柔远记》,卷五,《乾隆二十二年·冬十一月禁英商来浙互市》。
H.B.Morse,*The Chronicles*,etc.,Vol.I.P.297.

㊱《粤海关志》,卷二十九,《夷商四》。

㊲《粤海关志》,卷二十九,《夷商四》称:澳门同知王衷驳于嘉庆十五年(一八一〇年)八月,上奏船钞标准。据此,船钞初来与再来时相异,初来分三等级,再来分四等级。

初来,长阔相乘至 15 丈 4 尺以上作为头等,每尺钞银 6 两 2 钱 2 分 2 厘 2 毫 2 丝 2 忽。长阔相乘在 15 丈 4 尺以下,作为二等,每尺钞银 5 两 7 钱 1 分 4 厘 2 毫 8 丝 5 忽。长阔相乘 12 丈 2 尺以下作为三等,每尺钞银 4 两。并无四等船例。另澳例:新船规定收银 70 两。

再来,长阔相乘至 16 丈零作为头等,每尺 1 两 5 钱。长阔相乘至 14 丈作为二等,每尺 1 两 3 钱。长阔相乘至 10 丈零,每尺 1 两 1 钱。长阔相乘至 8 丈者作为四等,每尺 9 钱。

另据萧一山《清代通史》,中,页七百八十九称:前柁至后柁谓船长,中柁谓船阔,船钞以长阔相乘之一定单位为标准定之,分三等。一等船,一单位 7 两 7 钱 7 分 7 厘,二等船 7 两 1 钱 4 分 2 厘,三等船 5 两。纳税后,给予船钞(纳税证明书),许至黄埔碇泊。嘉庆十五年, 船长 79.5Cahits 船阔 25.9Cahits 之一等船舶, 正税 1,328 两 4 钱 6 分 3 厘,附加税及手续费 1,950 两,合计 3,278 两。

㊳ 据 H.B.Morse,*The Chronicles*,etc.,Vol.I.P.P.93,106,称:一六九八年之输入税率及输出税率。如下:

输入税率

广幅织物	10Cahits(141 吋)付	0.50 两
细幅织物	”	0.50 两
Perpetts	”	0.15 两
Cell	”	0.15 两
Camllett	”	1.00 两
铅	1 担付	0.30 两

输出税率

生丝	(120—160 两)	1 担付	1.800 两
绸布	(250—350 两)	1 担付	2.200 两
麝香	(13 两)	1 担付	0.200 两
药草	(150 两)	1 担付	0.100 两
大黄	(10—18 两)	1 担付	0.100 两
铜	(11—12 两)	1 担付	0.400 两
砂糖	(1.20—2.30 两)	”	0.100 两
茶	(25—50 两)	”	0.200 两
亚铅	(3.90 两)	”	0.300 两

备考：

（1）输入品非清朝必需品；输出品系诸外国之必需品，此点必须注意。

（2）本表所举系英船 Macclesfield 号来时之例。

㊴《国朝柔远记》，卷四，《雍正十年·秋七月禁来粤洋艘停泊黄埔》称：外船原碇泊虎门口外，康熙五十年(一七一一年)改碇泊黄埔，惟来船所发大炮声音惊惶居民，自雍正十一年(一七三三年)起，命碇泊原通行之澳门。

㊵《粤海关志》，卷二十五，《行商》；卷二十八，《夷商三》。梁嘉彬，《广东十三行考》，页六十一、七十二。

㊶ H.B.Morse, *The Chronicles*, etc., Vol.I.P.P.106, 189.

㊷ 梁嘉彬，《广东十三行考》，页八十七。

H.B.Morse, *The Chronicles*, etc., Vol, I.P.249.

㊸ 梁嘉彬，《广东十三行考》，页八十六——记有种种苛取外人之事迹。

（1）萧一山，《清代通史》，中，页七百八十九称：外船自澳门碇泊至进入黄埔，对官吏行贿 325 乃至 400 两，行水人及曳船费 150 两，翻译人一人 175 乃至 250 两（如系兼任庶务职，另行报酬），进入黄埔后，调度食物，雇用独占的杂货商人，需 50 乃至 260 两，关于进入虎门后，受海关丈量，先由海关监督发给十三行商照会，行商派翻译员及买办至船上,再以小船迎监督至船上,监督在船上休息时间内,由翻译员及买办办毕丈量。

（2）H.B.Morse,*The Chronicles*,etc.,Vol.I.P.181 称：一七二一年（康熙六十年）,英船 Macclesfield 号再度来广时,通译费用 250 两,买办的费用 150 两,船钞 3,250 两。（但后减低为 2,962 两）

（3）梁嘉彬,《广东十三行考》,页一百〇七——一百〇八称:乾隆二十四年（一七五九年）,新柱之奏请:丈量洋船收火足雇船银 32 两。官礼银 600 两。通事礼银 100 两。管事家人丈量开舱礼银 48 两,小包 4 两。库房规礼银 120 两,贴写 10 两,小包 4 两。稿房规礼银 112 两,掌按贴写 4 两,小包 2 两 8 钱。单房规礼钱 24 两,贴写 2 两,小包 1 两。船房丈量规礼银 24 两,小包 1 两。总巡管丈量楼梯银 6 钱,规银 1 两。东炮台口收银 5 两,小包 7 钱 2 分。虎门口收银 5 两,小包 1 两 3 钱 2 分。押船家人银 8 两,四班头役银 8 两 3 钱 2 分。库房照抄银每两收银 1 钱。算房照抄银每两收银 2 分。（以上进口时）——管事家人收验舱放关礼银 48 两,小包 4 两。库房收礼银 120 两,贴写 24 两,小包 4 两。稿房收礼银 112 两,贴写 24 两,小包 2 两。稿房收领牌银 1 两,小包 2 钱。承发房收礼银 24 两,贴写 8 两,小包 1 两。票房收礼银 24 两,贴写 6 两,小包 1 两。算房收礼银 1 两,小包 5 钱。柬房收礼银 16 两,贴写 1 两 5 钱,小包 7 钱 2 分。签押官收礼银 4 两,小包 2 钱。押船家人收银 8 两。总巡管水手收银 1 两。虎门口收银 5 两,小包 1 两 3 钱 2 分。东炮台口收银 2 两 8 钱 8 分,小包 7 钱 2 分。西炮台口收银 2 两 8 钱 8 分,小包 7 钱 2 分。黄埔口收银 5 两,小包 7 钱 2 分。

㊹ 梁嘉彬,《广东十三行考》,页六十六、八十六。

㊺ 梁嘉彬,《广东十三行考》,页八十六。

㊻《国朝柔远记》,卷七,《嘉庆十五年·英商请减行用银不许》。

㊼ H.B.Morse,*The Chronicles*,etc.,Vol.I.P.106.

㊽ Milburn,*Oriental Commerce*,Vol.Ⅱ.P.475.

萧一山,《清代通史》,中,页七百八十九。

㊾《大清十朝圣训·圣祖仁皇帝圣训》,卷五十八。

㊿《国朝柔远记》,卷六,《乾隆五十八年·秋八月英吉利来朝贡》。

《粤海关志》,卷二十三,《贡船三·英吉利》。

51《粤海关志》,卷二十三,《贡船三·英吉利》。

52《恰克图条约》,即在雍正五年（一七二七年）缔结,至乾隆二十九年（一七六四年）,由于俄人非法收税（原约两国皆不收税）,一时停约,迄乾隆三十三年（一七六八年）定《恰克图条约追加条款》,改定国境,开放贸易。后再行停约,乾隆三十七年（一七七二年）再开;乾隆四十四年（一七七九年）再停,系由于俄人隐匿清朝逃犯。后再开,乾隆五十年(一七八五年),由于国境寇掠纠纷,再度停约,至乾隆五十七年复开。其五个条款之第一款原文为"恰克图互市,初与中国无益,大皇帝普爱众生,不忍尔国小民窘困,又因尔萨那特衙门之吁请,以是允行,若复失和,罔再希冀开市"。虽然言语之间充满一种自信之气,而其第五款,实于俄国以领事裁判权之利益,此当为中国领事裁判权之嚆矢。事非出于俄人之强请,而系出于清朝之自由意志,真可谓咄咄怪事。至葡萄牙人租借澳门,亦属同类性质,足见清廷之糊涂无知,缺乏领土观念。故《恰克图条约》在清代之外交史上实为最可注目之条约。——可参考下列诸书:

(1) 萧一山,《清代通史》,中,页四百七十四以下。

(2)《清代轶闻》,卷四,《外交小史·恰克图条约之怪诞》。

(53)《粤海关志》,卷二十九,《夷商四》。

《国朝柔远记》,卷七,《嘉庆十九年·冬十二月申定互市章程》。

(54)《国朝柔远记》,卷七,《嘉庆十五年·英商请减行用银不许》。

(55)《粤海关志》,卷二十三,《贡舶三·英吉利》。

(56) 梁嘉彬,《广东十三行考》,页八十四、八十七。

(57) 梁嘉彬,《广东十三行考》,页八十七。

(58)《国朝柔远记》,卷五,《乾隆三十二年·冬十一月禁英商来浙互市》。

(59)《粤海关志》,卷二十四,《市舶·嘚呃国》。

(60)《国朝柔远记》,卷三,《雍正元年·安置西洋人于澳门》。

(61)《国朝柔远记》,卷三,《雍正二年·冬十月安置西洋人于广州》。

(62)《国朝柔远记》,卷三,《雍正三年·秋九月禁民入番船》。

(63)《国朝柔远记》,卷三,《雍正二年·夏六月定来粤洋商船额数》。

(64)《国朝柔远记》,卷三,《雍正二年·冬十月安置西洋人于广州》。

(65)《粤海关志》, 卷二十八,《夷商三·部覆两广总督李侍尧议》(乾隆二十四年)。

(66)《粤海关志》,卷二十六,《夷商一》;卷二十八《夷商三》。

摩斯,《中国基尔特论》(日译本生活社版),页一百〇一——一百〇四。

H.B.Morse, *The Chronicles*, etc., V.P.P.17—18.

W.C.Hunter, *The Fankwae*, etc., P.P.17—18.

(67) 梁嘉彬,《广东十三行考》,页三百五十七——据梁称系引用唐义净作《求法高僧传》卷上。

(68)《林文忠公政书》,乙集,《两广奏稿》,卷一,《覆奏曾望颜条陈封关禁海事宜折》。

第二编　清代社会构成

第一章　清代商人之范畴

第一节　清代商人之类型及其致富与伦理

具有军事国家一般性格的清代社会,同时,商人势力亦极度膨胀为社会上之一巨大机构力量。商人势力的二大丛源,一即两淮之盐商,一即广东之十三行。后来之所谓买办,直至鸦片战争,尚未形成确实的基础。买办之勃然兴起,系在鸦片战争以后,由于《南京条约》第五条之规定,十三行丧失了管理贸易的特权,由茶商变质而成。①更确切地说来,由于第二次鸦片战争(一八五六年——一八六〇年),十三行的洋行 Hong 尽行烧尽,化归乌有②(一八五六年),代之而起的,方为买办之出现。然而实在说来,连广东十三行的前身,亦多系盐商③,由此可知盐商实为明清两代之资本的胚子。这三种商人——广东十三行,两淮盐商和买办,就商人的一般范畴而论,尚有明确的、时代的、典型上的相异处,则必须明白地认识。大致说来,广东十三行商人,开始即具有商人—官吏的性格;两淮盐商,性格中则具有商人—地主的性格;而买办,在性格中则具有商人—产业家的性格。要之,仅这三种商人的表现于清代的经济社会,就不难了解由巨变中的清代经济社会的内容,而这种纷乱的内容,就是军事国家的清代政治所产生的后果。不过,在有清一代中,资本力最雄厚,最富于理想型的商人,当推广东十三行商人。因之,对广东十三行的分析工作,即可将清代商人身份的范畴予以类型的把握,故以广东十三行为主题来研讨。

第一，清代商人的富力的积蓄如何巨大，其所表现的生活态度如何极端奢侈，必须先予以证明，再展开问题。兹引《清朝野史大观》中的描写，以见一斑：

> 潘仕成（十三行商同孚行潘启官）盛时，姬妾数十人。造一大楼处之，人各一室，其窗壁悉用玻璃，彼此通明，不得容奸，又不使下楼，有所需则婢媪致之。潘另住一处，夜间欲召何人侍寝，则呼其行第，使人召之。（见该书卷六《澳东潘氏》）

> 其花园名海山仙馆，颇具丘壑……仕成……奢汰愈甚。后缺国课不能缴，家被籍没，园亦入官，此同治季年之事也。园价昂，一时无人能购，乃用开彩法售之，共三万条，每条银钱三枚，数日即满额，逮开彩时，为香山一蒙师所得，此人本寒士，骤得巨产，以故恣意嫖赌。全园不能即售，则零碎折售，先售陈设之古玩具物，次售假山石，次拆门窗售之，次锯树售之。（见该书卷七《海山仙馆》）

同孚行潘仕成为有名的广东十三行商人，他的"海山仙馆"的邸宅，不仅是表现了他个人的财产的基础，而且是广东十三行的一般的财产基础的集中的表现。进言之，十三行商人的一般富力蓄储，亦并未完全集中地表现于此一人之身，潘仕成以外的其他行商，亦或多或少地建筑了这样奢侈的生活基础。举例言之，十三行商的另一人伍沛官，在他死前的九年，一八三四年，拥有资产 2,600 万圆（600万磅），称为世界最大豪富。[④]威廉姆斯在其《中国》(S.Wells Williams, *The Middle Kingdom*, 1889) 一书中亦曾举一例以说明十三行商的财富及豪华。"在行商的独占时代，广州主要商人之中，在其行馆中皆附属有工程浩大，各式具备的花园。其中有变化万千的全部玻璃造成的亭榭。此种可惊之建筑物，不闭外户，亦无从侵入。"这样的奢侈浪费，不过仅属于住居问题；其饮食，亦极尽奢侈豪华之能事,宴客的筵席上,据另一英国人说,有价值 4,000 墨洋的自爪哇特运来的鸟卵。⑤这使我们想起拥资 9,000 万圆,以在莺舌与真珠的醋渍摆上食桌大嚼的尼罗皇帝解放的奴隶 Narciesus。这样追求快乐的前期社会的都市贵族,和前期资本主义社会的企业家的资本集积冲动大相径庭。

然而,广东十三行商人的透彻的享乐的消费的生活态度,其意义如何? 确是具有重大意义的问题,需要一谈。若依伟卜在《新教主义的论理与资本主义的精神》一书中所称的近代新教的职业伦理——通过节制(禁欲),为了"神的光荣"(In Majorem Glorian Dei)而奉仕,换言之,与这个资本主义的辩护家所称的,"以追求合法的利润为天职的近代资本主义的精神态度"(见伟卜书,梶山力日译本,页五〇)相较,广东十三行商显然缺乏了这样的伦理的精神态度,亦即近代资本主义的精神。此事依伟卜说来,广东十三行商系生于"商人的冒险心与无关心于个人的道德之气质",再依《近世资本主义的起源》作者波里达诺的话说来,系生长于"黄金的渴望"(Auri Sacra Fames)(见日本田中善治郎译本,页一百七十一),这就是广东十三行的精神根据。要追溯这种新教主义以前的精神态度所由生的根据,则不能不归咎于始终桎梏于传统精神的框子内的财主(Verleger)范畴,此种解释亦系伟卜理论的当然归结。总之,通过广东十三行发生及消灭的历史,彻头彻尾地固守着 Verleger 范畴。

以上列举之事实及分析,不仅适用于广东十三行商人,盛极一时的盐商,亦脱离不了这个真实。兹引雍正元年上谕一则,借见一斑:

> 而奢靡之习莫甚于商人。朕闻:每省盐商,内实空虚,而外事奢侈。衣物屋宇,穷极华靡;饮食器具,备求工巧。俳优妓乐,恒舞甜歌;宴会嬉游,殆无虚日。视金银珠宝为泥沙,甚至悍仆豪奴之服食起居,同于仕宦。越礼犯分,罔知自检;骄奢淫逸,相习成风。各处盐商皆然,而淮扬为尤

甚。⑥

商人资本的巨大的积蓄,作为原则论、抽象论,虽已屡屡言及,即事实上,由上所举例中亦自被证实不谬。而且,这种财富基础,在有清一代间,由于所谓强制"捐输",为补救政府之军事费的财政手段,亦屡被动员捐用。惟这种财富基础的构筑方法及过程,自极需要研究,兹以广东十三行为例,实证之。

【附注】

① 梁嘉彬,《广东十三行考》,页十四、十七。

② 梁嘉彬,《广东十三行考》,页十四。

③ 例如广东十三行商人中最有名的同文行潘氏亦为盐商,从下面记述中即可明了:"粤东盐商潘氏,最称富盛……潘之嗣名仕盛(即同文行第三代潘仕盛,但改号称同孚行)者……"云云。(《清朝野史大观》,卷七,《海山仙馆》)

④ 摩斯,《支那基尔特论》(日译本),页十三。

W.C.Hunter,*The Fankwae*,etc.P.29.

⑤ W.C.Hunter,*The Fankwae*,etc.P.24.

⑥《中国财政史辑要》,卷二十八,《盐法》。

第二节　广东十三行

(一)本质的做官志向

广东十三行的滥觞当求之于何处,自可因观点而异。然在机能的方面,当求之于隋朝的交市监,唐朝的市舶使,宋元两朝的市舶司;制度的方面,当以明朝的官设牙行为其最直接的起源。具体说来,明代的外国贸易系以官设之牙行为媒介而经营,官牙则系市舶提举之代行机关而掌握征税事务。彼时,以广东之牙行最为隆盛。至而福州、泉州、徽州等地商人亦争聚广州,万历年间(一五七三年——一六一九年)以后,被称颂为所谓"广东三十六行"之繁盛。①该时的广东三十六行,其意即为有三十六个官设牙行存在,而广东十三行之称谓,即系沿此而来。缘明初时,外国船舶之来航者,恒在十三四个国家,屈大均之《广东新语》中称:"正德四年,来贸易……凡十二国,皆尝来往广东者。"(见该书卷十五,《货语·诸番贡物》)又称:"诸番之直至广东者,曰婆利,曰古麻利,曰狼牙利,曰占城,曰真腊,曰爪哇,曰暹逻,曰满剌加,曰大泥,曰蒲甘,曰投和,曰加罗希,曰层檀,曰赤土。"(同前注)自可明了。且当时系一牙行负责一外国船事宜,此种制度,迄康熙五十九年(一七二〇年)废止时尚历行不绝。②据此,十三四个国家的外国船舶当然有十三四个官牙,而称广东官设牙行为十三行,可谓由于一般的通用。③然而进一步考察,《广东新语》中所称十二个国家,或十四个国家,和十三个来船数又不相符,不过这种合理精神的阙如,在复式簿记以前的社会,数量的观念极为薄弱④,加以这个喜欢玩文字魔术的国家,由于求文字之美而埋没了事实的特征,正确的计量自然极难。在此种场合下的广东十三行名称,追溯说来,所谓"行"者,实含有基尔特(Guild)意味,最初在隋朝(五八九年—六一六年)的记录上出现⑤,至宋朝(九六〇年——二七九年),册籍中有所谓一百廿行、三百六十行等的名称,单以此种记载而论,行的实在内容当无从解释,仅仅可作为近似值,或作多数代名词来用,这样的勉强解释。尤其是卅六这个数字,若以中国文学上习用的老调如三十六宫、三十六著、三十六坡等来习用⑥,则其相乘积的因子四和九的合数十三,当亦系文字魔术中只顾其习惯美而埋没事实的应用,复式簿记以前的习惯魅力的表现。不过,广东十三行的名称,和明初的外国船舶数,即交涉对象的官设牙行数,表现了近似的符合。这种解释当较妥善。因之,清朝康熙二十四年(一六八五年)设置粤海关时,将管理国家贸易的代行机关的官商命名为十三行,全系模仿明代。证之《粤海关志》卷二十五,《行商》一节所云"国朝设关之初,番舶入市者,仅二十余柁,至则劳之牛酒,令牙行主之。沿明之习,命曰十三行",则万历年间业已有三十六个数目之官设牙行,尚沿明初通称为十三行,故清初,数目不足之场合,或后来超越为二十家的场合,均以十三行呼之,原因就在于习惯性,不难明了。

清代十三行,通称洋行(洋货行之意),十三行商人通称洋商,而此种通称,建筑物曰(官设)牙行,或官行⑦,人曰(官设)牙商,或官商。此处之洋行,洋商名辞的源泉,有官行、官商之称谓,正足以说明广东十三行的社会的性格。因十三行商人(洋商)于取得行商资格时,有时要交纳功果钱 3.4 万两,有时 20 万两,方可自户部取得部账。⑧这功果钱就是特许权利金,这就是他们以特许商而存在的所以然,而开始发生了他们的国家贸易的管理代行权。并且,这种管理贸易代行权的发动,一方面出现了关税(船钞、货税)的征收,一方面出现了贸易独占。至于行商由于交纳功果钱而取得管理贸易代行权的纹章,就是官位。结果,由于收买官位,行商始得开始为行商。

这种献金买官制度,本是中国传统的社会习惯,在商人势力膨胀的汉代⑨,曾有发布禁令的事实看来⑩,渊源自极久远。此种古习,非特商人社会如此,在前期的产业社会亦曾出现。唐宋交替之际,五代后周之显德帝时代(九五四年—九五九年),《清异录》曾有如此记录:

> 皇建僧舍之旁,有糕作坊……其盛不可言,入资为员外官,盖显德中之事也。……初因尚袭旧业(即以官吏身份仍兼行经营糕作坊)……都人呼之为花糕员外。⑪

这种古典时期的倾向,在元明两朝(一二七九年——一六四四年),尚为盛极的一般社会现象,财富与官位的结合,所谓"官商合一",宁为必然。因之,广东十三行商人,最初以献金取得官位,并赢得了对外贸易权,这亦不过普通的社会现象之一而已。故他们的身份呼之为官商(The Mandarins Merchant),他们的营业所呼之为官行(Kwang Hong),如 Suqua、Hangua,即系如此。故,Qua 乃公民权及尊敬之名辞,据英人看来类乎 Mister 或 Sir 之意义。⑫实际上,Qua 就是"官"的南方讹音。⑬然而,商名同时以官称而出现,换言之,得以官称而不以行商称,此点正足以说明广东十三行的本质的性格,即是作为商人以官吏而出现的必然性。为更加具体地阐述这一问题,换言之,通过广东十三行商人的兴亡盛衰历史,如何以商人而实现官吏身份,兹构成下列一表。

广东十三行商一览表

行号	姓名	商名
资元行	黎光华	Khoigna（Coiqua，Khigua）
同文行	潘振承	Pnankhequa I（潘启官）
	致祥	Puankhequa II（潘启官）
同孚行（改号）	仕成	Puankhequa III（Pontingqua）（潘启官）
义丰行	蔡昭复	Seunqua
泰和行	颜时瑛	Yugshaw
丰进行	倪文宏	Wayqua
逢源行（改万和行）	蔡世文	Munqua（文官）
广顺行	陈	Cowqua
源泉行	陈	Chowqua
而益行	石中和	Gonqua（Shy Kinqua）
怡和行	伍国莹	Honqua I .（浩官）
	敦元	Honqua II .（Puiqua）（沛官）
	受昌	Honqua III .（浩官）
	崇曜	Honqua IV .（浩官）
源顺行		Geowqua
——	吴昭平	Eequa
广利行	卢观恒	Mowqua I .（茂官）
	文锦	Mowqua II .（茂官）
义成行	叶上林	Yanqua（仁官）
东生行	刘德章	Chunqua（章官）
达成行	倪秉发	Ponqua
丽泉行	潘长耀	Conseequa
会隆行	郑崇谦	Gnewqua
西成行	黎光远	Pakqua（Exchin）
福隆行	关成发	Manhop（与邓兆祥 Mqua 合办）
万成行	沐士方	Lyqua
天宝行	梁经国	Kingua（经官）

行号	姓名	商名
东裕行（改东兴行）	谢嘉梧	Goqua
万源行	李协发	Fatqua（发官）
茂生行	林应奎	Lingqua
兴泰行	严启昌	Sunshing
中和行	潘文涛	Mingqua（明官）
顺泰行	马佐良	Saoqua
仁和行	潘文海	Pwanhoyqua
孚泰行	易元昌	Kwangqua
同顺行	吴天垣	Samqua
福顺行	王大同	
东昌行	罗福泰	Jamqua
安昌行	容有光	Takqua
隆记行	张殿铨	Tingqua

备考：

1. 据梁嘉彬《广东十三行考》第三章《广东十三行名人名及行商事迹考》作成。

2. 表中所列，大部皆系康熙五十九年（一七二〇年）以后情形。至于康熙五十九年具有如何意味，后文自明。

3. 表中以同文行（同孚行）及怡和行资格最老，且最有名。同孚行的潘仕成，前文曾述及，再在本书之《第三编》中，亦将述及，故须注意。至其他行商，大多起灭于一代中。

各行创设及倒闭年月，因与此间无直接关系，故一概省略。详情可参考梁嘉彬之著作，及 H.B.Morse, *The Chronicles*, etc., 5Vols.

4. 商名中几全部称 qua，中有 Yngshaw, Kewshaw 等之 shaw，即"秀"，有科举合格的秀才意义，系南方讹音。要之，此亦一种明了的官位的表示。

5. 表中所列行商中，至第二次鸦片战争时尚存继者之子孙，后多转入纯粹的官吏群中。

伍氏子孙——秉墉（湖南岳阳澧道）。

元芳、元崧、崇曜、云藻（举人）

潘氏子孙——正炜（举人）、正常、宝璜（翰林）、宝珩（举人）

马氏子孙——仪清（翰林）

易氏子孙——□澜（江苏苏松太道）、学清（进士）

吴氏子孙——□□（浙江道员）

谢氏子孙——鸿恩（廪生）

梁氏子孙——同新（翰林，顺天府府尹）、肇煌（翰林，顺天府府尹、江宁布政使、护理两江总督）、肇晋、肇修、庆奎、庆榆（举人）、庆桂（举人，内阁侍读）、庆锵（举人）、广照（法部举叙司员外郎）、广谦（武举人）——（梁嘉彬，《广东十三行考》，页四百一十四）。

像以上所述的本质的出发于"坐官志向"的十三行商人，若背后无特殊的背境势力相结附，自无实现可能。事实说来，此种背后势力，不问系属于文官或武官，与行商互相结合，在十七世纪末，具体说来，康熙三十八年（一六九九年），英船 Macclesfield 号来航广州时，至少有四种背后势力，与行商取得特殊关系。[14]

（1）王商（The Kings Merchant）（如平南王尚可喜之私商 Hunshunquin）；（2）总督商人（The Viceroy's Merchant）（由两广总督任命颇具势力的如 Shimea）；（3）将军商人（The Tatar Jeneral's Merchant）（任命者为将军）；（4）抚院商人（The Fuyen's Merchant）（任命者为广东巡抚）。英船 Macclesfield 除与此四大官商贸易外，不得与任何人贸易。然而，接着出现了新的对抗势力，那就是康熙四十一年（一七〇二年），由盐商而转入广州厦门参与独占贸易的皇商（The Emperor's Merchant）。当时广州官商之中最有势力的为 Lcanpua，由于此君的猛烈的阴谋、策划和活动，在二年以后，皇商不得不败退。[15]一方面在厦门，康熙四十三年（一七〇四年）有名为 Kimco、Thahang、Chanqua 之三个贸易商人，其中以常充外国贸易的通译的 Chanqua，在厦门代表皇商的地位。这个新皇商 Chanqua，与取得其地位的同时，为确保其既得权益，以厦门商人为一团体，开始运动创设基尔特。九月十五日，以拥有八人乃至十人的成员所创设之基尔特，得到海关监督及提举的允许。目的在掌握对外贸易的管理权，这可说是广东公行(CoHong)，即十三行基尔特的先鞭。⑯追踪此种先迹，康熙五十九年（一七二〇年）八月二十二日，由于广东贸易界巨头 Lingua 之死，后数个月，即同年十月二十六日（阳历十二月二十五日），成立了广东公行。⑰原来本质上出发于"坐官"的行商，由于与官的分裂及对抗，更有不统一且不安定的特殊势力的干涉的苦恼，再加以强大的皇商的出现，十三行商人痛感有成立自主的统制机关的必要，以此为机缘，而结成了基尔特。所以基尔特的发生，可以说是系根据于行商自体中的性质，要言之，系生于行商自主的自己防卫之要求。自此以后，广东十三行商人的管理贸易代行权，通过基尔特而益加强韧。由此观之，康熙五十九年，可以说是广东十三行发展的一个划时代。

（二）公行之基尔特统制（清代基尔特之一方向）

公行行规，全文由十三条组成。⑱兹鉴于问题的重要性，摘录全文如下：

第一条　无论本国人及外国人俱属于同一家属成员，其一切所有物，应为皇帝所有。

第二条　不得以私害公，以期万人协调。

第三条　无论外国人或本国人应立于对等之条件上，若外国人高价卖出低价买入而成功，则本国人被损失结果，无异挂羊头而卖狗肉。故基尔特之成员，必须与外国人协定协商价格，有恣意行事者时，必予处罚。

第四条　如有自内地他处来与外国人贸易之商人时，基尔特成员应协助之，且须决定不使卖主失去公正利润之价格。若恣意定价，或秘密购入，必予处罚。

第五条　价格协定完成，品质判别终了之场合，如交付外国人恶劣货品，必予处罚。

第六条　为防遏私行交易，货物运往外国船时，必须登记，一切违法行为或不法行为，必予处罚。

第七条　扇、漆器、刺绣、绘画等零星小手工业制品，店主得任意贩卖之。

第八条　瓷器为专门知识，任何人不得自由交易，但交易有成者，不问其利益及损失，须付基尔特30%。

第九条　绿茶之纯量数目，必须正确报告，否则，必予处罚。

第十条　自外国船搬运货物，且已与该船立定搬运契约时，外国船须缴付款项。然后，为完成其投资，须予以充分的管理。如有违者，必予处罚。

第十一条　若外国船选定一商人为交易对手时，该商人当得该船之贸易额半数，其他半数须分配于基尔特成员。如独占一船全部之贸易，必予处罚。

第十二条　基尔特成员间，凡责任重大且经费巨大者，对于外国贸易应有一股，其他成员，分半股，或四分之一股。

第十三条　一股所有第一级者有五行，第二级者五行，第三级者六行。新加入基尔特者，须纳付经费1,000两，并应属于第三级。

上引十三条公行行规，规定了基尔特统制的方向，包含了甚多的重要问题。第一，在第二条中，先阐明了团体优先性为公行存立的基本观念；第三、第四两条规定了价格统制；第六、第九两条规定了贩卖统制；第十一条中，规定了销路协定——利益均分的办法。尤其特色的是这第十一条，将从来的一行商独占一船舶，数行商集中一船舶，或一行商独占数船舶这样不定不平状态，初次地统一改变过来。以上诸条件，就是基尔特统制的中心和基干的机能所在。

第五条中，宣誓"正直系最良政策"的近代的先期的资本主义社会的商人道德，努力于维持和确保对外信用。这种新式商人道德的建立，公行所做的功绩，应予以注意，兹列举两事，可作一证据。在一七〇四年十一月，公行成立以前，赴黄埔的英船 Stretham 号船长 Lockeyer 谨推赞广州三个行商为"好人"，"Leanqua 系一极正直之男子，Anqua 和 Puiqua 亦不失为中国人中之正直人"。⑲换言之，该英商认为广州一地，仅 Leanqua 为一"完全"之"好人"，其他二行商——Anqua、Pniqua，只算"部分"的"好人"，反言之，这三个人以外的广州商人，必为不正直之"坏人"，但是在一八二五年——一八四四年间来往于广州的美人 Hunter，则极口称誉十三行商人，"作为团体的行商，交易时信实可敬，忠实于契约，度量亦宏达"。⑳这两个相距一百年的关于广州行商的记录，其间在事实上所差之距离，就是十三行基尔特在中国商业史上的贡献之一——由于新式商人伦理的建造，因而增大了对外信用。

第十二条，系关于基尔特的统制规定的成员权限。成员的权利以股份为表象，所谓合股办法。股分三等，有力者的最大股系一股，其下为半股，四分之一股，遂次减低办法，而所谓股份实系人格权的表象，与近代的股票不同，此点极堪注目。因为中国的经济社会，在未能发达前(生产方式)，不易脱离这种老式的股份观念。迄清末，制定《钦定大清商法公司法》一百三十一款时，其中的股票观念，依然充满古老的股份观念。其第一百款有云，"总会之际，有一股票者，有一个议决权，但公司预定规则，定为一人得有十股以上之议决权数"。㉑因之，十股以上之所有者，其超过份之一股，不得行使一股之所有权，所有权之绝对性，埋没于股份观念的古典性中，而不能贯彻。清末之国家银行大清银行之运营，亦反映了这种古老的股份观念。其股票权利之行使，有如下之限制。

一至十股	每股有一投票权
十一至一百股	超过基本数十股以外之股份，每十股有一投票权
一百零一股以上	超过一百股以外之股份，每二十股有一投票权

即是：十股所有权者，得行使十个投票权，十一至二十股所有权者，得行使十一个投票权，一百八十至二百股所有权者，得行使二十

四个投票权,如此规定。㉒而民国二年(一九一三年)四月《中国银行则例三十条》公布时,其二十三条亦如此规定"股东总会会员之投票权,十股,每股一票,但百股以上,每五十股递增一票"。㉓这样,作为近代的所有权的集中的表现的股票,其观念之未臻发达,实反映了其基本的经济社会之未发达,因之,近代的企业精神当亦无从表现,而古老的股份观念之残留,取支配态度,原因就在这里。广东公行行规系康熙五十九年的股份观念,迄嗣后二百年时,由于中国经济之停滞性,仍然取有支配力,当不足为怪。

第十三条系关于成员之加入资格。新加入者,须缴纳1,000两功果钱,开初只能充当第三级股(四分之一股级)。由此点推测,可见新加入者,当属不少。且此时之行商数共十六家,与清初仅仅为数家之情况相较,不难推知十三行之发展情形。

第七、八两条,规定了公行统制以外的商品。所谓统制以外的商品,系为了与闲散商人的交易商品划一界限。因之,从本条规定中可以察知贸易品中,十三行统制商品和散商贸易商品间之对抗状态之存在。在本条中,统制以外的商品,系止于手工业制品如扇、漆器、刺绣、绘画及需要特别鉴定知识之瓷器二大类,但在后来,统制以外的商品,范围愈形扩大。据道光八年(一八二八年)六月之改正规定,可知公行的统制对象为如何。㉔

行商输出统制品:明矾、绸缎、肉桂、樟脑、菝葜根、吧嘛油、生姜、雄黄、真珠贝、生丝、大黄、茴香实、砂糖(该时,砂糖系输出品)、茶、白铜、朱。

行商输入统制品:琥珀、阿魏、蜜蜂、槟榔子、海参、燕窝、樟脑、冰片、丁香、洋红、棉花 Cutch、药品、黑檀、象牙、鱼肚、燧石、人参、玻璃器、黄寇花、金属类、没药、肉豆蔻、乳香、真珠贝、胡椒、金青、木香、水银、藤、沙谷米、白檀、苏方、鱼翅、皮、花金青、毛织。

上述的统制范围,绝对不可犯越,虽然散商屡加侵犯,然在原则上,据上开统制规约而论,可见输出大宗品如茶、丝等,输入大宗品如棉花、金属、毛织物等皆为公行指定统制的对象。虽然，在同时，如前述的手工业品、瓷器、绵布等输出品，作为统制以外的商品，由散商交易。不过，对于许可散商营业的范围，公行又利用背后的官宪势力，多方掣肘，或禁与外国人直接贸易，或对瓷器输出以贩卖价格之20%，茶输出以贩卖价格 40% 强要缴纳公行。㉕像这样的由十三行包办对外贸易，行商大发"洋财"，自属必然现象。至于一般散商，对于十三行的霸揽状态，并非常站在驯服的地位，听任摆布。事实上，散商对于基尔特的斗争，极为果敢。如一七二一年七月二十二日，英船 Macclesfield 号访问黄埔时，有散商名 Cumshaw 及 Cudgin 两人，趋访船长，言明茶由公行设定独占价格情形，并教唆英商，如能使公行制度破坏，则茶价自可降低，可向总督诉愿，发动破坏运动。英船长对公行之存在正感不满，同月二十六日，严行拒绝海关派员丈量船身，且从两散商之议，请愿排斥公行。总督因恐关税收入减少，于七月三十日，招致公行代表，怂恿与散商取得妥协办法，公行无奈，准予两散商附带条件参加贸易。㉖因之，公行独占机能一时中绝，公行组织亦告瓦解。这是对基尔特斗争的极为有效而且稀少的一个例子。后来，公行再行复活，自乾隆二十五年（一七六〇年）起，机能强化与正式制度的公行，地位再见昂扬。且自乾隆初年以迄十九世纪初叶，确立了散商交易品不经行商之手，不得出船的完备体制。

然而，散商的经济机能，在这种"完备的体制"中亦愈见扩大，其交易额亦渐次达到巨额。先前，散商的供给品多限于外国人个人使用（Private use）之必需品为原则，后来供应品的范围渐次扩大，直至绸、床被、南京木绵、绵布、草衣（Grass-Cloth）、衣类、伞、草帽、扇、鞋等物。㉗

此外，十三行商人与散商的机能，有本质的而且决定的一点区别。行商系以纯粹的捐客（Zwischenhandel）姿态而出现，反之，散商则兼备生产者的机能，如绸、南京木绵等，散商即该商品的生产者。职是之故，散商的积蓄财富能力自无从与行商匹敌。㉘以此点而论，散商异于代表的广东商人型类，毋宁与后来的买办较为近似。这样的散商，在十九世纪初期可以举出 Washing、Gamwa、Linshong、Wo-Yan、Yeeshing、Keet-Chong 等人为代表。虽然，据传说，像 Keet-Chong 家族，亘八百年间，为 French Island 地方最大的地主兼富豪。㉙

十三行商人，即本质的以商人—官吏的性格出现，而且始终的以捐客姿态活跃，因之，彼等为维持地位，增强势力，舍强化公行外，无他途可寻。最终，他们走了这条唯一的路线。康熙五十九年创设公行，翌年一时的停止机能。但在雍正六年（一七二八年），创设了"总商"制度，较之以统制价格与独占对外贸易更向前一步，而以强化机能为第一要务的姿态出现。所谓总商，据浙江总督李卫奏请所称："于各商中选身家最殷实者数人，立为商总，凡由内地往贩之船，责令伊等保结，方许给官牌县照，置货验放，各船之人货，即着商总不时稽查，如有夹带违禁货物及到彼通同作奸者，令商总首报，于出入口岸处所密拿，倘商总徇隐，一体连坐，事有责成，庶几可杜前弊。"㉚这种总商制，系由浙江总督李卫的意志，并行商的推动而成立，要之，于行商中选出财力信用皆为殷实者数人，以连带责任制，负责检阅及监督外国船只及外国人。全系官方统制的一种表现。在某种程度上，以行商看来，代行更广泛的官之机能，仅此一项，即足以扩大并强化其本身机能；以官看来，不过利用行商之组织而已。原来出发于商人自由意志之基尔特，次第染上了浓厚的官僚色彩，这种转化过程，极为明显。而且，自此以后，公行益加利用官宪势力，以为己助。所以，关于中国基尔特性质的论争，说是民主的，可谓一种抽象论，从它本身看来，百分之百的官僚势力无疑。至于这种自发自主的基尔特，其官化的转化过程，并其何故非转化不可的根据，只可向具体的历史现实去寻究，方有着落。简言之，这是受中国特有的历史现实所规定。就事实说来，十三行商人原出发于"坐官"的志向，其转化于官僚，无他，亦不过十三行商人本质地据有商人—官吏身份而已。

不仅十三行如此，举凡中国一般的基尔特，由于内在的，外因的政治的无力之特质，不仅不能作为对抗官权的机能，而且不能不更进一步地完全溶解于官权之中，构成官权之一。这就是中国基尔特的特质，演化到作者写作本书时的廿世纪五十年代，这种特质抑且变本加厉，不堪闻问，这真是值得哭泣的事。

这种总商制度，在盐制中亦以同一姿态出现。要之，这种制度，系一种连带保证责任制，具有清代保甲制度的性格，亦即保甲制度的雏形，出现于前期社会中，为官僚统制的一个方向和据点。这种责任制度，在清朝社会的无论哪一面都可见到。兹抽出若干事例，以资证实。

（1）提议成立十三行总商制的浙江总督李卫，于雍正六年，复就两淮盐场，复有类似的责任制度。

> 一、各灶烧盐之处，公举商人之干练殷实者，按其场灶，酌用数人，并设立灶长巡役，查核其盐之多寡，令尽入商垣，以杜灶丁私卖之弊。二、凡州县之场司，俱设立十家之保甲，令互相稽查，遇有私贩，据实明首，将本犯照例治罪，诬者治以反坐之罪，倘有徇隐等情，被旁人告发，该州县之场司官，照失察私盐例，俱应参处。[31]

（2）道光十八年（一八三八年），鸿胪寺卿黄爵滋，提议保甲连坐法，以为断绝吸食鸦片政策：

> 各督抚严饬府州县，清查保甲，预先晓谕居民，定于一年后，取具五家互结，仍有犯者，准令举发，给予优奖。倘有容隐，一经查出，本犯照新例处死外，互结之人照例治罪。[32]

十三行商人的总商制无疑的由前引的连带责任制所发现。这样，外面虽然看到基尔特的机能大加强化，然而，行商的负担又如何呢？结局，后来行商的负债破产，完全是政府巧妙地以总商制利用行商的结果，非常明了。

这种总商制精神的更加强化，进一步推进的成绩，有所谓保商

Security Merchant 制度。所谓保商,原发端于一二行商保证外国船只的私行制度,初无公法的正式制度用意。然而,自雍正朝(一七二三年——一七三五年)起,由于行商的穷困——起于负债破产③,再加以由于租税收入不足而起的恐惧,乾隆十年(一七四五年),两广总督兼粤海关监督策楞,乃选行商内财力信用皆具者立为保商,用以统一纳缴租税。渐至乾隆十五年(一七五〇年),政府始正式发令,将从来惯例上由通译纳缴之船钞及规礼银改由保商缴纳。保商制度,始告确立。更于乾隆十九年(一七五四年),政府责成一二保商,负责将所有外国船之船钞货税、行商及通译之手续费,与向经督抚奉呈之朝廷御用品等,统行办理。至乾隆二十年(一七五五年),又下令禁止未属于基尔特之商人与外人贸易。㉞此种措施,虽全属政府为确保租税收入的利用行商政策,然就行商方面说来,不能不说是一种划时期的变动。此种保商制度,在嘉庆朝(一七九六年——一八二〇年),行商因苦于重税压迫相继倒闭,政府用强化其体制的补救办法,另行改革。因由于行商之倒闭,行商数目渐减,管理贸易事务大受障碍,政府针对现实,寻求对策,嘉庆十八年(一八一三年)依据海关监督德庆奏言,因"如将稍乏之商概行革退,另招新商,则一时难得其人,且生手不谙夷情,更恐办理不善",故"于各洋商中,择其身家殷实居心公正者一二人,饬总理洋行事务,率领各商,与夷人交易货物,按照时价,一律公平办理,全不得任意高下,私向争揽"。㉟即以此为准则,办理保商。因之,由总商制演变到保商制的政策精神,可谓全是彻底的警察行政。

此外,在乾隆二十四年(一七五九年),行商家数廿余家,保商才五家以上,另有八家称为"海南行"。㊱翌年,同文行潘启官等九家,请求依照新规设立外洋行之公行。所谓外洋行系以对欧洲贸易为对象。对此,成立了"本港行",专司爪哇之朝贡,贸易及纳税事宜,海南行的福潮行,则掌管潮州及福建人民之货税征收事宜。㊲因之,掌管欧洲、南洋、内地之贸易,以外洋、本港、福潮三行分别行之。然因本港行财政基础脆弱，朝贡、贸易不振，而相继倒闭，至乾隆六十年（一七九五年），准由外洋行兼理本港行事务。复于嘉庆元年（一七九六年）五月，改由福潮行兼理本港行事务，至嘉庆五年（一八○○年），依准粤海关监督佶山奏请，方决定了最后的而且永远的由外洋行并合兼理本港行事务的办法。㊳因之，不仅对外贸易，一切的一切，全归十三行商人掌管和包揽了。

在这种情势确立以前，乾隆三十六年（一七七一年）一月，公行再度由两广总督予以裁撤。一方由于英商的请愿，一方复由于同文行潘振承接受了英国东印度公司银 10 万两贿送总督所致。㊴英商之希望裁撤公行意义不难理解，而行商亦尽力活动要求裁撤，则不外乎公行全为官方所利用，仅由官方责成办理事务。事实上，由外洋行成立迄公行撤废之十年间，由于课税繁重，行商相继倒闭。然而，乾隆四十年（一七七五年），外洋行商人，由于总督及大官之援助，三次组织公行。此次，不管东印度公司如何高唱反对，公司与以外商英国私商利害如何不一致，海关敢再行宣告组织公行，总算真正地建立了确立不拔的十三行基尔特。㊵而此时行商之性质，可谓特征了以上所论述的总部。

（一）外国船来广州时，选十三行商人中之一人应为保商，由保商提供外人"夷馆"（Factory）。夷馆系保商——实际上就是怡和行伍氏及同文行（同孚行）潘氏的个人财产㊶，外人以赁贷形态用之㊷，年纳借赁六百两。㊸

（二）行商对于外国商人及水手之行动全部负责，甚至犯罪行为。故外国商人亦以全部责任付托保商，货物只准卖予公行，不得与一般散商直接交易。保商并得代外国商人保证雇佣使用人等。外国人不准在夷馆自由进出，由于外商与外界交通不可能，对于物价变动自无从知悉，而予保商以利益垄断机会。保商以任意价格将外商货物买入自己仓库，市价昂贵时再自行抛出。㊹

（三）行商对外国商人之债务，对政府之纳付课税，及船钞货税之纳付，负一切连带责任。[45]因之，得豫先自外商征收行用钱（The Consoo Fund），以充基金。[46]

（四）行商虽得任凭个人自由意志选定外船交易，但须负外商与官吏间之文书（禀帖）呈请转递责任[47]，至保证外商之生命财产安全，行商亦须负责。政府课税如遇变更，由行商传达外人。但是，除这些一般的事务责任外，行商尚得负起监视外人行动的警察的机能。再如夷馆发生火灾时，行商得出动火烛船（防火用船舶）及火烛队（消防队），担任援救。外人往来澳门、广州间时，由行商代外人商请通行证。[48]

（五）行商，除由散商贸易之商品外，凡一切商品之贸易，由政府准许独占经营。外国船虽立保商一人，但与保商以外的交易亦准通过保商与其他行商或散商买卖。例如象牙，外人于卖予专门象牙店时，须有行商之保证。[49]

如上所引述，行商之对外贸易权愈益巩固。且此时复由于责任制的强化，官方的利用态度，亦即官僚方向的益趋浓化，尤加明显。因之，行商始终只限于掮客买卖的性质，而未能去获得实为政治的支配权（Hegemonie）之母胎的生产者的基础，实为当然之归结。在某种程度上，行商虽在嘉庆年间，基于两广总督蒋攸铦、海关总督祥绍之怂恿，创设了粤海关官（！）银号[50]，不仅进一步经营金融事业，至而连土地、船舶等不动产的投资亦在进行。[51]然而奇怪的是，行商对于生产事业，甚至他们独占贸易的对象的茶丝生产过程的掌握，却未见有所真正发展。这不能不归咎于他们初发时的商人—官吏的性格，而这种本质的做官志向，他们倒是始终求其贯彻的。

【附注】

① 梁嘉彬，《广东十三行考》，页十九、二〇、二十一、二十二。

② H.B.Morse, *The Chronicles*, etc., Vol.I.P.164.
The 11th Article of Co-hong Regulations.

③ 此种推理，见梁嘉彬《广东十三行考》，但保留结论。

④ W.Sombart,*Der Moderne Kapitalismus*,Vol.Ⅱ.S.1030.

⑤ 全汉升,《中国行会制度史》,页二十九。

⑥ 加藤繁,《论唐宋时代商人的"行"及清代会馆》(日本《史学》第十四卷第一号)。

⑦ 所谓行,指十三行商人的营业用建筑物,与会馆,夷馆指称为基尔特及外国商人建筑物相同。不过"行"于建筑物一义外,尚有代表组织意味的场合。(1)据加藤氏称,"行"在唐代有三种意味:即(A)同业商人公会,(B)同业商店街,及(C)定期市。但自北宋中期(十一世纪初期)市制崩溃后,"行"与"定期市",及"行"与"同业商店街"必不一致。"行"成为纯粹且严密的同业商店公会的指称。(加藤繁,《论唐宋时代商人的"行"及清代会馆》)(2)据陶希圣、鞠清远称,"行"有工业技术的种类(注,如铁行、针行、金银行等,工业内部的特殊分业)。工厂内的分部(注,一作业场内的个别分业),意味与"作"相同,为工业组织之指称,故加藤氏之商业行会说,解释失之广义,"行"不过仅代表工业行会的意义而已。(陶希圣、鞠清远,《唐宋官私工业》,页一六八—一七二)但两说争点,非此处所论的问题。问题系"行"除建筑物一义外,实含有商业的、工业的公会组织的意义这一点。必须记明此点,后来作为问题的公行(Co-hong),并非建筑的意义,而是代表十三行基尔特组织的事实,与此关联。

⑧ W.C.Hunter,*The Fankwae*,etc.,P.22.。梁嘉彬,《广东十三行考》,页七十四—七十五。

功果钱在后来增高了。Hunter 的居留期间(一八二五年—一八四四年)平均皆 20 万两,34 万两已经不见了——Hunter 的书中有如此记录。

⑨ 春秋战国时代(前七七〇年—前二二一年)由于商人势力增大,商人与政权的关系,非常密切。如春秋时卫文公复兴卫国,齐桓公、晋文公经营霸业,都注意通商。春秋初郑桓公利用商人财力建立新郑国,订约不侵犯商人利益。晋国苟莹被楚俘获,郑商人想藏他在货车里逃出楚境。越国上将军范蠡弃官经商,致富数千万,孔子弟子端木赐买贱卖贵,家累千金。富商地位甚高,可与诸侯卿相交接。战国时代,商业尤其发达,商人做大官的魏有白圭,秦有吕不韦,买官制度在有些国家中流行,商贾兼做大小官员的一定不少。《史记·货殖传》记载各地大小都会很多,可见当时国内外贸易的发展和商业的繁荣。因为商业继续扩大,商人势力增大,自然有要求国内市场统一的运动,反映在政治上的,就是政治上要求中国统一,废去各国间的关梁禁限。秦始皇的统一,就是把握了这种客观要求而成功的。两汉尤让商人自由发展。(参考范文澜编《中国通史简编》,页五七、七六、七九、一〇七)

⑩ 两汉时代商业发展,富商大贾,生活奢侈,不下王侯,他们囤积货物,放高利贷,利息有时百分之一千,普通是百分之二百。他们不仅剥削农民,而且剥削贵

族,甚至剥削到皇帝的权益,所以统治阶级对商人取憎恶态度,斗争激烈。农村流氓出身的刘邦做皇帝,限制商人生活享用,重加租税,只可说是对商人的一种报复行为。后来陈豨造反,就有很多商人参加。(参照范文澜主编《中国通史简编》,页一一一、一一六)

⑪ 鞠清远,《唐宋官私工业》。

⑫ Hunter, *The Fankwae*, etc., P.20.

⑬ 梁嘉彬,《广东十三行考》,页三。

⑭ H.B.Morse, *The Chronicles*, etc., Vol.I.P.P.88,101.

⑮ Do, ibid, P.P.135—145.

⑯ Do, ibid, P.P.131,132.

⑰ Do, ibid, P.163.

⑱ Do, ibid, P.P.163—165.

Eames, *English in China*, P.67.但此处所引译之 13 条,系照 Morse 氏书中所载译出,在 Eames 氏书中,全文只 12 条,Morse 氏书中之第 12 条及第 13 条,Eames 书中并为一条,讲明赏罚规定。其他与 Morse 氏文意相同。

⑲ H.B.Morse, *The Chronicles*, etc., Vol.I.P.104.

⑳ Hunter, *The Fankwae*, etc., P.24.

㉑ 东亚同文书院编,《支那经济全书》,第四辑,页一百一十三。

㉒ Jules Geory, *Notes on the Chinese Government Bank*, 1908, P.15.

㉓ 贾士毅,《民国财政史》。

㉔ 梁嘉彬,《广东十三行考》,页一百三十三。

㉕ H.B.Morse, *The Chronicles*, etc., Vol.I.P.166.

㉖ Do, ibid, P.P.166,167—168.

㉗ Hunter. *The Fankwae*, etc., P.21.

㉘ Do, ibid, P.21.

㉙ Do, ibid, P.65.

㉚ 《国朝柔远记》,卷四,《雍正六年·冬十一月立洋商总》。

㉛ 《中国财政史辑要》,卷二十八,《盐法》。

㉜ 《国朝柔远记》,卷八,《道光十八年·夏四月鸿胪寺卿黄爵滋禁食鸦片行保甲连坐法》。

㉝ H.B.Morse, *The Chronicles*, etc., Vol.I.P.176.

㉞ Do, ibid, P.P.247,260,268,289,296.

㉟ 《粤海关志》,卷二十五,《行商》。

㊱ 《粤海关志》,卷二十五,《行商》。

梁嘉彬,《广东十三行考》,页九八、一○○、一百二十六——一百二十七——但行商 20 家,系《粤海关志》所称,据 Morse 氏称则为 11 家,《国朝柔远记》称则为 26 家。

㊲《粤海关志》,卷二十五,《行商》。

㊳《粤海关志》,卷二十五,《行商》。

㊴ H.B.Morse,*The Chronicles*,etc.,Vol.I.P.301.

㊵ 梁嘉彬,《广东十三行考》,页一百二十九——一百三十。

H.B.Morse,*The Chronicles*,etc.,Vol.Ⅱ.P.13.

㊶ 梁嘉彬,《广东十三行考》,页三百六十五。

㊷ 据 Hunter,*The Fankwae*,etc.,P.P.12,14,21,74,76 称,Factory 一语起源于印度,东印度公司的商馆,即如此称呼,与代理店 Agency 同义。夷馆所占处所,距珠江 300 呎,距澳门 80 哩,冷汀 60 哩,距虎门 40 哩,黄埔 10 哩,东西约有 1,000 呎,夷馆中不许女性出入,并不准携带火药、武器。但在一八三○年四月四日初次有英美妇女数名自澳门来夷馆,在同月三十日被令离广州。

㊸ H.B.Morse,*The Chronicles*,etc.,Vol.V.1929.P.87.

㊹ 摩斯,《支那基尔特论》(日译本),页一百○五。

㊺ 梁嘉彬,《广东十三行考》,页一百三十一。

㊻ 关于行用钱可参考下列各书:

(1)H.B.Morse,*The Chronicles*,etc.,Ⅲ.1929,P.P.309,311.

(2)Morrison,*China*,Vol.Ⅱ.P.15.

(3)Eames,*The English in China*,P.P.97—98.

(4)矢野仁一,《鸦片战争与香港》,页二十六。

(5)Martin,*China*,etc.,Vol.Ⅱ.P.15.

㊼ 矢野仁一,《鸦片战争与香港》,页三十一。

㊽ 梁嘉彬,《广东十三行考》,页一百三十二。

㊾ 梁嘉彬,《广东十三行考》,页一百三十二。

㊿ 梁嘉彬,《广东十三行考》,页一百六十一。

51 Hunter,*The Fankwae*,etc.,P.29.

第三节　买　办

买办的发生,可谓极为古典的事。明代册籍中既已出现。如《明会典》云:"(万历二十六年)又,考顺假买办之名,杂然以金珠、宝玩、貂皮、名马进贡,帝甚以为能。"

买办当系 Comprador 一词的 Pigeon English^①译名。起源于葡萄牙语 Compra（等于 to buy）^②,这种语源本身实极包罗了买办的社会机能。买办原系受佣于夷馆,为外人买办食物及料理薪水者,不过外人的日常生活的使用人而已。嘉庆十四年(一八○九年),两广总督百龄上奏云:

> 查夷商所需食用等物，因言语不通，不能自行采买，向设有买办之人。^③

在这个奏文中,买办的起源及机能,表现无遗。外人在夷馆中既不许自由出入,则其食物及薪水的买办料理事宜,自非有专人照应不为功,这种情形,当然促成了买办的发生。同时,买办又是政府用以监视外人的警察手段,这是很重要的一点。故像行商被许为特许商一样,买办亦要官许^④,选择土著中有信用者充当。关于此种情形,嘉庆十四年两广总督百龄的上奏说得很明白:

> 由澳门同知发给印照，近年改由粤海关监督给照。因监督远驻省城，耳目难周，该买办等唯利是图，恐不免勾通内外商贩，私买夷货，并代夷人偷售违禁货物，并恐有无奸民影射，从中滋弊？嗣后夷商买办应令澳门同知，选择就近土著殷实之人，取具族长保邻切结，始准承充，给予腰牌印照。在澳门者由该同知稽查，如在黄埔，即就近交番禺县稽查。如敢于买办食物之外，代买违禁货物及勾通走私舞弊，并代雇华人服役，查出照例重治。^⑤

要之,由百龄奏折中,买办的社会性格,可归纳为下列数点:(1)系自土著中选出之有信用者;(2)由官发给特许证;(3)官方运用连带责任之保甲制而桎梏之;(4) 赋以为外国人任薪水之劳之机能;(5)除薪水之劳外,为外国人之一切代理行为严禁等等。像上文所说的监视外人政策及连带保证责任制度,政府像对付行商一样的,如出一轨地严密责成买办。但和行商比较起来,由于买办机能的关系,社会地位自较行商极低。但无论如何,就因为这种不可或缺的机能,买办亦成为广东商业界中不可或缺的存在，而为夷馆中的重要华人。作买办的第一要条，虽为官许，然其具体的手续，则又需要行商的保证。即行商对于买办一般的服役条件，关于存善意的管理，人品正直，能力胜任等事，皆须保证，这又构成了作买办的第二要件。⑥可是，嘉庆年间不准买办代夷馆雇用华人的禁令，至道光十一年（一八三一年）撤废⑦，之后，买办对于雇用于夷馆中的一切本国人，作为自己的责任，保证其善行与正直。至于夷馆中雇用的买办以外的华人，有事务长、仆役及厨夫、苦力等，皆系买办本身"以内"的存在者，而买办则系曾经自行宣誓过其忠正的人物。⑧这种三个阶层的保证关系——行商—买办—买办以外之华人雇役——的确立理由所在，一般公认系为维持广东商业界中的安宁和秩序的政府企图。道光十一年二月，两广总督李鸿宾的上奏中，曾说明其所以：

> 夷商之雇请民人服役，应稍变通也。查原定章程（嘉庆十四年两广总督百龄之规定），夷商住居馆内，除设置买办、通事外，民人如受雇服役者，严查禁止等情……惟近日各国夷商来者益众，其看货、守门及挑水、挑货等项，在在需人，而夷商所带之黑鬼奴，性多蠢暴，若令其全用黑鬼奴，诚恐集聚人多，出外与民人争扰，转致滋生事端。应请嗣后夷馆应需之看货、守门及挑水、挑货人等，均由买办代为雇请民人。⑨

在这个上奏中，政府之主观意图所以要扩大并强化买办机能，还是恐惧"纷扰滋事"为其有力导因。而且，政府的发动这种意图，是政府认识了买办的机能及地位之日渐增高，才从而利用之。事实说来，买办在夷馆内的责重任大，实出意想以外，不仅监视店员及出入商人，料理馆主食事，而且为馆主、外国船长的个人欲望而忙碌。且夷馆营业金库亦托买办保管。在金库中存有之现金及贵重品，有时超过 100 万圆价值之巨。而且背信负托的买办，据美人 Hunter 所称，竟无一人。仅在一八二三年时发生过一次"不幸"的事件，亦不过买办因投机失利的窃盗行为而已。即在此种场合，该买办的保证人Honqua(怡和行伍氏)当夜即照赔原损失金5万圆。⑩由此观之，在广东一角，作为对外交流的媒介，"正直乃最良之政策"的近代的资本主义前期的商人道德，亦即新教的伦理观，渐次酿成。然而，这又是中国的不幸：由于这种伦理观念的培养，使帝国主义在华寻得了"代理人"的基础，而根植并扩大了经济侵略，造成中国经济的破灭和混乱。所以这种外国人可赞称的买办道德，在我们现代中国人看来，是一种最无耻的奴才道德，随旧中国之灭亡，必须予以肃清。

买办的年薪，约在250—300圆之间，但此外有更大的"好处"，那就是临时收入。临时收入的来源，有：(1)由于每年流入的大量墨洋的鉴定。鉴定工作虽由专门的鉴定商(Shroff)来担任，但买办从中拿取介绍费。如鉴定墨洋1,000圆，鉴定商收入十分之一，买办收入介绍费五十分之一。如以每年流入墨洋500万圆计算，买办的全体收入当在10万圆。(2)手续费(Commission)。支付1,000圆以下，由支付人每圆付手续费制钱5文。至于散商与外国人间之交易，两方皆须付给买办介绍费。(3)散商预先借用款项及超额支用款项时，亦须向买办"送钱"。⑪

买办在做买办前，必须为拥有资产之"殷实者"，而在做买办后，更加有了积蓄资产的机会。因之，买办在广东商界建立了牢不可破的地位。造成后来的中国之祸患。而以第二次鸦片战争为契机，买办即以其手腕，信用及传统的资力，取十三行而代之，成为对外商业的包办者。他们较十三行商人跨前了一步：从最初出发的捐客买卖，渐次关心投资于产业部门。清末时际，随着清朝的最后的挽救其封建政权的挣扎而出现的军事工业勃兴期，买办资本虽极怯懦地参加了原来的民族资本，然以买办出身的上海商人祝大椿，即以10万圆投资，在上海最先创设了源昌机器五金厂。这虽是光绪九年(一八八三年)的事，然而这说明了中国的要走向悲剧将来。以至后来买办政权出现于中国的历史，使中国成了"洋人"的中国。但是这属于中国现代史的范畴,不再申论。

【附注】

① Pigeon 系 business(商业)的转讹音,所谓 Pigeon English 即 Business English (商业英语)的意思。这是英人来广州以前,广东人所创造的葡萄牙语与印度语的混合型语言。一百年以后,英语来访后,始转入定型化。其他葡萄牙语起源的字语,还有:Mandarin(官僚),系自 Mandar(等于英语 to order)而来,junk(木船)则系葡萄牙人最初贸易的东方海岸的方言 chueng 的葡音转讹而来。由印度语起源的字语,如 bazar(市场,英语的 market),Shroff(银钱商,英语的 Money-dealer),tiffin(点心,英语的 luncheon),及 Cooly(苦力,英语的 labourer),bangalow(草屋,英语的 Cottage),Kaarle(咖喱粉,英语的 Curry)等等。这都是在清政府禁止华人教授外人华语,及不许自洋人学习外国语的命令下,人民为了需用的便利创造出来的。代表了敏捷的商业民族的睿智(参照 Hunter,*The Fankwae*,etc.,P.P.37—38)。还有,卡叽色军服的起源,即系印度语的 Kyak,意为尘埃,土砂。十九世纪侵略印度的英帝国主义军队,原著白色制服,因易为瞄准目标,故改着保护色的卡叽色。十三世纪马可·勃罗所艳羡的黄金色东方,由于十九世纪英帝国主义侵入,而变为卡叽色矣。(参照平濑己之吉《近代支那经济史》,页二五〇)

② Hunter,*The Fankwae*,etc.,P.37.

③《粤海关志》,卷二十八,《夷商三》。

④ Hunter,*The Fankwae*,etc.,P.62.

⑤《粤海关志》,卷二十八,《夷商三》,及卷二十九,《夷商四》载有澳门同知王衷驳与百龄用意相同的上奏。

⑥ Hunter,*The Fankwae*,etc.,P.32.

⑦《粤海关志》,卷二十九,《夷商四》。

⑧ Hunter,*The Fankwae*,etc.,P.32.

⑨《粤海关志》,卷二十九,《夷商四》。

⑩ Hunter,*The Fankwae*,etc.,P.32,33,34.

⑪ Do,ibid,P.33.

第二章 清朝的政治形态

第一节 起 点

　　若依外国史家所评定的俄国罗曼诺夫王朝政治形态说来,清朝的政治形态,无异于罗曼诺夫王朝,是一种"被阴谋支配的专制政治"。清朝专制政治,发端于第二代太宗以皇八子之身用奸计即位之时,后十年,于天聪十年(一六三六年)四月八日,称帝号,改国号为大清,年号为崇德时,确立其基础。太祖原有十六子,虽皆怀有嗣承大位之志,惟太宗得以奸计成功,初则与有功各宗室以合议政治行事,以代善(太祖第二子)、阿敏(太祖弟舒尔哈齐长子)、莽古尔泰(太祖第五子)为辅政大臣,权宜一时,实际则无时无刻不在排斥合议政治,力图一人称帝专制,削去宗室权力。天聪四年(一六三〇年),以阿敏败于永平之役为借口,加罪十六条予以幽闭,为太宗运用其权术之开始,至崇德五年,阿敏忧愤而死,这不仅是太宗削去宗室权力政策的第一步,同时亦为清朝一代宫廷生活特质的骨肉相残的嚆矢。莽古尔泰亦于天聪六年(一六三二年)暴死,至天聪九年,复被科以生前谋逆罪状,削除宗籍。这样以阴谋开始的清朝专制政治,遂一意地向强化中央统制权的方向推进。如:(1)顺治十一年(一六五四年),创设十三衙门,以戳灭明朝以来的十二监势力,强化中央政权[①];(2)康熙二十年,三藩撤镇前后所施诸政策,意义所在,前文曾有说明;(3)雍正元年(一七二三年),令内廷禁地由内府护军直辖,夺去下五旗旧权,意在强化帝权,以便独裁[②];(4)雍正八年乃至十年,创设军机处,将政权从向来的内阁手中直接收归皇帝之手。[③]至此,清朝一代的中央集权的政治基础,全然确立矣。

　　这种专制政治,一方面固竭力削去宗室、权臣的权力,一方面复竭力对汉人压制。天聪初年(一六二七年)制定的对汉人俘虏贱役制度的"包衣旗"[④]为压迫汉人的第一招;其次,由入关至迁都北京以

第二编　清代社会构成

一二三

后,顺治二年(一六四五年)五月的颁布"剃发令"⑤为第二招。剃发令系根据于"因分别顺降之民,故剃发以分顺逆"这样的见解,故"自今布告之后,京城内外限旬日,直隶各省自部文所到之日亦限旬日,尽使剃发,遵依者为我国之民,迟疑者同逆命之寇,必置重罪"。⑥所谓"留头不留发,留发不留头"。人民认定蓄发是汉族的标识,剃发是奴隶的记号,因之,在全国尤其是江浙一带地方发生了广泛的反剃发的流血大暴动。清廷则到处镇压,彻底执行,令剃头匠挑担巡行街市,见蓄发者即令剃去,如不从命,即斩头悬担头示众⑦,现在我们读起鲁迅先生的《发的故事》是感慨万千的。复次,在顺治十七年(一六六○年),发布集会结社禁令为第三招。清朝文化统制的工作基础从事建立。而在这基础上,自康熙朝以后,屡屡发生令人发指的文字狱⑧,对于将反清思想的汉人智识分子的笔祸事件,极尽其残杀的能事,至雍正朝以降,尤属严峻,清朝皇帝一副凶手面孔,血淋淋地站于全中国人面前。与这种虐杀作家,毁灭图书的屠夫政策相对照,另用诱骗政策,怀柔功夫,以图消灭民族思想、麻醉人民意识,诱骗许多无聊帮闲文士,大规模编纂图书,改削册籍,作为文化政策的另一面。如雍正七年(一七二九年)九月,有名的《大义觉迷录》的颁布,即为最直接的表明。至康熙帝⑨、乾隆帝,更编纂了无数量的官撰图书,以图以文化建设导致反清思想。后世的帮闲人物,甚至曾发出奴性的感服,认为清朝的统治基础,就建立在一部《康熙字典》上,而鼓吹统制文化。正因为这样大量地出版御定图书,所以在乾隆朝的文化岁支费,异常增高,以至直接军事费在总岁出中所占的比例反倒显得低下。其实,这种"文化费",何尝不可列入军事费呢?因为它们的功用都在削平和征服。配合图书大量出版的另一招,是积极的焚书政策。举例言之,如乾隆四十一年(一七七六年),据江西巡抚海成的上奏,仅江西一地的焚书数,在8,000余部以上。据兵部的报告,在乾隆三十九年—四十七年(一七七四年——一七八二年)间,满清治下的中国共举行焚书运动24回,焚书538种,13,862部以上。⑩这兵部报告,不仅说明了清朝的文化虐害的疯狂,而且由兵部参加办理,是军事工作的一部分。具体地证明了清朝的军事国家性格。

在阴谋、虐杀、征服、麻醉的疯狂的另一面,是清朝宫廷的穷极奢欲的生活场面。尤其乾隆朝,在有清一代中,是最绚烂的权力开花时代。原来,奢侈的生活,是以权力为尺度的。乾隆帝的奢侈生活,甚至使乔治二世所派的马加特尼伯爵联想到《圣经》中所记载的"所罗门的荣华"⑪,西人兰克在所著《强国论》中关于路易十四的描写,可以移用于这一代豪奢的清朝皇帝,"路易十四的好战动机,据云系出于无限制的领土欲,战胜结果,王则闯入占领都市,然后即行归返宫廷,仅此威风堂堂的凯旋行列,就是路易最为得意之处。王对于由征服及交战在他周围所涌出的灿烂的荣光,甚为关注"。⑫——路易十四的"灿烂的荣光",比之六次南巡、四次东巡、五次西巡、木兰秋期狩猎、避暑山庄(康熙四十二年建于热河)出游等,每次需用在 20—30 万金的乾隆帝的"威风堂堂的行列",可谓相互比美。祖帝康熙的六次南巡,据说目的在于视察治水,模仿康熙的乾隆皇帝,以每次十倍于康熙帝的用费,不仅以千百巨舟与官员夸耀一时,而且据说连泛滥的地方都没去看一下,虽然为表现他的"仁爱宽大",敕令减免沿途州县小民 30% 的租税⑬,然小民不仅未受实惠,反予官吏利用为勒索的机会。江苏视学尹会一以"上两次南巡,民间疾苦,怨声载道"⑭地方实情来奏请,却触了皇帝之怒,几乎送命。还有对于他的豪奢的热河避暑山庄的出游,据《清朝野史大观》载称,民间的俗谚称之为"皇帝真在山庄避暑,百姓仍在热河也"。(见该书卷一,《清宫遗闻·避暑山庄》)他的太原行宫,镂刻金银珠玉,一直保存,使得逃义和团事件(一九○○年)之难的西太后,大为叹赏,认为在宫中都没见过的豪奢⑮仅举此数例,就足以说明乾隆皇帝与路易十四的无分彼此了。不过乾隆和路易十四有根本不同之点,在于他的国家观。路易十四曾说"朕即国家",阐明了启蒙期的绝对主义之本质,反之,家族共同体社会的乾隆皇帝,则立脚于另一种国家理念,他说:"且此天下并非朕之天下，乃祖宗之勤劳所创建"⑯，这就是儒家的国家观的反映，一代荣光的清朝皇帝，尚且局限于儒家国家观之中，则十七、十八世纪绝对主义的法国与清朝专制主义之质的不同，当然决定于它的经济构造的不同。所以乾隆皇帝和路易十四还是各有千秋的。

乾隆皇帝的奢侈生活，历经各朝，至西太后时发挥尽致。西太后所常住的圆明园的豪奢，使得第二次鸦片战争时，一八六〇年九月廿一日占领圆明园的英法联军指挥官法将摩托班，呆然若失。他写道："欧洲没有这样豪奢的所在，描写它的庄丽到底非我所能，仅能惊叹地看看，使我呆然若失。"⑰

以如此奢侈的消费生活所表现出来的清朝专制政治，在乾隆时代，还有绚烂之光，但在西太后时代，则充满了腐臭。例如行宫颐和园的经费3,000万两，不管军事费的亟须，而将海军费建设了"乐园"。太后驻园时，据说一日经费需银1万两。⑱这种宁肯牺牲国家而不愿放松自己享乐的生活原理，促成了清朝专制政治的必须崩溃。人民对于清朝专制政治的反抗，可谓不绝如缕，有时波澜壮阔，有时细水长流，康熙朝既有三合会、哥老会运动的兴起，嘉庆朝以后，"教匪"（白莲教、天理教、回教）滋扰尤其蔓延，至太平天国运动而达于反抗的顶点。而结束清朝命运的，则是孙文的兴中会。而且，以太宗的阴谋开始的清朝专制政治历史，至第十二代宣统帝三年（一九一一年）达到终局时，复以袁世凯的阴谋而完结。总之，二百数十年间，皇帝、宗室、重臣，全在阴谋中生活。而这以阴谋始复以阴谋终的清代政治社会本身，就是它的社会关系的最直接的反映。

【附注】

① 萧一山，《清代通史》，上，页三百六十五以下，另参照《清朝野史大观》，卷三，《清朝史料·十三衙门》。

② 萧一山，《清代通史》，上，页七百十四。

③ 萧一山，《清代通史》，上，页七百十五以下，并参照《清朝野史大观》，卷三，《清朝史料·军机处》及《军机沿革》两篇。

④ 萧一山，《清代通史》，上，页二百二十七。

⑤ 萧一山，《清代通史》，上，页二百六十五，另参照《清朝野史大观》，卷三《清朝史料·剃发之令》。

⑥ 萧一山，《清代通史》，上，页二百九十四。

⑦ 范文澜，《中国通史简编》，页六百二十九。

萧一山，《清代通史》，上，页三百六十四。

⑧ 康熙朝文字狱——庄廷钺的"明史狱"（连坐者七十余人）。沈天甫之狱，朱方旦之狱，戴名世之狱（连坐者数百人）。

雍正朝文字狱——吕留良之狱，曾静之狱，汪景祺之狱，查嗣庭之狱，谢济世之狱，陆生柚之狱——据野史传称，雍正十三年（一七三五年）八月二十一日雍正帝之暴卒，系吕留良之孙女所弑。

乾隆朝文字狱——胡中藻之狱，杭世骏之狱，鄂昌之狱，彭家屏，段昌绪之狱，齐国华之狱，徐述夔之狱，世臣之狱，王锡候之狱，智天豹之狱，尹嘉淦之狱，程明禋之狱，方国泰之狱。查禁书，有钱谦益之《初学集》《有学集》，屈大均《翁山诗文集》，金堡《遍行堂集》，谢世济《梅庄杂著》，陈建《喜逢春传奇》等书。（参照萧一山《清代通史》，上，页七二五、七四五—七五〇、七五一—七五八；中，页一七—二〇、二四—二九。《清朝野史大观》卷一及卷三。范文澜，《中国通史简编》，页六七九以下）

⑨ 康熙帝（玄烨）为要提高自己的智力，求学非常勤勉。五岁读书，到老不休，上自天象、地理、历算、诗文、音乐、法律、战术，下至骑射、书法、医药、蒙古、西域、拉丁文书字母，无不精读熟研，他是从古少见的一个博学的统治者。（参照范文澜《中国通史简编》，页六八）

⑩ 萧一山，《清代通史》，中，页四十。

⑪ 萧一山，《清代通史》，中，页七百五十八。

⑫ 兰克《强国论》（日本《岩波文库》版本），页十九。

⑬ 参照《大清十朝圣训·高宗纯皇帝圣训》，卷一百三十八——一百六十一。

⑭ 萧一山，《清代通史》，中，页六十二—六十三。

⑮ 萧一山，《清代通史》，中，页六十二—六十三。

⑯《高宗纯皇帝圣训》，卷二，乾隆十三年六月。

⑰ 引自摩斯《极东国际关系史》（日译本），卷上，页二百八十八。

⑱《清朝野史大观》，卷一，《清宫遗闻·颐和园经费》。

第二节　清代政治骚动的三种型态

清代政治社会的阴谋，有三种形态：皇位继承所引起的阴谋、重臣层的古典的权力争夺阴谋及旧势力与近代的改革派的关于政治斗争的阴谋。

兹分别论述之。

（一）皇位继承骚动

清代的皇位继承，以宗祧相续为本旨。因为政治与祭祀的一致的封建国家（Flaecchenstoat），政治的负责人，须先是祭祀祖先的祭祀主，而祭祀主——宗祧相续者，又必须要一个男子。所以为确保祭祀主——宗祧相续者的产生，必然要发生一夫多妻或一妻多夫（Polygamy）现象。然 Polygamy 的现实的结果，又和祭祀主——宗祧相继者只限于男子一人的事实相互反拨，于是常常发生了所谓家庭骚动，根据就在于这种现实和事实的矛盾结果。这是宗法社会的悲剧根源。清朝历代皇帝，多以多产闻名，Polygamy 的结果，宫廷间开始酝酿着皇位继承的阴谋活动，为明了其间经过，先将宗社权力强大的清初时代，因逆谋罪（多少与政治权力有关）被处罪，及死后被追罪的宗室，制表列下：

宗社诛罚表

字名	姻岁关系	罪科	字名	姻岁关系	罪科
褚英	太祖长子	万历四十三年死于禁所	巴布海	太祖十一子	崇德八年伏诛
莽古尔泰	太祖五子	天聪六年暴死、九年宗社除籍	阿济格	太祖十二子	顺治八年禁锢处死
德格类	太祖十子	天聪九年宗社除籍	多尔衮	太祖十四子	顺治八年死除籍，乾隆年特旨昭雪
费扬子	太祖十六子	天聪九年伏诛除籍	岳乐	阿巴泰四子	康熙二十九年降爵
常阿岱	满达海长子	康熙四年降爵	岳托	代善长子	崇德三年降爵
多铎	太祖十五子	顺治九年降爵，乾隆四十三年追复……	勒尔锦	勒克德浑四子	崇德十九年罪削
			察尼	多铎四子	顺治十九年罪削
多尼	多铎二子	顺治十八年降爵	洛托	察桑子长子	康熙八年罪削
豪格	太宗长子	顺治五年削爵，八年追复	温齐	屯齐长子	康熙十六年降爵
			屯齐	圆伦长子	顺治十一年罪削
喇布	济度二子	康熙二十二年罪削	博洛	阿巴泰三子	顺治十六年罪削

备考：

据萧一山《清代通史》，上，页九四—九六及三七七—三七九作成。

如上表所示的宗室阴谋，就照半面的真理说来，同起于皇帝的猜疑，又为 Polygamy 的当然的结果。被歌颂为一代圣君，宫中用度较之明室极为省俭的康熙帝，尚且免不了从 Polygamy 所产生的苦恼。关于比明室费用省俭一节，康熙四十九年谕大学士的自夸里，有云：

> 明朝费用甚奢……一日之费今可抵一年之用。其宫中之脂粉钱四十万两，供应之银数百万两……明季之宫女达九千人，内监至十万人……今，则宫中不过四五百人而已。①

这四五百人的宫官，系如何构成的？观乎康熙帝的皇子，为数在二十三人的事实，自可明了。这二十三个皇子，各结党羽，窥窬帝位，演成骨肉相克的惨剧。②自嫡长子（第二子）胤礽，惹起皇储废立问题后，康熙帝虽最为嘱望第十四子胤禵，后来却由第四子胤禛即雍正帝，以阴谋手段，改窜遗书，夺去帝位。③不管这种传说是否真实，谨就被当作秘闻传闻一点而论，足以说明实际上清朝阴谋政治的本体。果然，雍正帝继位后，对于骨肉，大肆杀戮，且其施政方针中充满了极度的猜疑与权谋，厉行特务政治。④

不仅如此，帝位的争夺战中，必须有划策的权臣，来推波助浪。比如，顺治帝六岁而继位，就有摄政王多尔衮的专权横断，至于如雍正帝的继位，实系权臣年羹尧拥立之功。虽然，顺治七年，多尔衮死后，曾加以死后处罚，没收财产，削去爵号，甚至谄附多尔衮的大臣，亦受重刑。⑤至于年羹尧则早在雍正三年（一七二五年），因牵连山西盐商送贿案，被很残酷地处死了。⑥

以上所述，为皇位继承骚动的基本形态，清政权在上升期间，虽然不绝地展开这种纯粹形态的阴谋，但在其国基渐固，与其下降期的开始同时，此种基本形态，已渐次不能维持，而是糅合了复杂的诸要素，另行展开。虽然如此，作为专制政治的基轴的展开，仅就其强化意图的方向而论,依然不失其真实性。

(二)重臣层的权力争霸

先看乾隆五年(一七四〇年)四月所颁发上谕:

> 从来臣工之弊,莫大于逢迎揣度。大学士鄂尔泰、张廷玉乃皇考简用之大臣,为朕所倚任,自当思所以保全之。伊等谅亦不敢存党援庇护之念。而无知之辈妄行揣摩,满人则思依附鄂尔泰,汉人则思依附张廷玉,不独微末之臣,即侍郎尚书中亦所不免。……朕临御以来,用人之权从不旁落。试问数年中,因二臣之荐而用者为何人?因二臣之劾而退者为何人?……若如众人揣摩之见,则是二臣为有大权势之人,可以操用舍之柄,其视朕为如何主乎?……鄂尔泰、张廷玉乃皇考与朕久用之大好臣,众人当成全之。使之完名全节永受国恩,岂不甚善?若必欲依附逢迎,日积月累,实所以陷害之也。朕是以将前后情节彻底宣示,深欲保全之,二臣当更仰体朕心,益加敬谨,以成我君臣际遇之美。⑦

以上系乾隆帝对满人大臣鄂尔泰、汉人大臣张廷玉二重臣的权力争霸所发的悲鸣,一方面又是满汉两族相互轧轹的佐证。从清朝一代权力最丰的乾隆帝尚且要发出这样的悲鸣一点看来,可见重臣争霸之根如何深,满汉轧轹之祸如何大。虽然这样的权力争霸,又往往系统治者的"二的作风"的权谋术数所引起的。历来的自信力强大的统治者,往往是挑起权力斗争,把握权力斗争,而从斗争中取得统治的胜利,因为他自己自信在斗争中可取得平衡作用,借免大权旁落的。在清朝,为督察官吏,准许上书劾奏,察吏则往往借口设陷,闹出了不少纠纷、混乱和悲剧。事实真不胜枚举,兹引述一最为适切之例,即清末名臣,一代的人格者林则徐,他以"窃惟立政之道,察吏为先"作前提,引出了"查白盐井(云南省)提举李承基,人本平庸,井地系其专管,平时不理民事"⑧,而劾奏之,又"为奏甄别才不称职及衰庸有疾之知府、同知、知州,分别请旨降补勒休,以肃吏治,恭折奏祈圣鉴事。窃臣等仰蒙恩命,畀任边疆,首以整顿吏为要务。业经两次奏请,甄别州县提举等员,分别降革勒休在案"⑨而上奏弹劾。当然,以林则徐的人格,我们不能怀疑他的举措本旨在整肃吏治,如视之为一般污吏的圈套诬告行为,不免冒渎他的品格,但察吏的劾奏之途一开,往往又被利用为诬告陷阱的工具。事实上,如林则徐,可谓守正不阿,尽守职分的清家奴才,但由于鸦片战争的败北,被保守派的满人大臣穆彰阿作为借口而劾奏他,终使他在险恶的宦海中跌倒了。⑩再如太平天国之战中,克复要冲金陵的战功赫赫的奴才曾国荃,因功高望重,又不免为诸将嫉妒,诽谤、谗言布满宫廷,新官僚左宗棠都参加了这个对曾国荃打击的阴谋,讲一点战友之爱而缄默的不过李鸿章一人而已。⑪总之,阴谋与嫉妒就是重臣层争霸的表里两面。

　　此外,乾隆帝谕文中所说的重臣争霸,恰以满汉对立的形态而出现,这满汉官僚间的斗争,本是清朝政治的一个特色。本来满族的入主中国,汉奸出力最大。除一切不愿做奴隶的善良人民此仆彼起地和满族斗争外,一切文武官僚、大小地主、八股儒生,纷纷卖身投靠,为满人效忠。但在满人侵略目的大致完成后,对于这批各式奴才,渐渐就不客气了。原来的优遇政策,在顺治帝——多尔衮摄政时代,既已停止,如顺治帝亲政后,陆续杀戮了明降臣谭泰(吏部尚书)、土国保(江苏巡抚)、陈名夏(大学士)等,向骄横恃功(投降功)的汉奸们示威⑫。在乾隆朝,督抚大臣满人占80%,至于总督根本无汉人之份,与这种露骨的差别待遇同时,又禁止满汉间的通婚⑬。满人蔑视汉人为"蛮子",汉人侮呼满人为"达子",两者对立渐渐地表面化了⑭。至于朋党之弊的表面化,系以康熙朝为起点,像诸皇子的朋党一样,重臣之朋党争霸,足以转化重大的政治问题。例如,康熙朝树党专权之尤者,有鳌拜(满)、明珠(满)、徐乾学(汉)——朋党对立之尤者,有索额图、噶礼(皆满人)。甚至连康熙十八年七月京师连

发大地震时,这种自然现象的说明根据,也是归咎于诸大臣的树党专权所致。左都御史魏象枢、副都御史施继翰有云:

> 今百姓困苦已极,而大臣家益富。地方官吏剥民媚上,督抚司道又转馈政府。小民愁苦之气,上和于天,招致水旱、日食、星变、地震之异。又辄会推动徇私,将帅复无纪律,蠲免钱粮灾民不沾实惠。刑官鬻狱,豪吏为奸,皆可忧可危之事⑮。

这两个御史的奏章中,说明了由于重臣之树党专权,以至政治行政怠荒,乃使天灾地变频仍。但在这里,还说明了别的重大的事实,即官吏的私曲——渎职。实言之,这就是官吏树党专权的经济的理由。因树党专权,最容易达到经济的财富获取的目的。例如此中集乾隆帝宠遇于一身的有名的大臣和珅的实例,就是一个最标本的说明。至于奏章中将自然现象的说明根据,求之于社会政治现象之中,与其说是这两个御史的科学知识的荒唐,毋宁评为他们实在巧妙地把握了自然现象与社会现象的相关关系,在"天人合一"的封建社会,这种把握方法是最能惊心动魄的利刃。就事论事说来,重臣的朋党玩弄政治,关系实在重大。像乾隆帝,在乾隆十四年(一七四九年)十二月,不堪党弊,不能不发出这样的隆叹:

> 大臣等分别门户,衣钵相传。此岂盛世所有之事耶?我大清朝坐揽乾纲,朕临御十有四年,事无大小,何一不出朕之衷自独断?⑯

这样一代的盛世,这样一代的权力者,尚且有这样的隆叹。然而,恰以此时为转期,清朝一代的官吏具有的特质,如清末的暴露小说《官场现形记》型的腐败官吏,层出不穷。这意味了乾隆朝系清朝官吏性格的形态的确立期,必须切记。

(三)改革骚动(戊戌政变)

清朝政治形态之本质最明显地表现出来的,是戊戌政变。戊戌政变，系以改革派的光绪帝—康有为的变法自强运动开端，由保守派的西太后—荣禄的阴谋而闭幕，为清末近代国家运动史的最后的失败的一出悲剧。这是在由下而上的以改革为志图的洪秀全—李秀成的太平天国运动，因自身的内部分裂及其目标的早激性失败以后，孙文的兴中会，以全国的统一的规模的国民运动展开以前，一度由清朝政府的一角自上而下的以改革为志图而自保的常识的事变，也就是自光绪二十四年四月二十三日至八月六日间的光绪帝—康有为的变法自强运动——百日改革。然而，就连这自上而下的极为常识的改革，也完全失败。达到如黑格尔所说"这种抗争是准备他们迅速灭亡的"结果。清朝无力于近代国家的改建被证明之时，孙文的国民运动，必然地要昂扬而至。这就是戊戌政变的重要意义所在。

康有为的变法自强运动，早在光绪二十一年（一八九五年）四月，由于清日战争的败因深刻，上书"改革变法"之时为起点。光绪帝的师傅翁同龢，深加赏识康有为，与康合议，同年六月，虽由光绪帝发布维新令十二条，但因西太后反对，毫无结果⑰。自此，康的民众启蒙运动，方行开始。如创设《万国公报》（北京），开讲强学会（北京），在上海设置强学分会等等。这样一连串的新事业的志图，翻译东西书籍、发行新报、开设图书馆、创设博物仪器院、建立政治学校等，深受南洋大臣张之洞的赞助。在中国说来，可为官认言论、结社的嚆矢⑱。

不过，康有为的运动，本格的发展，当在光绪二十三年（一八九七年）十二月德国占领胶州湾之时。康的运动，原向民众及政府两面活动。他的民众运动，系先在京师开办粤学会、蜀学会、闽学会、陕学会，最值得注目的是在粤东会馆开第一回保国会，制定"保国章程三十条"⑲，保国会和前文所提的强学会同为康的民众运动的基干部分；第二回在崧云堂，第三回在贵州会馆开会，会众常在百人以上⑳。以此为序端，尔后，保浙会、保滇会相继创设㉑，并以梁启超为总教习，在保守的摇篮湖南省开设了鼓吹新意识的湖南时务学堂㉒。另一方面,康对政府的运动,自上开始力促急速的改革机缘之成熟。由于他屡次地向光绪帝上奏实行变法自强,遂使帝有百日改革的决意。兹先就康的上奏中所表现的基干的思想,归约之。

(1)必须变法的理由

　　我今无士、无兵、无饷、无船、无械,虽名为国,而土地、铁路、轮船、商务、银行惟求听敌之命容取,虽无亡之形而有亡之实矣。……夫方今之病,在笃守旧法……今祖宗之地即不守,何有于祖宗之法乎?夫使能守祖宗之法,而不能守祖宗之地,与稍变祖宗之法,而能守祖宗之地,孰得、孰失、孰重、孰轻,殆不待辨矣。㉓(光绪二十四年一月八日上奏)

(2)变法之精神

　　一曰,下诏求言……二曰,开门集议……三曰,辟官顾问……四曰,设报达聪……五曰,开府僻士。㉔(光绪二十一年五月八日上奏)

　　第一策曰,采俄日法,以定国事……第二策曰,大集群才,而谋变政……第三策曰,听任疆臣各自之变法……㉕(光绪二十三年十二月上奏)

　　若夫美法之民政,英德之共和,地远俗殊,变久迹绝。故臣请皇上以俄之大彼得之心为心法,以日本之明治之政为政法也。㉖(光绪二十四年一月八日上奏)

(3)变法之具体策

　　用日本之例,于内廷开制度局,选天下之通才任之,皇上亲临,日共商榷,其有变法之折,并拟下旨制度局商议施行。然而挈领振裘,目张纲举,可见新政,自有强效。臣所请之开制度局者,此也。㉗(光绪二十四年五月一日上奏)

　　至于明世,治法尤密,以八股取士,以年劳累官,务困智名勇功之士,不能尽其学;一职而有数人,一人而兼数职,

务为分权掣肘之法，不能尽其才。㉘（光绪二十一年五月八日上奏）

每省三万人，而令加训练之，购大铁舰，沿海须数十艘，而以习海战。㉙（光绪二十三年十二月上奏）

总括以上所引述，康的变法的出发点，先在富国强兵，当属明了。故有实施君主立宪政治，创设制度局，登庸人材，振起洋学，废止八股文等办法。惟就目标只限于富国强兵一点而论，实与清末自林则徐为始的一串新官僚曾国藩、左宗棠、李鸿章、张之洞等的结论相同。虽然达到目标的方法论，两者完全异趣。新官僚的方法论，为殖产兴业＝增强军事生产力，反之，康的方法论，乃变法即改革制度。富国强兵＝殖产兴业与富国强兵＝变法。两者间根本的方法论如何有异，在康的对新官僚的方法论痛烈批判的文句中完全明白地表示出来：

"今天下言变者，曰铁路、曰矿务、曰学堂、曰商务，非不然也，然如是者，变事而已，非变法也。"㉚又"近者设立海军、使馆、招商局、同文馆、制造局、水师堂、洋操、船政，而不净根本，百事皆非。故有海军而不知驾驶，有使馆而未储使才，有水师堂、洋操而兵无精卒，有制造局、船澳而器无新制，有总署而未通外国之掌故，有招商局而不能驰驱外国。"㉛

自康看来，新官僚的殖产兴业政策，单是变事，非真的变法，变事的累积，到底达不到富国强兵的目标。换言之，富国强兵＝经济社会发展，无过于先行改革制度，而以君主立宪政治为基底，非如此行事，不足以言变，不能从增强（军事）生产力开始，而且，这样行，也办不通。这就是康的方法论的基调。批评地说来，照当时中国的现实说来，康的见解，亦是一种谬误之说。康系将民主主义的主张披上封建外衣，妄想达到革新的一个人。在当时多少不无进步的意义。如他的保国会及各地分会，实为中国近代的政党的先河。但就他的思想说来,是资产阶级民主主义的革命的思想的一种变种。康的著作如《大同书》(二十七岁时著),是一本描写空想的社会主义的理想社会的著作,和圣西门、傅立叶、欧文等的欧洲空想家的思想相贯通,这正是近代工业未发达的中国的思想上的反映。他的以《礼记·礼运》的大同说为基调的乌托邦思想,实在昧于现实社会进化的历程,而康就根据他这种幻想中的理想社会思想,用之于现实的"变法自强"的改革运动,而一步不通,康的失败,却是一个大教训。㉜但是新官僚的方法论,单以工业建设达到富国强兵 = 增强生产力的目标,亦系一种谬误,这还不如太平天国所采行的农业改革有真理性。可先看太平天国的农业纲领《天朝田亩制度》一节:

> 凡田分九等,田一亩,早晚二季可出一千二百斤者为尚尚田,可出一千一百斤者为尚中田,以下递减⋯⋯可出四百斤者为下下田⋯⋯凡男妇每一人,自十六岁,以上受田,多逾十五岁以下,一半。如十六岁以上,分尚田一亩,十五岁以下则减半,分尚下田五分⋯⋯如一家人,三人分好田,三人分丑田,好丑各一半。㉝

在这些语句中,实有创出"公产"(Propriete Pafsanne)的志图。但这种政策,在拿破仑成功,在太平天国失败,则是拿破仑时代的法国在事实上的已告存在,反之,在太平天国社会的事实尚未存在,而成了早激的观念的产物。但太平天国的这种观念运动,是极堪注目的。太平天国的实际上的领导人李秀成离苏州时,人民痛哭流涕,绝非偶然。㉞可是,增强生产力 = 经济社会发展的杠杆如太平天国的农业改革政策,清末的新官僚却未能有所见,比太平天国运动的指导者还输一筹。不仅如此,就是他们倡导的船政局、机器局等等,也并未收到富国强兵的基础作用,康有为的批判竟告言中。

康有为幻想的变法运动,以翁同龢为媒介,经光绪帝的现实的采用执行,不旋踵而失败。但是这个从光绪二十四年四月二十三日开始的百日改革,无论如何,对于崩溃前的清朝政治机构,多少吹送

了一股新鲜的生命,如:

（四月二十三日）宣言变法自强;（二十七日）谕道州府县大臣子弟入学大学堂;（五月二日）谕废止科举制度;（五日）发布官吏登庸新制;（十六日）谕采用新法农业,"农务为富国之根本……兼采中西各法,切实兴办……上海近日创设农学会……着刘坤一查明该学章程"。（十七日）谕开发新产业,"各省士民著有新书,及创行新法,制成新器,果系资堪实用者,宜为以悬赏劝之"。（二十一日）谕创设新式军队制度;（二十二日）谕弘布新式学校教育。谕信教自由;（二十八日）谕改革财政;（六月一日）谕科学试验采用泰西实学;（八日）谕改上海《时务报》为官报,由康有为主持,开民众政治之端;（十一日）谕送新智识者于各省学校,谕国定成文法;（十九日）谕振兴华侨教育制度;（二十三日）谕增强海军力、铁路、矿务,一以普及学校教育;（二十九日）谕创设农工商局;（七月十日）谕创设上海翻译学堂,努力输入泰西智识;（十三日）谕开设各省商会,上海总商会,上海、汉口试办商务局;（十四日）谕奖励农村副业。谕察吏。谕改革官吏制度;（十六日）谕准人民上书直奏,以图下意上达。谕各衙门公文形式简易化;（二十日）谕改修河道、道路。谕登庸人才;（二十二日）谕昭信股票、公债,禁止强卖人民;（二十三日）谕兴木工工事代赈,为救贫事业。谕创设医学堂;（二十五日）谕淘汰冗官;（二十六日）谕为图输出大宗茶丝,创设茶务学堂,蚕桑公院。（二十九日）谕为打开旗人生活穷乏,应就产业!（八月一日）谕公开国库财政经理。㉟——以上即光绪帝改革法的主要内容。

这样的改革法,虽不过极为微温的东西,但对于在墨守祖法的传统的壳内屏息的清朝政治社会,发扬了炸弹式的改革精神。所以在改革的进行中,引起了保守派的西太后,北洋大臣荣禄及一般顽固分子的阴谋废立光绪帝活动,至八月六日,阴谋遂告爆发。光绪帝被幽囚,西太后再行垂帘听政,改革派六君子（康广仁、杨深秀、杨锐、林旭、刘光第、谭嗣同）遭逮捕,一一发生。西太后政治复活,改革的热闹完全消失,清朝政治复行回到它的古旧轨道上运行。即八月十一日,詹事府衙门及各省冗官一体恢复,禁止士民上书,禁止官报局,废止各省府州县中学小学,八月二十四日,复活八股文制度,废止经济特科,废止农商总局,封闭全国报馆,逮捕报馆主笔。八月二十六日,禁止设立学会,并逮捕学会会员,复活冗官制之一的漕运,及广东、湖北、云南三巡抚,以武术试验的科举取士复活等等㊱——一连串的反动措施和挣扎。

百日改革即戊戌政变的败因,应归咎于客观的及主体的两种原因。客观的原因,第一,是清代社会和他的保守性,西太后和荣禄不过这种保守主义的凸出的代表人物而已;第二,是由于被改革淘汰下来的各式失业者的发生。失业者群中,包括(1)官制改革下的退役官吏;(2)八股文废止的一万人的试生;(3)寺院被改变为学校时失掉糊口之资的和尚、尼姑。这些渣滓势力,当然要向改革派反扑,保守派就利用这种社会势力,和改革派斗争。主体的条件,第一,系受光绪帝所托,革新派的假设的武力基础的袁世凯,背信负托,出卖取利㊲;第二,系由于革新派的内部分裂。如推荐康有为的翁同龢,评康为"此人居心叵测"㊳,向帝进言,可以推见这种内部意气,实亦失败的导因之一;第三,系关于光绪帝本人的评价。如梁启超对帝当然推崇备至,将其进步性与爱国心及能力神格化了㊴;不过像南通的纺织王张謇,对帝的评价,据其子张孝若称,光绪帝单只是一个好人,并无才干㊵,这两个评论的正确与否,不能遽加决定,因为两人和这位"天上帝国"的皇帝,由于身份关系所生的距离,对于作为人的光绪帝的人格,自不能把握真切。甚至改革派中和光绪帝最为接近的谭嗣同,不仅连西太后一派反宣传的帝的疾病的有无却不知道㊶,就连最基本的西太后和光绪帝间的不睦的事实,亦不知道。㊷事实说来,因光绪帝和西太后并非母子关系,西太后为满足自己的权力欲㊸,才将醇亲王的五岁幼子抱来继位,立为光绪帝,其结果,在日常生活上,多半展开了继母的虐待战㊹,所以百日改革,一面又是被侮辱和虐待的继子光绪帝的复仇战,以图脱去继母的霸绊的反抗运动,作为进步的改革帝王者,不能不存有疑问。康有为不过为光绪帝的主观意图所利用而已,所以有人评他为"吴下阿蒙"。

然而这回戊戌政变,却是最明鲜地表现出了被阴谋所支配的清朝政治的本质。六君子的血虽然流于这种阴谋中,但这血的惊觉使中国老百姓明白了不少事情。这六个人死得可怜,但他们还是带了来日的希望死去的。据说,六君子中之一的康广仁和改革派的之一的程式谷,同被投狱时,曾这样谈话:程式谷:"外国变法皆前者死,后者继,今我国之新党甚寡弱,恐我辈一死,后继者无也。"

康广仁:"八股已废,人材将辈出矣,何患无继哉!"⑮

这种程式谷的杞忧,在著者写作本书时,已将快成为历史了。

充满阴谋的戊戌政变,产生了两粒种子:(1)西太后本欲趁变政失败,废立光绪帝,由于华侨及外人反对,遂不克实现,然西太后由此积怨于外人,遂有攘夷=义和团之变。义和团的结果,是八国联军进北京,清朝政权的动摇,革命势力的膨大,这又使高唱"宁送外人,不送家奴"的西太后,一面媚外、亲外,加紧出卖人民利益外,一面又想用伪装的"改革"来掩挡革命洪流,在光绪二十七年(一九〇一年),挂起了着手立宪的招牌,如在同年创设督办政务处,二十九年(一九〇三年)创设商部,三十二年(一九〇六年),革命势力更形巩固,于是又赶快下诏预备立宪,虽然预备期间要九年,但支票开出去了,至宣统元年(一九〇九年),又公布了宪法二十二条。⑯这种实际上要权还控制在满人皇族手中的伪装立宪,到底不能有何成就,至一九一一年,虽然已经下诏罪己了,但抵抗不了历史的命运,三百多年的统治草草地垮台了。(2)在一九一一年,由戊戌政变而爬起来的袁世凯,历经北洋军阀巨头、直隶总督、政务处等,遂被委为清朝全权委员,与新政府订定清室退位条件八条⑰,用阴谋完成了他的"盗国记"。

【附注】

① 《清朝野史大观》,卷一,《清宫遗闻·康熙朝与前明宫中费用之比较》。

② 《清朝野史大观》,卷一,《清宫遗闻·清代骨肉之惨祸》《兄弟阋墙》。

③ 《清朝野史大观》,卷一,《清宫遗闻·清世宗篡位之异闻》。

④ 《清朝野史大观》,卷一,《清宫遗闻·兄弟阋墙》《胤禩惨死》《雍正时逻察之严二则》。

萧一山,《清代通史》,上,页七百十、七百三十二以下。

⑤ 范文澜,《中国通史简编》,页六百四十一。

⑥ 萧一山,《清代通史》,上,页七百二十一—七百二十三。

《清朝野史大观》,卷三,《清朝史料·年羹尧案》。

⑦ 《高宗纯皇帝圣训》,卷一百八十五。

⑧ 《林文忠公政书》,丙集,《云贵奏稿》,卷二,《甄别盐提举州县各员折》。

⑨ 《林文忠公政书》,丙集,《云贵奏稿》,卷五,《甄别知府各员折》。

⑩ 萧一山,《清代通史》,中,页八百三十二—八百三十四。

⑪ 梁启超,《中国四十年来大事记》(一名《李鸿章》),页二十六。

⑫ 萧一山,《清代通史》,上,页三百六十二。

范文澜,《中国通史简编》,页六百四十九。

⑬ 萧一山,《清代通史》,中,页二十一。

⑭ 萧一山,《清代通史》,中,页十八。

⑮ 萧一山,《清代通史》,上,页六百五十四。

⑯ 萧一山,《清代通史》,中,页十六。

⑰ 梁启超,《戊戌政变记》,页一一二。

⑱ 梁启超,《戊戌政变记》,页一百二十六。

⑲ 梁启超,《戊戌政变记》,页七十四以下。另参照左舜生辑《中国近百年史资料续编·戊戌保国会章程》一节,页四百一十七一—四百二十。

⑳ 梁启超,《戊戌政变记》,页七十五。

㉑ 梁启超,《戊戌政变记》,页七十六。

㉒ 梁启超,《戊戌政变记》,页一百三十。

㉓ 梁启超,《戊戌政变记》,页十一。

㉔ 梁启超,《戊戌政变记》,页一百二十二—一百二十四。

㉕ 梁启超,《戊戌政变记》,页九。

㉖ 梁启超,《戊戌政变记》,页十二。

㉗ 梁启超,《戊戌政变记》,页十八。

㉘ 梁启超,《戊戌政变记》,页一百一十六。

㉙ 梁启超,《戊戌政变记》,页八。

㉚ 梁启超,《戊戌政变记》,页十八。

㉛ 梁启超,《戊戌政变记》,页一百一十七。

㉜ 佐野袈裟美,《支那近百年史》,下卷,页二百五十四—二百六十三。

㉝ 《天朝田亩制度》(《太平天国丛书》,民国二十五年复刻,第一辑第四册),并参照陈恭禄《中国近代史》,页一百七十七。

㉞ 梁启超,《中国四十年来大事记》,页二十六。

㉟ 梁启超,《戊戌政变记》,页二十一—五十五。

㊱ 梁启超,《戊戌政变记》,页八十七—八十九。

㊲ 参看袁世凯《戊戌日记》(左舜生选辑《中国近百年史资料初编》所收,页四百九十三—五百)。

㊳ 孙师郑,《翁同龢与袁世凯康有为之关系》(左舜生选辑《中国近百年史资料初编》所收,页五百一十五)。

张孝若,《南通张季直先生传记》,页六十四。

㊴ 梁启超,《戊戌政变记》,页一百四十七—一百五十七。又,容闳,《西学东渐记》中与梁启超意见相同(见该书,页一百四十三)。

㊵ 张孝若,《南通张季直先生传记》,页五十七。

㊶ 梁启超,《戊戌政变记》,页六十三。

㊷ 梁启超,《戊戌政变记》,页一百〇七。

㊸ 关于西太后的人物评价,虽众说不一,然关于她的权力欲的权化一点,所见皆同。关于她的事迹、人物,可参酌下列各书:

(1)陈怀,《中国近百年史要》,页一百四十六、一百四十九、一百五十、一百五十二、一百五十四、二百四十。

(2)梁启超,《戊戌政变记》。

(3)《清朝野史大观》,卷一,《清宫遗闻》。

(4)田原祯次郎,《清国西太后》。

(5)德龄,《御香飘渺录》。

㊹ 梁启超,《戊戌政变记》,页五十七以下。

《清朝野史大观》,卷一,《清宫遗闻·德宗被虐》。

德龄,《瀛台泣血记》。

㊺ 梁启超,《戊戌政变记》,页九十七。

㊻ 陈怀,《中国近百年史要》,页二百二十九、二百三十、二百三十二、二百三十五—二百三十七、二百四十九以下。

㊼ 陈怀,《中国近百年史要》,页二百六十九—二百七十。

第三节 清代官吏论

（一）私财之积蓄及其泉源

中国的官吏及官吏的地位，以带有"命令者"的意味的洋泾浜英语 Mandarin 一字来表现，最为象征而巧妙。以欧洲语感看来，Mandarin 一字，有"畏怖与权威的象征"的含义，欧洲诸文明国的 Magistrate 及 Officer 到底不能表示出它的超绝的机能于万一。①事实说来，中国的 Mandarin 像又是官吏，又是地主，又是商人的三种机能的并合体。Mandarin 的权威，就是这三种机能的综合的表现和发挥。一部清朝史，简直就是一卷 Mandarin 的兴亡史。这个理论最为典型的事例，无过于嘉庆四年（一七九九年）被诛杀的大臣和珅。和珅出仕乾隆朝二十年，继鄂尔泰、张廷玉之后，为乾隆一代炙手可热之人物，诛杀后，抄查财产在 8 亿两以上。这 8 亿两资产的构成，为一般奢侈品、贮藏之金银、不动产投资三类。不动产投资的构成，为土地投资及商业经营二者。虽然不动产投资占全资产总数才 25% 而已。兹据查抄官进呈之清单内，抄出有关土地及商业投资两部门数字：

（1）店铺类——当铺 75 座（资本银 3,000 万两）。银号 42 座（资本银 4,000 万两）。古玩铺 13 座（资本银 20 万两）。

（2）田地类——地亩 7,000 余顷（占银 800 万两）。

嘉庆四年正月十七日上谕称：和珅家产共一百零九号，内有八十三号尚未估价，已估二十六号，合算共计银二万二千三百八十九万五千一百六十两。②

投资对象的主要形态，或是土地，或是商业，或是生产事业，或是证券，就是社会发展程度的指标。和珅倾其资产 25% 投资于土地及商业，不仅可看出当时一般投资的主要形态，同时亦说明了资本的积蓄与土地及商业的密切关联。所以官吏和珅，同时又是地主和珅，又是商人和珅。和珅真可谓清代乾隆以降官吏的最为鲜明的版型(Stereotype)。清末的"洋务专家"李鸿章,就是没有脱出和珅型官吏的轨道。他是上海、南京等主要都市的当铺、银号的投资者或经营者,招商局、电报局、开平矿务局、中国通商银行等清末新产业的大股东,产业中投资于商业者在数百万金以上,所以他是大实业家③;在安徽芜湖信阳一带他所置土地极广,所以他又是一个大地主。④太平天国运动澎湃时,同治元年(一八六二年)二月,他率领了八千壮勇,成立了和曾国藩的湘军相抗拒的淮军,假借爱国名义,扑灭太平天国革命势力,就是为了保护他的庞大的私产。换言之,与太平天国作战的官吏李鸿章, 系受地主李鸿章及资本家李鸿章的指挥和命令。

这里所要讨论的,是这些资产积蓄的所由来,它们的源泉。这要在官吏这一机构中去寻。俗谚有称"千里做官只为财","官久自富",就是这个意思具体的说明。《红楼梦》中的贾政,因为耿直(其实,他的祖产已很可观),所以"为官清廉",连跟他的书吏长班,都皱起眉头来咒他、劝他、希望他,落了一场上下不讨好,掉了差事的结果。换言之,官吏资产积蓄的泉源,系以收贿及勒索为由来。如和珅,由于树党专权,就能结党营私,是将收贿勒索最为效果地实行了的代表人物。连乾隆朝的河水泛滥之连发、急增,也都是和珅树党营私的灾难⑤,而嘉庆时的"官逼民反"的大动乱,也都是吏风颓败的后果。⑥

乾隆朝,是官吏勒索规模极大、组织细密、行事巧妙的一个时代。前文中曾指出这是清代吏风的确立期,就是这个意思。在此时期,大疑狱事件,接踵继续而起,最为轰传,遂使乾隆帝发出"朕将何以用人,何以信人?"⑦(乾隆二十二年山西省税饷大疑狱事件)及"从来未有之奇贪异事!"⑧(乾隆四十六年甘肃米捐大疑狱事件)这样愤怒得近乎绝望的声音。不过贪官污吏的存在,并不以清代为始,其来源极为古典,即在清初,即已萌露端倪,有若干事例可以证明。如康熙帝在四十八年(一七〇九年)所发的上谕说:"州县官取一分火耗(正税外加征者),此外一分不取,便称好官。"⑨这个上谕,等于公开承认额外勒索。因之，好官的标准，即官吏的勒索，限于轻度，即算好官，作为公然的秘密，为皇帝所宽容，社会所公认。而且有许多的勒索动机及行为，系出以皇帝的恩赐，作为补助(调剂)大官的家计生活的慈惠政策，或救贫事业。清末李伯元的《官场现形记》中，提供了不少的素材。如奉派巡视地方的中正使，就是现任兵部大臣兼内务府大臣的满人，因为"格勒精励"，侍奉君侧有年，才能获得外出的差事，一则借以"小休"，一则找点好处，精神物质两种待遇，兼而有之，而这却亲出于"圣上"的"御口"公许，夸为他的"大好机会"。

这样勒索的机会的获致，在有清一代的任何官吏看来，都是该有的权利，就连李鸿章，也出不了这个腐败官界体系以外。李鸿章在游英期中，据传有一个轶事。某日，李参观某大工厂，李与该厂的工厂长有这样一段谈话[⑩]：

> 李鸿章："你负责这个大工厂，一年的收入有多少？"
> 工厂长："全靠薪水罢了！"
> 李鸿章："嗳，那你的钻石哪里来呀！"

李鸿章的询问思想，当然产生于他的官界体系，在李看来，钻石自然是勒索来的，凭薪水当然不可能买钻石。自这点看来，李鸿章还未越出古老的勒索型官吏的范畴一步。不过，李的质问中，包含一种前提，那就是清代官吏待遇的菲薄，像李那样大的官儿，正式所入，大概还不够买一个钻石。清代官吏的俸给，虽在雍正三年(一七二五年)及乾隆二年(一七三七年)都经过调整增给，但仅靠正俸，依然无从生活，又势必给予别俸(恩俸、养廉银、公费)，正别两俸，为数依然微薄，所以私征落地税、规礼银、火耗等又成必然之势。规礼银及其弊害，在《第一编》之《第三节》中已有说明。清初，在落地税这一名目下所设的国内通过税，为官吏私征之尤者。沿袭前明故智的落地税，并非正式国税，而系地方经费的一种私税，为后世地方税的滥觞。[⑪]虽名为地方经费，实以充实官吏的荷包为对象。至而生产用具、家庭用品、食料品皆为课税对象。其存在，多少与皇帝的"朕轸恤商民之至义"⑫不符,盖可明了。早在乾隆即位之时,落地税虽有被限制、减轻之说,然其所及于人民的负担及官吏的脑满肠肥,可自下边引的雍正、乾隆帝的上谕里,判断之。

(1)雍正八年(一七三〇年)户部奉谕旨:"各地之落地税银,大多为地方官吏侵渔入己……落地税银非正项钱粮……各省落地税及税契银两,若搜求需索,以盈余之数,致倍于正额。或将数十年以前置买产业苛索扰累者,令该督抚题参革职。"⑬

(2)雍正十三年(一七三五年)乾隆帝谕:"朕闻:各省地方,于关税杂税之外,更有落地税之名,凡穰锄、箕帚、薪炭、鱼虾、蔬果之属,其值无几,必查明上税,方许交易,且贩自东市,既已纳课,货于西市,又复重征。至乡村僻远之地,有司耳目有所不及,或差胥役征收,或令牙行总缴,其交官者甚微,不过饱奸民滑吏之私囊,而细民已重受其扰矣。着通行内外各省:凡市集之落地税,其在府州县城内人烟辏集贸易众多且易于官员之稽查者,照旧征收,但不许额外苛索,亦不许重复征收;若在乡镇村落,则全行禁革,不许贪官污吏假借名色巧取一文。"⑭

说是这个"天上帝国"的皇帝,出于"关怀",解除小民痛苦也好,说是出于 Paternal 的恐惧"滋扰生事",保护政权安稳政策也好,但自断然要禁恶税的一点观之,这种官吏企业体的残民以肥的事实,历然如绘。但这并不是说皇帝绝对清高,爱民如子,世界上没有这个目的的皇帝。就如抄办和珅的嘉庆皇帝,就把所抄的和珅资产和大臣们分肥,如庆郡王永璘得和珅住宅,成亲王永瑆得和珅花园,一般分到的亲贵们皆大欢喜,而分不到汤喝的官员(自然限于满洲亲贵),不免吵吵闹闹,如副都统萨彬图奏请准令本人提讯和珅家掌管金银内帐使女,发掘和珅宅中窖埋金银,被斥不准,嘉庆还于四年四月二十六日下了一道上谕,镇压说:"本案已经定案,断不许再起纠纷,朕不是贪利的人主,想来诸臣也不想这样做"云云,丑态毕露,当时民间有"和珅跌倒,嘉庆吃饱"的谣歌,这又是分肥不到的官员,对皇帝很不满意,造出来的流言,以示抗议。⑮就以所引的乾隆的上谕里说,一边认落地税为非法,一边又要通行内外各省,准予照旧征收府州县城的落地税,只是不许额外苛索,这是变非法为合法,由皇帝把啮在官员口中的鱼肉抢到自己嘴里而已的一种坐收渔人之利的办法。再如皇帝每每施行蠲免、赈恤等慈惠政策于人民时,官吏也竟敢借机营私,变为发财机会。清朝一代中最聪明的乾隆帝,最肯用这种慈惠政策,引诱人民,利用人民,来安定人心,巩固统治。如乾隆三年(一七三八年)四月与内阁的上谕说:"朕思养惠斯民之道,以轻徭薄赋为先,凡各省田粮,偶有些微偏重之处,悉已陆续查明蠲免,以纾民力。"⑯出发于这种精神所施行的蠲免至乾隆三十一年(一七六六年)正月达到"(上谕内阁)……朕……自御极以来,所逮蠲赐,不下千万亿"。⑰至于在皇帝做这种"爱民"功课的场合,官吏的浑水摸鱼,再看下引皇帝上谕,即可证明。"赈恤饥民,当如救焚拯溺,朕断不有所吝惜也。但使民受实惠,而吏不中饱。"⑱及"所称赈民银两为数已少,若其间更有官侵吏蚀,百姓不得实惠……务使百姓一无所失,方救荒之良法,可也。"⑲

在这种预防性的训令中,隐然说出官吏中饱的事实,可见皇帝为了自己的安稳想到百姓的灾难,有一点"恩赐"的时候,在中间如何经过官吏层层的折扣和改变,俟到百姓面前,质量全变。嘉庆十四年,淮安府报灾办赈,江南总督铁保派候补知县李毓昌往查,山阳县(淮安府首县)知县王伸汉捏报户口,浮冒赈款3万两,毓昌查得实情,伸汉贿巨金,毓昌不受,知府王谷代说情,又不听。伸汉令仆人包祥与毓昌仆人李祥、顾祥、马连升合谋,置砒霜于茶汤中,给毓昌饮,毓昌夜中腹痛起来,李祥等用腰带缢死毓昌。王伸汉烧毁毓昌查赈文件,送王谷银1,000两,报称李毓昌发疯自缢,草草了事。⑳英使马加得尼伯爵,对中国的官场,尤不胜其惊异与轻蔑之感。这事记在他的一七九二年十月十日的日记中——公使一行由广州赴北京途次,中外随员乘用船只40只,从者数千人,清朝皇帝批准应接费一日

5,000两,但因款额不足,命沿途地方官临时支应。至在北京一日费用越 1,500 两,但这只是公式上的名目上的实费,其实,规定的消费额中,因官吏中饱,大部都被吃掉,实际消费额,只是少数的少数。例如,在广东遭洪水时,皇帝下赐内帑金 5 万两,礼部中饱 2 万两,递次下层官吏经手时,又一万五千地被吃掉,结果难民所受实惠,不足 2 万两!这个英人不禁叹息道:中国孔孟子孙,不过欧美的权利神而已!⑳和英官惊异侮蔑的感情相对照,清末新官僚曾国藩的惊异与赞叹,极有趣味。咸丰三年(一八五三年),上海陷于小刀会手中时,上海海关税收,一时归外人管理,越二年,上海收复时,外人将管理时税收 70 余万两,移归清政府,曾国藩大加赞叹道:"咸丰三年,刘丽川攻上海,至五年元旦克复。洋人代收海关之税,犹交还七十余万,监督吴道与国藩尝叹,彼虽商贾之国,颇有君子之行,即令沪、镇、浔、汉凡有领事官之处,皆我国令管关者,一体稽查,一体呈验,正税,子税,较我厘金之科则,业已倍之三之,在彼固自谓仁至义尽矣。"㉒——近代的新教的伦理业已确立的大官,和前期的宗法(Hierarchies)国家的大官,两者的惊异的不同,正是我们应该把握的根源。

(二)官吏企业体之国家的限界

从上节叙述中,我们可以判明:官吏的勒索、中饱等贪污行为,在事实上被默认,且作为小代价,屡被实行,有时简直是被施赐的一种行为;但在法理上则悬为禁例,且蒙受处分——是这样微妙的一种东西。至于放任与处分间的界限以何为准则,这就需要研究了。大体说来,官吏勒索中饱的界限,在以不减少国库收入,不破坏官营企业,简言之,以不侵害皇帝的一定利益为准绳,这就是官吏和皇帝间的协定界限。如乾隆朝的大疑狱事件,起因便是由于官吏侵犯了这个默定的国家界限,才被揭发。兹引据上谕数则,以见所谓国家界限,政府如何重视。

（1）雍正二年（一七二四年）圣谕："大抵关差之弊，皆惟知目前小利，恣意侵渔……商贾畏惧，裹足不前（阻害商品流通），行旅彷徨，越关迁道。则困商实所以自困也（关税收入减少）。故关差……使舟车络绎，货物流通，则税额自足。"㉓

在这个谕令中，禁止关税的勒索，其禁止动机，在于畅达商品流通，以资培养财源。故为"税额自足"，"使舟车络绎，货物流通"为不可或缺乏要件。因关税收入，为清代财政的重要母胎，故受政府重视，且关税最多摩擦，易于作为间接税的增税对象，官吏勒索自易下手。雍正帝的谕令中，即指明这点要害，以促进商品流通，确保关税收入，为国家的界限，而不容许勒索，本例非常明了。

（2）乾隆三年（一七三八年）五月上谕大学士鄂尔泰等："近闻：南方织造（苏州、杭州、南京官营丝织工场）盐政等官内，指称内廷之需，用优童秀女，有广购行觅者。并闻：有勒取强买等事，深可骇异（下略）。"㉔

上一谕令中，禁止官营丝织工场及盐政监督官的勒索私买行为，亦说明了政府不予以支持的官吏私曲的国家界限。而且，又证明了官营企业日趋腐败的情况，是一道意味极为深重的谕示。关于后一点，后来在清末时，日人山内吴太郎在丝织厂见习时所写的报告书中，亦曾深刻地证明："杭州局有三百架机台，南京局有百九十台，运转中者六分之一。在南京机场如能看到的事物，杭州则不堪一看。器械及制品与坊间无轩轾，职工又乱离，工厂机械亦不修理，虽经费充足，只交定额上纳品，不接民间定货，此之谓局机。官吏浮收为多。"㉕另一在江西景德镇皇窑实习的日人日比野新七亦在其报告书中指出康熙以来制品的质的低下，不聘用名工，无美术品产生，而只见生产费增高的事实。㉖

（3）乾隆五年（一七四〇年）八月上谕内阁："东南沿海一带，如山东、江南、浙江、福建、广东、广西等省。俱设有战船，以为海防之备。今承平日久，官办渐觉疏忽。朕闻船只数目竟有报部之虚名，而十分之中，无不缺少二三，至于大修小修之时，每因船数太多，难以察核。该防营办及州县人员，通同作弊(注意此点)！将所领帑银侵蚀入己。报修十只，其实不过七八只，而又涂饰颜色以为美观，仍不坚固。且更有不肖之官办，令子弟亲属载贩外省，或赁与商人前往安南日本贸易取利者，以朕所闻如此，虽未必各省皆然，亦难保其必无。"㉗

上谕系对船政废弛所发的训诫，说明了官吏的极为勇敢的腐败行为，和无法无天的营利行径。船政(海军力)的整备，为国家不可缺的要求，如吉林造船厂就曾在康熙朝担负了军事胜利的历史，因之，政府必须贯彻此种要求，但以乾隆朝为转期，说明了这个要求开始废弛的事实。所以康熙朝与清末海军力的相差悬殊，招来了道光朝的由于海军力不备的鸦片战败，这是一定的道理。自此点看来，乾隆这一谕令，殊堪重视。

但是，与国家的要求相背驰，官吏不以国家危机为重，只顾个人营私发财，其最为极端的典型事例，可摘录二种史实：

(1)十九世纪的悲剧鸦片战争，其导因之一，就是官界堕落。关于鸦片烟的贩卖，雍正七年(一七二九年)被禁止，在嘉庆元年(一七九六年)，禁止鸦片私卖及吸食者的罚则规定，明令发布，鸦片当成国禁。㉘但这正给予官吏创造了发财机会。李鸿宾督两广时代，水师巡船，在道光六年(一八二六年)当时，每月收贿 36,000 两，放任鸦片走私输入，至如水师副将韩肇庆，道光十七年(一八三七年)以后，结托外人，以巡船援助走私，其代价，为由船主赠予鸦片，韩即以外人赠予之鸦片，作为走私没收品，报告宫廷，结果，因获私有功，赏戴孔雀翎。㉙这真是滑天下大稽的事。韩虽后来为林则徐揭发，遭受革职㉚，然一般官吏心理，认为揭发之忧并不足以影响或阻止其恶行，因所谓揭发与否，全决于个人幸或不幸的命运形态。与韩的绝对侵犯国家的要求而蒙赏戴孔雀翎的幸运相对照的，有乾隆二十九年(一七六四年)的闽浙总督杨廷璋，因勾结外船，年收贿 1 万两被举发，忽遭不幸的革职命运。㉛这种对照的事实，官吏的幸与不幸，全系检察制度不完备之过，而其所以极不完备，就是官界颓废(通同作弊)的指表。再谈回韩肇庆一派的例子，连对外贸易的负责者十三行商，除麦同泰(Poonequa)一人外，别人皆未参与鸦片走私输入㉜，由这点看来，官吏的国家观念不如商人远甚。以至太常寺卿许乃济发出这样悲壮真实的声音："法令者，胥吏、棍徒借以为利之所。法愈峻，则胥役之贿赂愈丰，棍徒之计谋愈巧。"㉝这种官吏不顾禁令的发财观念，是鸦片走私输入兴盛的唯一原因，扩而论之，清廷＝林则徐的对英开战的决意，亦以此为引点。所以鸦片战争战败的责任，应该由这种贪污政治来负。

(2)日本幕吏山口举直等，来访上海时，正值太平天国运动热烈之际，山口在其报告书《黄浦志》中，对于清代官军的腐败情况，描写很好：

> 支那（该书称中国时称唐，时称支那）因全国不正之风习，发匪灭亡之期无望。其故在于国贼（指清军）赖赠予发匪（太平军）以欠缺品（指军用品）而取高利。且如早速了事（指战争终结），则厌恶出阵临事之俸禄的失去，故好征而迟伐。我虽获胜（我指清军），然必缓进，缓兵以便授予发匪以欠缺品，而保护之。彼若败北（彼指太平军），则窘缩以俟时日。此说自法人处所闻也。㉞

因之，清朝政治腐败所产生的太平天国运动，更因其腐败的原因，太平军得有十多年的生命。然终亦逃不过灭亡的命运，太平天国五十年后，这个满身腐乱的政权，到底寿终正寝了。

然而，这样的和国家的要求相背驰，以至于这样的干犯国禁的清代官吏的通行私曲，究竟是这个国家的官吏观念所胚胎。即是以官吏为企业的深固观念。官吏企业，民国以后，又复生出同种的军阀企业。这种企业在中国利润最大，同时又是投机性最大的企业。并且，因为这种企业的投机性格，故通同作弊，最为需要。通同作弊的作用,在于分散危险的保险作用。而企业规模之大小,又决定通同作弊的广狭性。要之,这种官僚冒险事业(mandarin adventurers)直可和近世初期的欧洲商人冒险事业(merchant adventurers)相伯仲。这种私曲暴露,则身命不保,万一成功,则利润极丰。所约束的一代的投机事业,初期开始时,需要莫大之投资。在这群人们中,有不少是把一生押入官界进出这一赌注的。有名的讽刺暴露小说《儒林外史》《官场现形记》中,就有许多具体的说明。此处兹引据乾隆帝上谕一则,此中也提供了不少极具兴味的事实。

乾隆五十七年(一七九二年)九月上谕:"顺天卿试诸生,年届八十以上者郑元谟等三名,七十以上者姚熊思等二十七名……本年山东乡试诸生,年届八十以上者刘家修等五名……本年湖南乡试诸生,年届八十以上者单士拔等六名,七十以上者秦法等四名……山西省本年乡试年逾八十宋守祀等五名……本年贵州乡试诸生内,在年八十以上者杜大章等三人……江西省乡试诸生,年八十以上者周经等六人……甘肃省八十以上王栋等八人……广西省梁如炌八十五岁……浙江省八十岁以上来寿昌等十一名……"⑤

中国历代所施行的考试制度,不仅是一种愚民政策,而且是一种奴役政策,此处姑勿申论。唯考试制度为官僚学的张本,事实昭然。在乾隆帝这道上谕里,说明全国各地,有70—80岁以上的乡试生这一事实。虽然乡试生并非最终的登庸试验,受过乡试的,还要等到翌年春天京师的会试!但通过这一充满滑稽意味的悲壮严肃的事实,可以看出执着于官界的思想如何强烈,和官吏企业的魅力如何伟大!这种事实,使写《中国乡间生活》(*Village Life in China*)的神的使徒史密斯(A. H. Smith),当然大为惊异。史密斯对于排除万难,不顾一切,对文官位以难以抑压的渴望盲目向前迈进的这个国家智识人的千篇一例的动机,大为惶惑不解,结局,才恍然大悟这个动机是出于对于名声及权力的欲望!⑥

（三）官吏的根源（中国智识分子的史论）

在上节中我们说明考试制度为官僚学的张本。这里补论之，因为在中国社会的构成上，知识分子（士大夫）占有重要的地位，且为官僚的后备军或就是官僚的本身。

中国产业不发达的阻因之一，就是这种"劳心者治人，劳力者治于人，治于人者食人，治人者食于人，天下之通义也"（孟子）思想下所产生的知识阶级（士大夫）或官僚阶级的存在。㊲

中国士大夫掌握政治，产生官僚阶级，当以开始封建制度以后的周末为始。中国建国之初，原以各氏族部落散居各地，自行治理，其后因发达关系，始有大小强弱之分，而以大氏部落为中心，绕以无数的小部落，他们公选大氏部落中勇健能战公平解决争讼的人做大人（统治者），没有世袭，大人以下，各有畜牧治产，不相缫役，这就是依照历史一般的发展规律所存在的原始公社制度（也称为原始共产制度）。由于生产力的进步，及在战争中俘虏的增加（劳动力），私有财产制度逐渐发生。在夏代（前二一九七年（？）—前一七六六年（？））私有制度继续发展，在政制上，传子制度确立了，开始征收田租十分之一为政费，渐至破坏了原始公社制度，而建立了奴隶占有制度。有了阶级，有了压迫，有了世袭制度，统治者凭武力享受奢侈放荡生活。自周时（前一一三四年（？）—前七七一年）封建制度开始，经过列国兼并时代的春秋战国，由于王室衰微，诸侯相互兼并，内外战争剧烈，有了养士制度。士大夫以出策划计为统治者帮闲，开始在政治上取得力量。在富贵人看来，养士和养狗意义相同，但在士大夫看来，这就是进身富贵之阶。谁给士衣食，士就给谁出力卖命，这是士的特征。孔子聚士讲学，有"三千门弟子，七十二贤人"，其中七十二贤人，都经孔子的宣扬介绍，分在各国做官受爵。孔子本人则一以做官为目的，"三月无君，则惶惶然"，他奔走列国，以求禄位。春秋末年，墨子是士的大师，大师有介绍弟子做官的义务，做了官的应该招待同学送钱给大师，士成了一种特殊地位。加上地方上的任侠之徒，成了一种支配阶级，这就是官僚阶级的发生开始。至秦始皇统一中国，官僚主义的中央集权的封建制度遂告成立。秦禁私学，想做官必须"以吏为师"，学习法令，这样，确立了官僚制度。虽然士大夫不免蒙受抑压影响，但至秦灭汉兴，由于官学发达，对读书人用征辟制度（大官号召有才能的读书人给自己做属员），官僚主义特别发达。但它的反面结果，则是仕途大抵为世家子弟所垄断，三国时期，士族与寒门形成严格区别，对立尖锐，不让寒门分润政治上的权利。曹丕依据这种习惯，创立"九品中正"制度，明为表示读书人的做官机会平等，实为压迫寒士的工具。但士族至此在法律上取得了特权，取得了统治权的士人，有了朝代改换，士人地位无变的特征。如南朝士人，重家不重国，重孝不重忠，种族思想更无。又因士族大抵庸碌无能，一遇国家剧变，寒士才得借军功参与政权，军功较大的也就篡夺帝位，创立新朝，如篡晋的刘裕、齐高帝萧道成、梁武帝萧衍等。至隋朝杨广因鉴于选举及九品中正制度，只使少数士族把持政治，妨碍皇帝用人自由，改用明经进士两科取士，是为中国考试制度的滥觞。唐承隋制，尤重进士科。至于这一考试制度的功用，唐太宗李世民曾登宫门见新进士试毕鱼贯出门，大喜道："从此天下英雄，入我笼中矣！"赵嘏诗："太宗皇帝真长策，赚得英雄尽白头！"是一种出色的奴役制度，也是一种愚民政策，这种制度行到明朝时，朱元璋就更加以严厉的应用，由刘基发明了八股文程式，规定在朱熹注《四子书》及宋元人注《五经》中出题，绝对不许自由发挥意见。而考试的人，只求取得官职，不顾任何廉耻。这是朱元璋专制政治下的产物。而清代灭明的最大资本——汉奸，却又是这种专制政治的考试制度下的产物：智识分子在考试时，即凭行贿、钻营得中而取得官位，一旦失意时，就都纷纷投奔新兴的满洲了。这是中国智识阶级（官僚阶级）传统精神的更高的发扬。清朝入主中国，定都北京后，于顺治二年（一六四五年）开科取士，一切悉照明朝旧制，惟满人乡会试，在清初另立一榜，止考翻译(用满文译汉文一篇)称为翻译科举。雍正以后,旗汉人一体考试,形式上似乎公平待遇,事实却大谬不然。汉人虽中额较满人多多,但在授官上,如京官名额中,汉人所占比例远不逮满人,虽然汉人出身又大多高于满人,清朝利用科举,限制汉人仕进,汉人欲求仕进,则又必须抛掉一切学艺,专司八股学习,这真是最聪明的愚民政策和奴役制度的混合应用。㉝

在中国历史的发展中,智识分子(士大夫)=官僚阶级,它的促进和改变历史作用,在制度演变的桎梏下,少于它的妨碍和倒退作用。这一面又要归咎于所谓"官学"之弊。

中国古代的学问,原立足于实际,所谓道由艺入。《礼记》称:"作者谓之圣",可见学问注重于实践之一般。自周末春秋战国以后,学问始远离实际生活,因时势混沌,社会面临革变,诸子争鸣,思想蔚为巨观。然这发生于个人社会之一角的思想言论,多崇高理想与空谈,孔子之孙子思负气而作《中庸》,造成了后儒的喜谈性与天道。子思之学传而至孟子,犹排斥空谈,所谓"不以规矩不能成方圆,不以六律不能正五音。徒善不足以为政,徒法不足以自行"。然与时代潮流无补。虽然孟子本身仍带有战国游士的作风,他一面痛斥空理空言,讲求务实,一面又大骂厉行躬耕主义的许行,在矛盾的旋涡里打滚。中国在原始共产社会前后,王者有躬耕的传说,自入战国后,多少舌辩智勇之士,避开利益微小的农业,竞相游说诸侯,以获卿相富贵,学问之事自然远离实学。孟子当然沾染了这种时代风气,一面痛斥自我勤劳不贪无义之禄的陈仲子,一面又将当时倡导极端自我主义的杨朱及博爱主义的墨翟批为无视道德法律的禽兽主义,而以法律由君(统治者)出,道德由父赋予的社会伦理说为结论。但痛斥杨墨的孟子,是一个聪明人,他又窃去杨墨思想的余唾,孟子认为生产的效果,并非全凭筋肉劳动者,"或劳心,或劳力,劳心者治人,劳力者治于人,治于人者食人,治人者食于人,天下之通义也"。这种精神劳动和肉体劳动的分工说,而强调精神劳动者(劳心者)的社会领导地位和专业化。子思作《中庸》时即已陷入高远的理想主义中，孟子虽倡"必有事焉"的实务练习，宋钘以后的儒者，却更埋头于以读书与静坐为日课，混乱于性命天人的问题中。孟子不失为时代儿的政客作风，游历各国，以求录用。孟子以后的宋明儒者，更出入于王公大人之门，运用一切可能手段，以求一官半职。以艺能术智为基础，与学问的本旨完全违背，堕为官僚学。更由于历代统治者的统一思想政策，罢黜百家，尊崇儒学，于是儒学一变而为官僚学的本质，这种官僚学，以不自然的仪饰、俗恶思想、伪善为其构成内容，完全远离实际和实践，压抑人性，有关产业的学术和自由思想，完全被排斥。这就是中国官僚主义的精神根据，专制政治的护身符和安定剂。这紧抓着中国经济社会的新生，摧残了中国的进步。[39]

中国智识分子，在传统的麻痹和自傲中，理想的职业，当然是做官，"学而优则仕"，为一切读书人的最终目的地。一切智识技艺，如鲁迅先生所论，完全成了做官的敲门砖。官吏是骑在人民头上的存在，官吏地位的尊严，唐代的"儒者"韩愈在《送李原归盘谷序》中有出色的描写："其（大丈夫）在外则树旗旄，罗弓矢，武夫前呵，从者塞涂，供给之人各执其物，夹道而疾驰。"这固就唐代而言，然以后一切官的威风，还不脱这个范围，甚至有所增添其排场，其仪式。如清代，督抚出门鸣锣开道，执事侍官列队而前，骑马者谓之顶马，多者三人，持伞者一人，奏乐者一队，余多执牌，上书官衔，同于出会。轿前尚有戈士哈（满语卫士），督抚坐于轿中，四人舁之，左右有戈士哈护卫，轿后置一箱，中有衣服，人民称为罪箱，也是一种仪式。后复有骑马者相随，侍从凡百余人，威严非凡。其下各官视其品级，侍从依次递减，州县官出衙，亦得鸣锣开道，持肃静回避牌者在前，皂隶头戴竹编高帽，色分红黑，手持长板，官坐于轿中，人民闻锣让道，准立路旁观看。州县为亲民之官，去时或由人民自动或由官吏暗中活动，由治下人民送万民衣，或万民伞，或立去思牌，或脱换其靴置于城上，官得万民赠物，认为莫大光荣，人民则认为官得万人赠品，将来因案参革,得免于死。[40]

这种威严的外场,莫大的经济利益,使这一阶级存在的基础日益巩固和扩大,成为中国政治经济改革的一大阻力和泥沼。至其能一直存在下来的道理,归纳起来约有数种理由:

(1)这个阶级不绝地有新分子补充,社会愈混乱,工商愈破产,则其成员额益增大,它不像欧洲的贵族阶级在年代变迁中渐就衰落。并且由于社会的特性,中国阶级的流动性很大,上下层分子不断互相流动,这一阶级的分子,皆有其各自的来源和道路,而纠合成一个控制社会的力量。因为分子变动性大,所以不时注入新鲜的空气。

(2)这个阶级非常富于迎合性(无耻无行),其保存自己的方法非常巧妙。南朝时,他们的社会特权形成后,也形成了它们一个体系的人生观。即重孝不重忠,重家不重国,种族观念更无。他们原视统治者——人主为神舆,原不问其清浊是非,如蒙古族或满洲族征服中国后,不能以马上取得的天下而马上治之,在天下统一后,复渐由汉人官僚阶级助理统治。所以不管中国统治权,历经改变,官僚阶级并无何等改变。他们自以为是一种超然的技术存在,"有奶便是娘",他们对环境的变化有可惊的变动性。一方面,这又是他们内心脆弱性的表现。所以他们又最富于动摇性。

(3)官僚阶级为保持其阶级性,过着和一般人民隔离的生活,以自外于人民为其光荣。和一般劳动人民不通交际婚姻,居乡时,即为乡绅阶级,即所谓土豪劣绅。他们的阶级经由科举考试而巩固其阶级门户,阶级间的结合,横的为婚姻的血缘关系,纵的有亲分干分的因缘的存在。

(4)这一阶级因其在政治经济两方面的存在性,其阶级势力极为巩固。他们以智识阶级而占有文化,以官吏身份垄断政权,在乡更以官僚地主的活动,兼并土地,结托官宪,伸手于一切利益,把持乡曲。像一般人民的孜孜劳动,他们是不屑为不必为的,且以此为耻。

在上述四种条件具备存在并发展的官僚阶级,大体又有上下两层之分,其特性多少有所不同。下级即所谓胥吏,系非正式科举出身,而具有土地,虽不能说是代代以官为业,然征收租税等实际事务全由他们办理,这是因为他们是地方势力,明了地情的关系。他们的地位很少变动,而其积弊亦最深,且改革不易。他们这一阶层的固定性最大,变动性最小,在历代易姓革命中,上层阶级虽有新陈代谢的变动,他们这一阶层却大抵固定。至于上层阶级,在大变动中,恒处于变动地位,因为这种"换气法",所以弊害较浅。另外,这个阶级还有朝野之分,在朝为官吏,在野为乡绅,从此互相勾结,共以剥削人民为目的。

总之,官僚阶级的本能,即在于以榨取人民,肥大自己。他们是朝廷与人民间的中间人,坐取中间利益,所谓"中饱"阶级。⑪

(四)官吏身份的浮动性

这种官僚阶级的成员——官吏的身份,由于这个国家的本质,又极为脆弱,且具有浮动性。在某种程度说来,牧民官的官吏,仅对人民是 Mandarin 的存在,对于命令他的皇帝,他不过一个奴仆而已。中国对官吏的称谓中,有"臣妾""臣工"等说法,就是标明这种身份性格的。他们常受捐输、减俸、革职三种威胁和恐惧。现抽出若干事例,以资证明。

(1)捐输

道光年间,江苏省白河茆河治水工事费 11 万两中,官界捐输额,据《林文忠公政书》甲集《江苏奏稿》卷四《会奏白茆河挑工验收并出力人员请奖折》载称:"臣陶澍、臣林则徐各倡捐银一千两,藩司陈銮捐银二千两,苏松粮道陶廷杰捐银三千两,苏松太道吴其泰捐银五千两,前任苏州府知府沈兆沄、署常熟县事试用知县蓝蔚雯各捐银一千两,昭文县知县张绥组捐银六千两……安徽候选道章廷榜所捐二万两。"

道光年间,江苏省宝山县筑堤工事费 20 万两中,官界捐输额,据《林文忠公政书·江苏奏稿》卷七《验收宝山县海塘工程折》载称："升任藩司陈銮捐银三千两,解任苏松太道杨金城捐银三千两,护理苏太道苏州府知府汪忠增捐银三千两,太仓州知州李正鼎捐银三千两,宝山县知县毛正坦捐银六千两,署上海县事元和县知县黄冕捐银三千两,署嘉定县知县王锡九捐银一千五百两。"

道光年间,为补救云南省军事费,官界捐输额,据《林文忠公政书》丙集《云贵奏稿》卷九《迤西移改协营添设泛兵折》中载称:"大理府知府唐惇培捐银二千两,准升蒙化同知汪之旭捐银一万两,腾越厅同知彭崧毓捐银三千两,共银一万五千两。"

如例所示,举凡水利、土木、军事等种种财政支出的补救中,不断地强要官吏捐输,这不仅是一种讽刺,而且关系重大。如前面曾提及的甘肃米捐大疑狱事件,就是以官吏的捐输为机缘而发觉的。原来甘肃前任藩司王亶望,捐输筑堤工事银 5,000 两,在年俸 4 万两中,捐输如此巨额当不可能,因之为庙议所疑惑,遂敕使前往查勘,而举发了连坐百数十名的大疑狱事件。⑫

捐输制度,原创始于康熙朝三藩之乱时补助军事费的需要。⑬只以这种侵害生活的制度来说,官吏的私曲就不能免除。虽然,捐输额巨大,又造成官吏倾身的诱因,如甘肃米捐例。所以捐输不可,不捐输又不可的尴尬场面中, 充分显示了这个国家的官吏身份的脆弱性。

(2)减俸

咸丰三年(一八五三年),太平天国运动之际,曾一时中止支给别俸式的养廉银,减俸额甚为巨大⑭,因为这时的养廉银原较正俸为多。⑮可看下例:

武官三品以上　二成支给(八成移当军事费)

文官一品至七品　六成支给(四成移当军事费)

(3)革职

同一官吏,由于皇帝,而评价各异。如顺治帝的摄政多尔衮在顺治八年(一六五一年)卒时,因生前功勋,追谥尊号,后由于谗者诬陷,谥号及宗籍悉被剥夺,至乾隆四十三年(一七七八年),再被昭雪后,赠予谥号的事实。⑯又如雍正帝所信赖的治水名臣田文镜,雍正九年(一七三一年)卒后,赐赠谥号,乾隆帝时贬下的事实。⑰

至于对属于外来的不可抗拒的事件,则稍有瑕疵,不仅立加革职,而且用流谪的酷刑处置。如嘉庆十三年(一八○八年),关于有名的英舰澳门袭击事件,两广总督吴熊光,革职发遣伊犁的事实。⑱如印度总督阿姆阿斯特的招待缺席事件,嘉庆帝大加震怒时,负责接待的工部尚书苏楞额、户部尚书和世泰、内务府大臣广惠等,立即革职的事实。⑲如道光年间,鸦片对策纠纷之际,许乃济的许可鸦片输入提案,遭邓廷桢等反对,忽庙议一变,许乃济被革职的事实。⑳最为酷薄的待遇,无过于林则徐一人负担鸦片战争失败责任,道光帝从满洲大臣穆彰阿之议,遣发林则徐去伊犁的事实。

以上诸例,说明了这个国家中并无官吏身份保障制度,官吏的升降黜陟,一凭皇帝的喜怒哀乐,臣工们时时战栗于"伴君如伴虎"的恐惧中。这种特殊的政治形态,弊害自然极大。官吏身份,常暴露出危机,成为脆弱而且浮动的存在。仅此而论,现职官吏的私财积蓄,一旦为应付急需,就有被皇帝"抢劫"之虞,化作骑人的马刺一样的东西。然而,这又构成一种恶性循环,这时,官吏们做官并不计及俸给多寡,只是拼命地为私蓄而积蓄,皇帝取之官吏,官吏又向民众补回损失,羊毛出在羊身上,倒霉的还是老百姓。因之,官吏企业,成为清代经济社会中最为典型的营利活动——利润积蓄形态。在下引的乾隆帝的上谕中,可以推见这种理论:

> 恒文、良乡、蒋州、高积、钱度,以收敛赃私,自应按律治罪……乃近日复有李侍尧贪赃营私,汪圻竟有馈送金银之事。昨据和珅查奏,李侍尧勒索属员之银两累千累万……督抚养廉丰厚,岁入一二万金,何有不足,而复贪饕无厌……㉑

所以,百日改革的志士康有为,在其改革意见中有"以厚俸禄,养廉耻,止捐输"㉑之言,可谓洞悉官吏企业的本质及其弊害,发而为中肯切要之论。

【附注】

① *Chinese Repository*, Vol.5, 1836, *Description of the Agricultural Implements Used by the Chinese*, P.486.

② 《清朝野史大观》,卷三,《清朝史料·查抄和珅家产清单》《和珅家产之籍没》;卷六,《清人逸事·和珅之家财》。另参照范文澜《中国通史简编》,页六百五十五。

③ 梁启超,《中国四十年来大事记》,页八十五。

④ 田中忠夫,《革命支那农村的实证的研究》,页八。

⑤ 萧一山,《清代通史》,中,页一百九十一——一百九十八、二百六十七。《清朝野史大观》,卷六,《清人逸事·和珅纳财》。

⑥ 范文澜,《中国通史简编》,页六百五十五—六百七十四。

⑦ 萧一山,《清代通史》,中,页一百九十九。

⑧ 萧一山,《清代通史》,中,页二百二。

⑨ 萧一山,《清代通史》,中,页三百三十一。

⑩ 梁启超,《中国四十年来大事记》,页八十五。

⑪ 萧一山,《清代通史》,中,页三百八十二—三百八十三。

⑫ 《粤海关志》,卷一,《皇朝训典》。

⑬ 《中国财政史辑要》,卷二十六,《征商下》。

⑭ 《高宗纯皇帝圣训》,卷七十。

⑮ 范文澜,《中国通史简编》,页六百五十六。

⑯ 《高宗纯皇帝圣训》,卷七十三。

⑰ 《高宗纯皇帝圣训》,卷一百六十一。

⑱ 《高宗纯皇帝圣训》,卷一百三十八,《乾隆元年十一月》。

⑲ 《高宗纯皇帝圣训》,卷一百三十八,《乾隆元年十二月》。

⑳ 范文澜,《中国通史简编》,页六百五十六。

㉑ 萧一山,《清代通史》,中,页七百六十三。

㉒ 《曾文正公全集书札》,卷九,《覆毛寄云中丞》。

㉓ 《粤海关志》,卷一,《皇朝训典》。

㉔ 《高宗纯皇帝圣训》,卷一。

㉕ 山内英太郎，《清国染织业视察复命书》（农商务省，明治三十二年，引自平濑己之吉，《近代支那经济史》，页二百二十五—二百二十六）。

㉖ 日比野新七，《清国陶器业视察报告书》（明治三十九年，引自平濑己之吉，《近代支那经济史》，页二百二十六）。

㉗《高宗纯皇帝圣训》，卷九十一。

㉘ 梁嘉彬，《广东十三行考》，页一百六十七。

㉙ 梁嘉彬，《广东十三行考》，页一百九十七—一百九十八。

㉚ 萧一山，《清代通史》，中，页八百六十五。

㉛《国朝柔远记》，卷五，《乾隆二十九年·七月罢闽浙总督杨廷璋》。

㉜ 梁嘉彬，《广东十三行考》，页四百〇二。

Hunter, *The Fankwae*, etc., P.P.38—39.

㉝《筹办夷务始末·道光朝卷》之一《道光十六年许乃济奏》。

㉞ 新村出，《元治七年幕吏的上海视察记》（引自平濑己之吉，《近代支那经济史》，页二百二十八—二百二十九）。

㉟《高宗纯皇帝圣训》，卷二百五十。

㊱ A.H.Smith, *Village Life in China*, P.132.

㊲ 长野朗，《支那资本主义发达史》，页七。

㊳ 长野朗，《支那资本主义发达史》，页八。

范文澜，《中国通史简编》，页二十六、七十一—七十三、九十六、一百〇七、一百八十一—一百八十一、二百、二百六十八、五百一十八、六百四十六—六百四十八。

陈恭禄，《中国近代史》，页七百七十。

㊴ 长野朗，《支那资本主义发达史》，页十三—十七。

㊵ 陈恭禄，《中国近代史》，页六百六十八。

㊶ 长野朗，《支那资本主义发达史》，页九—十二。

㊷《高宗纯皇帝圣训》，卷六，《乾隆五十九年七月》。

萧一山，《清代通史》，中，页二百一—二百二。

㊸《清朝野史大观》，卷三，《清朝史料·开捐之始》。

㊹ 松井义夫，《清朝经费之研究》，（三）。

㊺ 萧一山，《清代通史》，中，页三百八十四—三百九十三诸表比较之。

㊻ 萧一山，《清代通史》，上，页九十六、三百五十五—三百五十九。

㊼ 萧一山，《清代通史》，上，页七百二十九。

㊽《国朝柔远记》，卷七，《嘉庆十四年·夏四月吴熊光谪戍伊犁》。

梁嘉彬，《广东十三行考》，页一百五十三。

萧一山，《清代通史》，中，页二百六十六。

㊾《国朝柔远记》，卷七，《嘉庆二十一年·秋七月苏楞额和世泰广惠等降革有差》。

㊿ 梁嘉彬，《广东十三行考》，页二百〇六。

(51)《高宗纯皇帝圣训》，卷一百九十二，《乾隆四十五年三月》。

(52) 梁启超，《戊戌政变记》，页七。

第四节 官吏企业体与民间资本
（官界对于民间资本的本质的嫌忌）

官吏企业体，因为对于民间一般资本长成的嫌忌，一般民间资本不仅受不到官方的保护，育成的照料，反而受到摧残和压抑，使中国产业发达处于一种萎缩、破灭的不幸状态。早如顺治初年，京师富豪李三，被借口奢侈而遭诛杀[1]，这不仅是廷室大权集中政策的示威表现，而且是官界对一般民间资本本质的嫌忌的好例。这种极端的事例的表征，是有清一代对于民间资本的不断的摧灭，这种摧灭的契机，就是苛税＝勒索和强制捐输。如南通的纺织王张謇，就是这种明见，认为若不和官界联携，任何事业计划都无法办成，这自然也是张謇本人亦官亦商的缘故。所以当他创设近代的纺织工厂于南通时（光绪二十五年四月），和两江总督刘坤一密切相连。[2]但是，和官界的联携，虽为企业发展的**必要**的条件，而并不算**充分**的条件。清末群起的官督商办企业的纷纷失败的事实就是证明。从古以来，所谓官商频频破产的道理也在这里。可先看下引林则徐的上奏：

为奏苏省办铜官商赔累难支，恳请酌复旧章。窃照苏省官商承办直隶、陕西、湖北、江西、浙江、江苏六省鼓铸洋铜事宜。前于嘉庆二年（一七九七年），奏定佥商王履阶承办，每百斤价例给银十三两五钱九分三厘，每年额办六省之洋铜共五十万五千九百六斤，历给价银六万八千七百七十八两七钱八分，豫给一年帑本。嗣王履阶之弟王日桂接办十有余年，铜帑两清，从无贻误。迨嘉庆十三年（一八〇八年），程洪然自愿减价投充官商，愿每百斤只请价银十二两，并先缴铜片，后领帑项。其意只图邀准，未计赔亏。自此更改旧章，不久因力乏告退后，商汪永增接办。仅止四年，亦即乏退。复奏举充旧商王日桂之子王宇安，以资熟手。当据该商禀请，复还旧制，未经准行，仍照减价后帑之例办理。王宇安连年赔累，屡次求退。因无人愿充，着令勉力承办。嗣据苏州府详据，现商王宇安，前商程洪然，率请改易章程，以减价后帑连年亏累，致资本全空，禀求恢复旧章，仍领十三两五钱九分三厘之价，预请一年帑本，俾得源源办运等情……查苏局之洋铜，为六省鼓铸之需要，若不酌复旧章，必致缺误。③

上奏文中，老实地说出了江苏省鼓铸洋铜的官商的经营困难的实情。作为中国的普遍的支付手段，唯一的国定货币铜钱的铸造，是冠冕堂皇的国家企业，所以，民间包工业者的官商，当系赋有特权的官商。然而在林则徐的奏文中却说明了由于官商的经济穷乏，不得不屡次更选经营者的事实，却由于铸造手续费——企业利润过少，反言之，即企业成本的过高这一原因。官商，就连典型的国家企业货币铸造的包工制官商，亦不得不在苛税的重轭下，停止其合理的经营。苛税之对于企业的合理的发展，更推广来说，对于经济社会的合理发展，起如何桎梏作用，由林则徐所奏一事中，充分证明了。

然而苛税的在近代的租税制度以前的本质，最明显表现出来的，就是它的形态转化而来的捐输。这种对官吏自身流用的强制捐输，在清代 Hievarchie 的国家中，渐又转化为对一般民间资本的流用。清代的二大商人资本，两淮盐商及广东十三行商人，亦不免为这种重轭所苦。甚至在两淮盐票最为典隆的乾隆期，由于这种强制输捐，而变成了两淮盐商最为痛苦的时代。兹依据史实制成两淮盐商捐输额一表列上，于此可见两淮盐商在强制捐输中如何繁重而且过大。

两淮盐商捐输额(单位:银两)

年次	军需报效	助赈报效	助工报效	备公报效	总计	摘要
乾隆三年(一七三八年)	——	174,476	300,000	——	474,476	贵州苗乱江南水利
六年(一七四一年)	——	71,049	——	——	71,049	永定河工
七年(一七四二年)	——	300,000	——	——	300,000	
九年(一七四四年)	——	——	——	310,000	310,000	
十一年(一七四六年)	——	200,000	——	300,000	500,000	大金川役
十二年(一七四七年)	——	——	——	160,000	160,000	
十三年(一七四八年)	800,000	——	——	200,000	1,000,000	大金川平定
十四年(一七四九年)	——	——	——	1,000,000	1,000,000	
十八年(一七五三年)	——	300,000	——	——	300,000	
二十年(一七五五年)	1,000,000	——	——	——	1,000,100	准噶尔役
二十二年(一七五七年)	1,000,000	——	——	1,000,000	1,000,000	准部平定
二十三年(一七五八年)	1,000,000	——	——	——	1,000,000	叶尔羌回教乱
二十四年(一七五九年)	——	21,826	17,600	——	39,436	回部平定
二十五年(一七六〇年)	——	——	——	100,000	100,000	廓尔喀部泥波尔部役
二十六年(一七六一年)	——	——	——	1,000,000	1,000,000	
三十二年(一七六七年)	——	——	——	1,000,000	1,000,000	缅甸役
三十六年(一七七一年)	——	16,960	——	2,000,000	2,016,960	小金川役
三十八年(一七七三年)	4,000,000	——	——	——	4,000,000	小金川役

（续表）

年次	军需报效	助赈报效	助工报效	备公报效	总计	摘要
四十五年(一七八〇年)	—	—	—	1,000,000	1,000,000	
四十六年(一七八一年)	—	19,120	—	—	19,120	甘肃回乱
四十七年(一七八二年)	—	—	2,000,000	—	2,000,000	
四十九年(一七八四年)	—	—	—	1,000,000	1,000,000	甘回平定
五十一年(一七八六年)	—	3,920	—	—	3,920	台湾叛乱
五十三年(一七八八年)	2,000,000	1,000,000	—	—	3,000,000	台湾役
五十五年(一七九〇年)	—	—	—	2,000,000	2,000,000	安南役
五十七年(一七九二年)	4,000,000	—	—	—	4,000,000	廓尔隆役
六十年(一七九五年)	2,000,000	—	—	—	2,000,000	贵州苗乱
乾隆朝计	14,800,000	2,107,351	2,317,600	9,270,000	28,494,951	
嘉庆四年(一七九九年)	2,000,000	—	—	—	2,000,000	
五年(一八〇〇年)	500,000	—	500,000	—	1,000,000	四川教匪乱
六年(一八〇一年)	2,000,000	100,000	—	—	2,100,000	永定河泛滥、四川湖南教
七年(一八〇二年)						匪役、教匪乱平定
八年(一八〇三年)	1,000,000	—	1,200,000	—	2,200,000	讨平浙江沿海海贼
九年(一八〇四年)	—	200,000	1,400,000	—	1,600,000	
嘉庆朝计	5,500,000	300,000	3,100,000	—	8,900,000	
乾隆、嘉庆两朝合计	20,300,000	2,407,351	5,417,600	9,270,000	37,394,951	

备考：

（1）本表据刘隽《道光朝两淮废引改票始末》（原典系《盐法志捐输》作成；摘要栏据萧一山《清代通史》作成）。

（2）军需报效系军事费补助，助赈报效系赈恤费补助，助工报效系土木费补助，备公报效系一般国库补助（如帝室之诞生，祝寿等项）。其中须注意者，为军事费补助一项在捐输中占最高数额。

由于上列这样庞大数额的强制捐输，使两淮盐商极度疲惫，道光年间的两淮盐法改革的动机之一，就是从此形成的。虽然在改革法案以前已经预发官给帑银，而且不得不屡屡减免盐税，少给盐商以喘气机会。④在这种场合，减免税政策实与苛税互成表里，所谓减免税者，不过像对受刑濒死的人给予一碗开水喝喝，以暂安定休养其精神，为下一步的刑法做准备工作而已。事实说来，由于苛税及减免税这一种政策的两种方式像红白血球似的在盐业的血管中恶性循环不已，盐业的发展完全被窒息了。而且这种恶性循环，不仅盐业受祸如此，举凡清代一切产业都为其祸害，仅此而论，清代产业绝无发展的余地。

广东十三行商，当亦不免遭此劫运。康熙五十九年（一七二〇年）为数十六家的行商，乾隆三年（一七三八年）为十一家，四十四年（一七七九年）为八家，四十六年（一七八一年）为四家，四十七年（一七八二年）为九家，五十六年（一七九一年）为五家，五十七年（一七九二年）为十二家，嘉庆十八年（一八一三年）为十家，道光十七年（一八三七年）为十三家，道光十八年（一八三八年）为十一家⑤，这种增减无常的现象，一直到鸦片战争爆发。在行商增减数中则意味了旧商破产与新商参加的新陈代谢作用。道光九年（一八二九年）粤海监督延隆的奏文中，可以说明这个道理：

> 窃照粤省外洋行，从前共有十三家。在西关外……向称十三行街，至今独存其名，惟近年只存怡和等七行，其余六

家，或因经营不善，或因资本消乏，陆续闭歇。自应另招新
商，随歇随补，方可以复旧观。⑥

　　政府所以补充新商，常需保持行商定数的原因，不过为严密贸
易管理行政，力防走私贸易⑦，所以不断补入新商，以为继续。至于陆
续倒闭的行商，无论是由于经营不善，或资本消乏，倒闭总是事实。
然而实际考查起来，以对外贸易而常博巨利的行商，其所以新陈代
谢的最大原因，实非由于资本消乏，而全系由于苛税＝捐输所致。这
都是有稽可征的实事。例如：嘉庆初年，英船秘密输入羊毛之际，其
保商丽泉行潘长耀，被科以百倍之罚金，该行因之开始经营困难的
事实⑧，嘉庆六年（一八〇一年），同文行潘启官被海关监督勒索50
万两，经与其家属暗中协议，准减额为10万两，监督则坚持非30万
两不可的事实。⑨同年，海关对各行商加征294种之货物税的事实⑩
——凡此事实，都说明了行商经营困难＝破产的原因所在，这些例
子不过是聊供参考的小例而已。现再将行商如何供给巨大的强制捐
输事实，制表于下：

广东商人捐输额（单位：万两）

年次	捐输额	捐输者	理由
乾隆三十八年（一七七三年）	20	行商　盐商	金川役
五十二年（一七八七年）	30	潘启官	台湾役
五十七年（一七九二年）	60	蔡世文　盐商	廓尔喀役
嘉庆四年（一七九九年）	40	潘启官　盐商	苗乱
五年（一八〇〇年）	50	行商　盐商	川陕匪乱
六年（一八〇一年）	15 50	行商　盐商 潘启官　盐商	祝川陕匪乱平定 永定河工
八年（一八〇三年）	20	潘启官　盐商	祝教匪平定
九年（一八〇四年）	40 12	行商　盐商 潘启官　盐商	河南衡家楼河工 海船建造
十一年（一八〇六年）	20	行商　盐商	海贼讨伐
十四年（一八〇九年）	12 8	行商 盐商	嘉庆帝五十岁祝寿
十六年（一八一一年）	60	卢观恒	南河河工

(续表)

年次	捐输额	捐输者	理由
十九年(一八一四年)	24 16	行商 盐商	军事费
二十五年(一八二〇年)	60 40	行商 盐商	武陟土木费
道光六年(一八二六年)	60 40	伍敦元 盐商	新疆回乱
十二年(一八三二年)	10 11 10	伍沛官 行商 盐商	广东瑶乱
计六十年(只限于行商)	395		

备考:

(1) 据梁嘉彬《广东十三行考》页四〇四—四〇八作成 (原典出于《两广盐法志》)。

(2) 盐商系指广东广西盐商。两广盐商亦因资本雄厚,成为捐输对象。

(3) 潘氏为同文行,蔡氏为逢源行,卢氏为广利行,伍氏为怡和行。

像这样程度的征收苛税,难怪嘉庆帝不得不说出这样近乎良心发现的话:"该处洋商向有十三行,现只存八家,其积年消乏可知,且该商等捐输报效已非一次,自当培养商行,令其家道殷实,方不稍形疲累……至增备贡银一节……勿庸加增,以示体恤。"⑪

这种因苛税＝捐输而来的资本消乏,必至使行商负债累增。惟行商的债权人为外国人,这点是行商与国内一般产业界相异的特质。因之,行商对外贸易独占达到最高点的乾隆时代,却又因对外负债,而成为行商破产频仍的时期。据《粤海关志》所载,乾隆四十二年(一七七七年)三月丰进行倪文宏的破产(货币及商品负债总额11,000两余)。四十五年(一七八〇年)七月泰利行颜时瑛、裕源行张天球的破产,四十九年(一七八四年)九月义丰行蔡昭复的破产(货币负债166,000两余),五十六年(一七九一年)吴昭平的破产,六十年(一七九五年)七月而益行石中和的破产(货币及商品负债计

598,000 两余），嘉庆十五年（一八一〇年）福隆行邓兆和的逃亡，可见一斑。[12]

再有，行商一旦陷于负债的深渊，由于对外贸易的特殊方法，多数到了不能自拔的境地。因为外国人定为八、九月来广，十、十一月必须归国，其残余未卖商品，须委托行商经理，而其下次来广须有数年以后，这样，必至达到"其本银即按年起利，利银又复作本起利，以本利辗转积算，愈积愈多，商人因循负累，久而偿无"[13]这样狼狈的境地。仅就乾隆二十四年（一七五九年）曾明令严禁行商对外借债一点看来[14]，可见利息率高昂所及的影响。例如乾隆四十四年（一七七九年）即有八家行商多少不免负债，泰和行颜时瑛、裕源行张天球、义丰行蔡昭复、广顺行陈 Cowqua 四行负债原本在 1,078,976 圆以上，计算复利，本利合计即为 3,808,076 圆。[15]政府有鉴及此，为防止因此而惹起的外国人祸患，禁止外国人放债（乾隆四十五年七月），更规定每年贸易清算残存不得逾 10 万两余（乾隆六十年）。[16]虽然这样，然行商负债已成为机构的必然现象，这样一片旨令，到底无从贯彻。起初，政府尚以传统的慈惠政策精神准对外负债，用官本代为偿还[17]，后以破产层出不穷，政府的慈惠政策亦宣告破产，改用行商的连带责任制，只求利用。在前章中所论及的总商＝保商连带责任制度，就是在这种情势的要求下设立的，是政府的最为精密的利用政策。所以总商＝保商制度，并非出发于行商自体的自主的意志，而是政府的利用政策的运用中由官设立的。可是，不图这种连带责任制，竟使一般行商皆卷入连带的破产旋涡中[18]，生出一匹马一次发狂千匹马跟着发狂的悲哀现象。

而且，一度宣告破产的行商，再无参加资本活动的机会。他们照"交结外国诓骗财物例"，被发遣伊犁充军，去服军屯苦役。官吏流谪地的伊犁，广东人呼为 "Colo Country"（Colo 系 Cold 的洋泾浜英语）的未知地，不图行商于数年后竟前来陪伴，从此再要回到生身地的故乡，除非是为了要埋葬祖茔，尸骨的还乡。[19]这就是象征清末一般民间资本的悲剧的终结。但这也说明了与其积蓄资本还不如趁肥吃掉资本的军事封建性格的清朝政治形态的本质。

【附注】

① 萧一山，《清代通史》，上，页三百六十四。

② 张孝若，《南通张季直先生传记》，页六十八—六十九。

③ 《林文忠公政书》，甲集，《江苏奏稿》，卷四，《会奏官铜商办运洋铜请复旧章折》。

④ 关于减免盐税，可参照下列书：(1)《高宗纯皇帝圣训》，卷七十一—八十五、卷一百三十八——百六十一。(2)《中国财政史辑要》，卷二十八，《盐法》。

⑤ 梁嘉彬，《广东十三行考》，页二百二十一——二百二十二、三百七十。

⑥ 《粤海关志》，卷二十五，《行商》。

⑦ 《粤海关志》，卷二十五，《行商》。

⑧ H.B.Morse，*The Chronicles*，etc.，Vol.Ⅱ.P.P.283，360—362，365.

⑨ H.B.Morse，*The Chronicles*，etc.，Vol.Ⅱ.P.P.283，360—362，365.

⑩ H.B.Morse，*The Chronicles*，etc.，Vol.Ⅱ.P.P.283，360—362，365.

⑪ 故宫博物院编，《嘉庆外交资料》，卷一，《嘉庆六年谕》。

⑫ 《粤海关志》，卷二十五，《行商》——惟在 Morse，梁嘉彬两氏著作中，更举有详细的事例。

⑬ 《粤海关志》，卷二十五，《行商》——惟在 Morse，梁嘉彬两氏著作中，更举有详细的事例。

⑭ 《粤海关志》，卷二十八，《夷商三·部覆两广总督李侍尧议》(乾隆二十四年)。

⑮ H.B.Morse，*The Chronicles*，etc.，Vol.Ⅱ.P.P.44—45。

⑯ 《粤海关志》，卷二十五，《行商》。

⑰ 《粤海关志》，卷二十五，《行商》。

⑱ 梁嘉彬，《广东十三行考》。

⑲ Hunter，*The Fankwae*，etc.，P.24.——在本书中，Hunter 氏对于行商流谪模样，有很好的描写，兹节译如下：

"出发准备完成后，公役来，行商与其他罪人一齐乘船。亲友前来告别。船自夷馆解缆。亲友信件交犯人，信内述及同情之意，并由同辈商人及亲友送银若干，银额大小，政府或户部皆不干预。当时，需款在万圆，因旅行非数月不可。下船后，在旱路上，或乘竹椅或乘驴马或徒步，一直到目的地。"

第三编　清末产业的诸系列

第一章　清末的制造业

第一节　茶　业

A. 茶业考察之经济史的意义

茶商品在中国经济史上所具的意义,应该予以明确之认识及把握。

（一）市场的形成及发展

明末学者顾炎武有云:"茶字自中唐始变作茶……茶有三……苦菜也……茅莠也……陆草也。"（见《日知录》卷之七《茶》）据此而论,茶字之由荼字变成独立的存在和意味的中唐,并以实体之茶业而论,亦系由其中部诸省（湖北、湖南、河南、浙江、江苏、江西、福建、广东、安徽、陕西、四川、贵州）发祥地扩大其销路至华北以至塞外,成为普遍化的大众生活必需品的划期时代。①宋代纸币"交子"的先驱者"飞钱"的最早的出现,及江西省浮梁县（最主要产茶地）大商人"浮梁之商"的出现,亦都是对应茶市场形成的唐代产物。②因之,茶商品和盐都是以中国交换经济中最古的和最大的担当者及促成者的姿态而出现者。一方面,由于茶被采为课税对象就是一个旁证。即在唐建中元年（七八〇年）,经户部侍郎赵赞的议奏,为补救军事费用,茶与漆、竹、木三者同时被课税 10%③,而开后来茶税之端,仅以此事看来,茶在当时商品化的程度及交易旺盛情况,亦足资说明。与这种现象相表里的是明代的以茶支付官吏俸给。如洪武三年(一三七〇年),以茶发付河州军兵饷,洪熙元年(一四二五年),四川省发茶以代官俸,正统六年(一四四一年),甘肃官俸以茶代发,同八年(一四四三年),甘肃官俸军饷皆以茶代发。④这种方法,清代因袭应用,如在乾隆二十四年(一七五九年),经内阁学士钱齐奏准,甘肃省五镇宫,以银七茶三比例发给军饷。⑤其中道理,分析起来,不外:(1)为省却米、帛、绸等远距离输送之劳;(2)为恐官茶日久变质;(3)由于茶业生产之日趋高度,官茶增收的结果;(4)因茶交易之普遍化,在任何场合可与一般物等价通用,以至茶由交换价值而获得使用价值⑥——这些原因。

清代茶商品,背负了这种历史背境而出现。所以在清代时来访中国的外国人眼中,对于社会各阶层的饮茶习惯,达到可叹观止的渗透度的情形,非常奇怪。例如,十八世纪末叶,随马可托尼伯爵来华的史坦顿(S. G. L. Staunton)的记录⑦,十九世纪四十年代末马丁(R. M. Martin)所写的报告⑧,十九世纪末叶威廉(Wells Williams)所写的著作⑨,都可见这种批评和赞叹。甚至如马丁氏,竟有这样的议论,以为营养不足的菜食民族,由于过度的饮茶习惯,因茶所特有的刺激神经系统作用,当然有害肉体,而必然地染上吸食鸦片的恶习。⑩——这虽是对英帝国主义以鸦片毒化中国人的辩护,而将英帝国主义的败德无耻行为,轻轻地归罪于中国人的生理必然作用,但亦同时说明了清代饮茶习惯的渗透于各阶层民众的深度,以至帝国主义的学者顺手拿来作为侵略行为的辩护武器。由此而论,当可推知清末茶市场的广泛的分布情形,仅以这种国内市场的广泛性而论,当又可推知清末茶业制造的发展可能性。

不过,就市场的形成一面而论,较国内市场盛况有加无减的是国外市场。在阿拔斯王朝(Abbas)创立之时(七五〇年),随其经济活动的扩大化,阿拉伯商人之出入于唐代的南海诸港,就是因为早已注目于中国之茶。⑪至于茶的最大顾客欧洲人之注目于这一世界商品,则属于所谓欧化东渐期以后。在《马可·勃罗游记》中,未尝一言论及关于茶的事情,可见该时欧洲人对于茶贸易尚无若何关心,足资明证。中国茶的欧洲介绍人,是一六〇二年创设荷兰东印度公司后的荷兰人。⑫再者,tea 一字系起源于中国音,由最初茶的输出港厦门的方言 toy 转讹而来。⑬但北京和广州叫茶为 cha,上海叫 dzo,福州叫 ta——有这些讹音的存在,俄国人及葡萄牙人叫 cha,西班牙人叫 te 或 tay,意大利人叫 te 或 cha——有这样的应用。⑭据此以观,由于这种表现历史社会生活的言语的同一性的应用,可以明了茶实在是中国与欧洲间的纽带性事物。可是这种纽带的最大的极度,是十九世纪鸦片悲剧的主角英国。英国开始出现关于茶的记录,是一六六〇年英国议会条令上有关于茶的议决的出现⑮,一六七〇年英国输入茶仅 79 磅,至一六八五年而 12,070 磅,一七二五年大不列颠的消费量至 375,000 磅以上。⑯故英国对清茶输入的飞跃的增大,系在《交换令》(Commutation Act)发生以后。换言之,在一七八七年,英国始压倒其他竞争诸国的输入总计,而达到独占的地位。下表表示得明白:

英国船只及外国船只自清国输出茶统计

年次	英国		外国		计	
	船只	磅	船只	磅	船只	磅
一七七六年	5	3,402,415	12	12,841,500	17	16,243,915
一七七七年	8	5,673,434	13	16,112,000	21	21,785,434
一七七八年	9	6,392,788	15	13,302,700	24	19,695,488
一七七九年	7	4,372,021	11	11,302,300	18	15,674,321
一七八〇年	— ★	—	10	12,673,700	10	12,673,700
一七八一年	17	11,592,819	10	11,725,600	27	23,318,419
一七八二年	9	6,857,731	5	7,385,800	14	14,243,531
一七八三年	6	4,138,295	16	14,630,200 ▲	22	18,768,495
一七八四年	13	9,916,760	21	19,072,300	34	28,989,060

（续表）

年次	英国		外国		计	
	船只	磅	船只	磅	船只	磅
一七八五年	14	10,583,628	18	▲17,531,000	32	28,114,728
一七八六年	18	13,480,691	13	▲16,410,900	31	29,891,591
一七八七年	27	20,610,919	14	11,347,020	41	31,957,939
一七八八年	29	22,090,703	15	14,328,900	44	36,425,603
一七八九年	27	20,141,745	15	11,064,700	42	31,206,445
一七九〇年	21	17,991,032	21	10,267,400	42	28,258,432
一七九一年	25	22,369,620	10	3,034,600	35	25,404,280
一七九二年	11	13,185,467	12	6,294,930	23	19,480,397
一七九三年	16	16,005,414	19	9,403,200	35	25,408,614
一七九四年	18	20,728,705	12	5,436,930	30	26,165,635
一七九五年	21	23,733,810	14	5,577,200	35	29,311,010

备考：

1. 本表据 S.G.L.Staunton，*An Authentic Account of an Embassy*，etc.，Vol.Ⅲ. Appendix Ⅶ.及 S.G.T.Staunton，*Miscellaneous Notices*，etc.，两书作成。

2. 有★记号者，系前年到达；▲记号多的原因系 *Commutation Act*（act.，1784）生效时先行到达者。

3. "外国"一项中，主要为荷兰、美国、瑞典、丹麦、法国。

4. "英国"一项中包括个人。

这样，英国成为清国茶输出的独占国了，这时，英皇派遣马加得尼来华有了必要。虽然，这时也投下了鸦片战争的阴影。该时的英国不仅是茶的消费者，而且成为茶的再输出者，一七一〇年——一八一〇年之一百年间，"不仅经营买卖，更进而支配印度命运"（威尔斯语)⑫的东印度公司贩卖额 750,219,016 磅之中，再输出额占 15%，即 116,470,675 磅⑬，形成了清代最大的茶业市场。茶商品之所以充任了清代经济史的悲剧的主角，真实就在这里。

原来之茶输出路线，即在江南地方，亦系以福建（红茶），安徽

（绿茶），江西（两种）为产地，以江西省河口为集散地，由此沿赣江南下，至大庾岭，再由人力运至莫林关，便由南雄沿北江而至广州黄埔。由茶山至输出港距离在 2,400 余里，费时一二个月。但在嘉庆十八年（一八一三年），英国夷馆，自福州用船运茶 1,019,720 磅至广州仅需时十三日。在嗣后三年中，由船舶输送之茶，达八九百磅。由此，陆路运输远不及海上运输为便的道理，非常明白，而十三行商人基尔特之存在，成了茶商品自由调度的障碍。所以道光十九年（一八三九年），有 George Larpent，在伦敦向英国政府要求撤废十三行商人基尔特，并开港福州、厦门之举。[19]至此，悲剧勃发。虽然，悲剧的序幕闭幕后，在新悲剧的第二幕开启之时，茶叶作为主角的庄严地位，渐次失却，锡兰茶已经抬头。关于此时的茶商品输出外国市场情形，列表于下：

清末茶输出所占之地位（单位：千海关两）

年次	茶	总额	%	年次	茶	总额	%
一八六八年	34,266	61,826	55	一八八六年	33,505	77,027	43
一八七〇年	27,617	55,295	49	一八八八年	30,293	92,401	32
一八七二年	40,211	75,288	53	一八九〇年	26,663	87,144	30
一八七四年	36,826	66,713	55	一八九二年	25,984	102,584	25
一八七六年	36,647	80,851	46	一八九四年	31,855	128,105	24
一八七八年	32,013	67,172	47	一八九六年	30,157	131,081	23
一八八〇年	35,728	77,884	46	一八九八年	28,879	159,037	18
一八八二年	31,332	67,337	46	一九〇〇年	25,445	158,997	16
一八八四年	29,055	67,148	43				

备考：

据《六十五年来中国国际贸易统计》作成。

因之，十九世纪六十年代末，占输出总额 55% 比率；二十世纪初头，尚占 16% 的地位的茶，一方面又控制着庞大国内市场的茶，关于其在清末的生产形态如何，当然具有必需考察的意义。仅此而论，即构成了茶在清末制造业中为重要的一环之理由。

（二）作为军事武器——马之交换手段的茶

自马其顿之王腓立(Philip)创设骑兵以来，马在前期社会中，作为军事武器，地位重大。穆罕默德的子孙——阿拉的信徒阿拉伯人，在中世纪侵入欧洲，建立回教大帝国(七一一年)和回教文化的基础，其重要资本之一就是依赖于军事武器的阿拉伯马。至于法兰克王国的宰相加里·马得耳(Charles Martel)，以中世纪之日耳曼佣兵，大破侵略者回教徒于都尔(Tours)，将克罗维斯(Clovis)所建之墨罗温王朝(The Merovingian Dynasty)，正式篡夺于其子丕平(Pepin)，则赖之于其雄厚财力所发挥的筑城技术。故马与筑城技术可谓中世纪社会的二大支柱。又如在北美平原土人的生活中，时时惹起激变的，亦种因于马。可见在机械以前的社会，马在军事生活中地位的重要。

中国之关于军事武器的马的重视，不下于任何时代的任何国家。先引乾隆帝上谕一则：

> 乾隆二年（一七三七年）十月上谕总理事务大臣：“国家马政，最关紧要。必平时牧养蕃息，斯可用以备缓急。从来用兵之时，需要马匹，俱发帑采买，为数甚多……夫牧养马匹，必须经理得宜，俾孳生蕃息，庶日见其多，方为有益。”[20]

乾隆帝的这种轸念，不仅代表了有清一代诸皇帝的轸念，亦代表了清朝以前的诸王朝的轸念。如在庄园制度开始确立的唐代，对于庄园时代的典型武器的马，曾有痛切的需要。在贞元三年(七八七年)七月，进献外交政策于德宗的李泌奏章中，有明显的证明：

> 臣愿陛下，北和回纥，南通云南，西结大食、天竺。如此则吐蕃自困，马亦易致。[21]

但是，帝王们所轸念的马的输入问题，并不是完全为了作为军事武器的应用，农业社会的当然要求，还有役畜这一原因。况且在清时，马的输入尤较牛、驴的输入价廉，故对于这种便宜的生产手段的马的输入，更属切要。这种情形，乾隆二十六年（一七六一年）三月阿桂的上奏中，说得明白：

> 购办内地牛、驴，较之哈萨克马价，一牛可值马四匹，一驴可值马二匹。现在伊犁、乌鲁木齐之贸易，马匹即多，且原属可用耕作，请将内地购办牛驴之处停止。㉒

上奏文中，说明了农业社会对于廉价的生产手段的马的需要。这里放下不论，来专门研讨军事武器的马的问题。

中国的军事武器，并不全凭赖马，而是还利用其他的火药及机炮以为武器。例如十一世纪，北宋仁宗时代，已用渗有硝石的火药及猛火油，"北宋军备渐重火器，是一个大进步"㉓，元朝至元十年（一二七三年），忽必烈军攻击襄阳时，曾用火药抛射石弹，这种抛石机可使300斤的重石自远方飞来，元军因得大捷。㉔可是宋代火药，仅能用作爆炸，至于发射火药的利用，大约在元末经阿拉伯人自欧洲再输入和传授而来㉕，因之，进于明代，渐有金属制火器的应用，散见各种记载中，而此时传来的佛郎机炮（正德末年，葡萄牙船到广东白沙，中国学得制法）及鸟枪（初由葡人传来，后由倭寇再输入而普及），在中国火器的发达史上成为划期。这些武器在实战中屡屡奏功，在十六世纪二十年代（正德末—嘉靖初），开始在广州制造佛郎机炮，嘉靖二年（一五二三年），由军器局制造大型佛郎机炮32副以供试用，嘉靖八年（一五二九年），准右都御史汪铉，即仅止于马的阶段。但明朝终竟灭亡了，这和南宋亡于蒙古人时，火器优于蒙古人而终于灭亡相同。优秀的军事技术并不能完全决定战争的命运，这是政治的责任。胜利了明朝的清朝虽然亦努力于新式武器的制造和经营，但在300年后，一九一一年，腐乱的政治到底敌不过人民的力量而灭亡了。想凭军事力量挽救其腐败统治的任何时代任何统治者，没有不遭到灭亡的惨败的。

再有，历朝的武器改良＝新军事技术采用，多在战争危机迫近的时候，尤其是文化阶段较低的国家，多半糊涂地将武器改良认为救急策,他们迷信武力万能,而基本上仍脱离不了马技术的基本线。这固然有限于当时的政治经济形态,但他们的专制性格所养成的盲目的自信力,亦负大半责任。在急需改良武器以应付当面危机的时候,也就是他们的顽固的自信力表面上在扩张实际上却是在萎缩的时候,而这种军事性范围以内的觉悟,当然丝毫无补于其覆亡。如在第二鸦片战争时,据当时目击圆明园的破坏者说,英国乔治三世派马可托尼来朝的时候, 曾赠乾隆帝炮车 1 架,12 磅之榴弹炮 2 枚,但当时清朝政权还在表面繁盛期,清廷对于这种后来鸦片战争英帝国主义用以侵略领土的"赠物",不仅未加警惕,予以研究应用,而且视为玩具,毫不介意㉚,当然,这个专制的王朝,当时并未想象到不久的将来他的子孙会为这种"赠物"弄得惊惶失措的表情面孔的。

由上所述,足见清朝及其先前的王朝,对于前期技术的马,视为重要军事武器的道理。不过,这种重要的军事武器并非散布全国的存在,而是只能依靠北方——塞外的供应。至于马的散布在北方的事实,系自然条件的限制。自动物史的见地来考察,世界的原产马地,有北美,第三纪时代,该处产生许多种属的马类。惟至第三纪时代末叶,南北美两大陆为一地峡所联结,而北美大陆与亚细亚大陆又为一地峡所接续,因之,马以该二地峡为通路,向南北移动。然因美洲大陆在出现人类的活动舞台以前, 马由于不明的原因而死灭,至以白令地峡为通路移动的马,则逐渐自北东亚细亚南下分散生存于大陆地带。㉛然又因自亚细亚大陆南下的马,在黄河及长江二大河川间的冲积土,即沼泽地带迷路,这个在自然斗争中的困难重重的洪水温床,一八五六年太平天国军北进所阻的天险,阻止了马的南下。这就是今日在雨量 800 毫米以下的旱田地带,马作为役蓄的主要形态的原因之一。南方稻田地带的役蓄的主要形态的牛,则系自亚细亚南部所来。观之水牛起源于印度的通说今日已被证实,当为不谬。㉜

因之,为确保这样重要的军事武器——马,历代王朝所采行的政策,发生了以下两种可注目的政治经济现象。

（一）奠定北方为首都与基本经济地带的构成

中国历代王朝的首都,除过极稀少的例外,常在北方奠定首都,这种事实,当然与马分布于北方有必然性的关联,所以首都才被限制于有牧草地＝牧马厂的干燥地带的北方。这是前期社会要求生活与战斗的统一性的必然的措施。可看清代牧地分布情形:

清代牧地＝牧马场表

属别	所在地	面积
镶黄旗	武清县、实坻县	东西 70 里南北 90 里
正白旗	天津	西北东北 42 里西南东南 65 里
正红旗	(1)瓮山(2)卢沟桥	(1)15 顷(2)27 顷 60 亩
镶白旗	通州	24 顷 80 亩
镶红旗	顺义县天笠马房村	35 顷 28 亩
正蓝旗	丰台王兰村	东西 30 里南北 50 里
镶蓝旗	(1)落草桥(2)庙房	(1)10 里(2)18 里
杨柽木牧厂	锦州广宁县彰武台边门外	东西 19 里南北 250 里
御马厂	独石口东北抟罗城	东西 130 里南北 197 里
元部牧厂	张家口西北察哈尔园察罕城	东西 46 里南北 65 里
太仆寺左翼牧厂	张家口东北喀喇呢	东西 130 里南北 50 里
太仆寺右翼牧厂	张家口西北齐齐尔罕河	东西 150 里南北 65 里
镶黄正白镶白	张家口西北诺穆罕	东西 130 里南北 250 里
正蓝四旗牧厂	搏啰山	

备考:

据萧一山《清代通史》,中,页四百四十一——四百四十二作成。

上表中所表现的事实是:牧地设于八旗所在地,八旗则为内廷禁近畿的护军设于皇帝所在地,皇帝之所在地则设于北方牧马的地带,北方的马与北方的牧草,当然是自然条件上的必然的结合。然而,又如上表中所见到的事实,牧地设置,事实上又不能完全仅限于京师附近,于是乾隆帝不得不发出下面的忠告:

至于京师亦需要马匹，而厂地多在口外，未免离京稍远……京师附近之密云、热河诸处，如有可安设马厂者，亦宜酌议安设，则调用更属近便。㉝

据上所论，可以认识前期社会对马如何着重与垂涎。因之，机械以前，马军事技术阶段的社会，不得不在北方奠定王朝的首都。

再有，由于上述事实，当然生出一种结果，即政权中心地的北方，无论在何种世代，由于又构成为政权的基本经济地带（Key Economic Area），而成了表示最大的威力，夸示，同时又是慈惠的场所。换言之，王朝的维持政权的政策，首先是在北方巩固集权化的基础，最为切要。冀朝鼎氏所谓的"基本经济地带"，虽由于时代关系，渐渐向南移动，但常常离不开关心北方的道理，就是这种历史的根据。就水利为指标来研究基本经济地带的构成，亦可看出其与首都所在地的紧密关系，而证实了上述的论断。

水利事业与首都所在地之关联表

省别＼王朝	春秋	战国	秦	汉	三国	晋	南北朝	隋	唐	五代	北末	南末	金	元	明	清
陕西	▲1		▲1	▲18	2	▲4		▲9	▲32	4	12	4	4	12	48	38
河南	▲1	▲3		▲19	▲10			4	11	▲	▲7		2	4	24	●843
山西	1			4	1	1	1	3	32		25		14	●29	●97	●156
直隶				5	1	2	3	1	24		20		▲4	▲2	▲22	▲542
甘肃				1	1				4		2			2	19	19
四川		1							15	1		4		1	5	19
江苏	3	2		1	3	▲2	▲8	1	18		43	74		28	234	62
安徽	1			1	3	3	4	1	12		7	9		2	30	41
浙江		2		4	2	3	2	2	44	1	86	▲185		87	480	175
江西				1		1	1		20	1	18	36		13	387	222
福建						2		4	29		45	63		24	212	219
广东									4	4	16	24		35	302	165
湖北						1					4	14		6	143	528
湖南				1				2	7	2	5			3	51	183
云南				1			1		1					7	20	292

备考：

(1) 据 Cho-Ting Chi, *Key Economic Area in Chinese History*, 1935, P.36.作成。（本书系据各年代地方志编译者）

(2) ▲表示王朝所在地。春秋战国形式上在河南洛邑。秦、前汉在陕西省长安。后汉、三国之魏、西晋在河南省洛阳。东晋、南朝在江苏省建康。隋、唐在陕西省长安。五代在河南省洛阳及开封。北宋在河南省开封。南宋在浙江省临安。金、元、明、清在直隶省燕京。可见首都多设北方。且首都所在地，特别注重水利以构成基本经济地带，当无疑问。所以北方成为集权的政治力的结晶点，而这种结晶点，系以马为杠杆而成立，则必须铭记。

(3) ●系表示因记录上有缺陷而不确实的数字。例如，清朝河南省为843，虽然为数巨大，而规模狭小。

(4) 唐朝浙江省为44，显示出南方初次追越北方，并注意首都所在地陕西省及唐王故乡山西省的数字。南方地位的向上，表示了基本经济地带的变动。总之，唐朝时为南方经济圈的抬头期，由本表中即可表明。

(5) 元、明、清三朝表示出基本经济地带向长江流域移动，而且广东省的重要性增大。但尤须注意该三朝对首都所在地直隶省的重大的顾虑性意味，方能把握本节之论点。

(6) 本表须仔细揣摩，与中国历史发展对照观察，当可看出中国经济的发展趋势，及每个王朝的经济状况与其兴衰的里因。

(二)茶马市场的设定

军事武器＝马所引起的第二政策，是出现了将马从产马地的塞外地域直接输入的方法。而在塞外地域所选用的马的交换手段，就是本节所论的茶。"以茶易马"是在唐代以来所行的传统方法，尤其在宋代，这种茶马贸易，达到极高度性的国家紧要措置地位。但在宋初，河东、陕西、四川三路，为吐蕃、回纥、党项等地输入马的通路，马价系以铜钱支付。[34]惟因恐惧铜钱支出影响兵器铸造的关系[35]，故在太平兴国八年（九八三年），改用茶及布帛支付[36]，更于熙宁七年，以银、帛、度牒等支付，然因银、帛非塞外诸族生活必需品，遂自元丰六年（一○八三年）起，专以茶支付。[37]因之，在陕西省秦州、凤州、燕河有茶马司的设置。㊳宋朝之茶马司政策，明朝继承下来，永乐三年，创设辽东茶马司及西关诸地(四川、陕西)之茶马司。㊴上述的史实中自身说明了其意义，原来西藏已经传染了唐代的饮茶风习，蒙古亦在明代陷入了这种汉习的深渊。㊵中央政府有鉴及此，而巧妙地以茶为手段，把握了四种效用：(1)马的交换手段；(2)塞外怀柔手段；(3)市场的扩大；(4)补助财政收入(茶税及茶专卖)等。而肉食者的塞外诸民族，由茶补给维生素 C 乃绝对的生活必要，以故他们不得不屡屡为中央政府的利用政策所牵引。茶在中国，是这样的一种具有如此伟力和历史的意味的商品！正因如此，历朝才屡次实施官茶专卖(私茶禁止)政策㊶，并为了试图增加生产，又特别地实行了绝对免除茶户的徭役(一三八一年)及无主茶园由军队经营的对策。㊷

　　上所引述的前代诸政策，处于同一经济阶段的清朝，当然即刻继承下来。如顺治二年制定陕西茶马事例，顺治十八年在北胜洲与达赖喇嘛及根部台吉协定"以茶易马"协约，康熙三十四年特派官开始管理茶马事务及频发私茶贸易禁令等㊸，及在乾隆二十二年，以许可贸易为条件要求哈萨克献马。㊹——从这些措置中，可见其注意力的一斑。而且，还把握了"马政事关紧要"㊺ (康熙三十四年给事中裴元佩条奏)及"以茶易马，柔远之义"㊻，这样与前代毫无差异的用意。只需以有这种以茶易马的对塞外政策而论，清朝在政治上又须有前进一步的举措，如很早地将西藏并入版图，强制蒙古王侯的年班(交替参觐)等。㊼

　　然而，茶商品系工业生产物，由于生产技术的发展，增产自有可能，至于劳动对象的马，增殖率却自有一定的自然界限。故在时间的进展中，茶马的交换比率，使前者不得不陷于吃亏境地。下列表中即可明了这种不利的情况：

茶马交换比率（马匹与茶的交付额）

年次 马种	明初	一三八四年	一三八八年	一四九〇年	一六四四年	一七二七年
上马	100斤	40斤	120斤	平均100斤	120斤	120斤
中马	70斤	30斤	70斤		90斤	90斤
下马	50斤	20斤	（驹）50斤		70斤	70斤

备考：

（1）据田中忠夫《塞外茶贸易史论》（《支那经济史研究》），页一三一——一三二作成。

（2）若再考虑到茶之品质由粗茶改良为细茶的事实，则实质上茶的交换比率之低下，较本表之表面数字更加低下。

由茶马交换比率，我们必须这样理解：在长期趋势中，自然的增殖率固定的马与金、银情形一样，价值尺度只能算是一种参考，换言之，它的价值系无尺度，所以在这种场合下，茶交换在比率的低下，不能解释为马价的腾贵，反之，只可认为系茶价的下落。而茶价的下落，则系由于生产技术或生产组织的进步，或生产费的低下及大量生产的促进所生的结果。所以，现在我们也从这一方面来考察清末茶业的生产形态有如何情形。

B. 生产形态

视点 =（一九〇〇年代）（湖北省蒲圻县羊楼峒）

长江一带，为清国茶业之冠，尤以汉口即因为茶之集散市场而成名。汉口集散之茶的生产地，亘羊楼峒、崇阳、威宁、通山、宜昌（属湖北省）、安化、桃源、长寿、平江、高桥、聂氏、云溪、湘潭、浏阳、醴陵（属湖南省）、宁州、武宁、吉安（属江西省）、婺源、祁门、建德（属安徽省）诸地，尤以傍近汉口的原始市场羊楼峒，使终点市场的汉口复具有初级市场的二重身份。且与生产红、绿茶的江西、安徽两省相对应，湖北、湖南两省则专一生产红茶，羊楼峒当然亦限于生产红茶。[43]

茶出市场前的生产行程，以长江流域所见一般的现象而论，分茶芽、粗茶、精茶三个行程。第一行程之茶芽生产，当然出于农家。即是以本来为米作农家的兼营形态的茶户，来担当。不过，在这种手做原料茶的基础上，第二行程的粗茶行程，亦由茶户担当。这时，他们系以农主工从的农家副业形态，为补助家计，来从事家内劳动的姿态而出现。以米作农家的兼营形态而生产的茶芽，由于与原料基础的结合性，开始担当粗茶生产的副业农家——茶户，因不能超越最次出发点的家计补充性的限界，其经营规模，当然不免狭小。例如，下引的记述所称：

> 中国之茶生产业者……几乎全是称为茶户及贩户的农家的副业的（实为兼业的）经营，并未实行大规模的茶园及组织的栽培法，因而一户以极小的产出量各自独立地直接卖予市场，并不能有收得充分利益之能力，而又无如生产者的共同贩卖法一类的处理法，此间自不能不为中间商人所乘，以至利润之大部分为商人所剥削，生产者收入被大为减轻，而农家所生产之粗茶，由茶号及茶栈予以加工精制放进市场。⑭

如上文所剖示，由农家以狭小规模所生产之原料茶，经同一农家之手实施粗茶加工，经过这个阶段，即离开农家而移于纯粹的企业经营。精茶行程，就是这样。羊楼峒即是以这样的集散市场(=初级市场)形态驰名当代。此处，即以羊楼峒作为抽出事例，以下开始考察第二行程、第三行程。

粗茶行程⑩

萎凋 由茶山采摘之茶芽，搬入农家天井中，撒布于薄竹制之网席上。席长约15尺，宽10尺，两端横缀以圆竹以资便利搬运。席一张可撒布生叶400两(等于一个搬运笼之分量)。席上生叶，用日晒行萎凋作用，时间约需50分，席上温度，为110度乃至120度，生产减水量约30%。萎凋作用终了，立即进入搓揉行程。

搓揉 第一次在席上用手轻揉5分钟，再行撒布席上吸受阳光。俟外部干燥后，移于屋内搓揉台，用足搓揉。此台装置为横6尺纵 18 尺,敷以木板,两侧各立木柱 4 根或 6 根,于高 3 尺处用细木棒设以栏杆,俾两手把扶,用足向后搓揉。约 20 分钟,俟液汁渗出后,用手摊开茶块,需时约 10 分钟,再行足搓揉。然后再以同一方法,同一时间,重复施行一次。

酸酵 搓揉完毕,次即将茶撒布原竹席上,以俟水干,在温度 130 度内,放置席上 40 至 50 分钟。茶叶渐由茶褐色变为暗褐色。再装入茶掬箕或笼,覆以棉被,压以小石,炎天时暴晒,是为罨蒸。气温 122 度内外,需时 2 句钟 40 分,酸酵即告终了。

焙烘 罨法完毕后,由日光处移于向阴处。再将完全干燥之茶叶装于盛量 600 两之布袋内,搬入精制工厂。布袋系向精制工厂预先领取者,编有号码。自此,粗茶即由农家交付特约工厂。

粗茶工程时,有用雇佣劳工者。男工 1 人,制茶能力 300 两者,日给价 18 分乃至 20 分。至装填 600 两容量布袋时,需男工 2 人之工作能力。如上为述,可见其生产行程完全为手工业的,除过手与足的劳动外,并未使用完备的工具。因之,清末以前的制茶形态,由此自不难想象。

精茶行程[51]

精茶行程担当者为茶庄(茶店)。诚如其称号所示,茶庄(茶店)乃商人形态,并非产业家。或谓,在此种场合,商人兼有产业家的机能。补助家计的副业规模之茶户,因自身缺少以精茶与市场直接联系的经营基础,而无作为产业家的自主的机能,故势必以其家内劳动,来充作茶庄的外业部的机能不可。因之,在羊楼峒,这样的茶庄=精茶工场,备有 70 余所的拣撰所、收入所、砖茶工厂,宛然成"一大城郭"。最大之茶庄,有 17 座分庄,且各自附有精茶工场。这些茶庄对特约生产农家所提供的粗茶,先行验货,再定收买价格。然并无验查场的设置,而只在简单的验查台上验查。其验查方法为以二合大的茶碗投入茶叶 2 钱,碗口覆以铅板,经 10 秒钟后,鉴定茶质。收买之粗茶,按其充分干燥程度,分别贮入贮藏库。

贮入贮藏库以前的干燥法,系用焙炉烘干。焙炉深埋地上 1 尺深处,炉上堆置高 3 寸广 5 寸之结实黏土堆。炉与炉之间保持 2 尺 5 寸距离。干燥程度适于可用筛分筛时为止。每炉投入量为 150 两,火焙温度为 90 度内外。时间最长 1 小时。经过如此手续,始行贮入贮藏库。开始精茶行程时,即自库中提出茶叶。

精茶器具 精茶器具不过为单纯的工具。以竹制之筛具,筛撰用之人力风车及手箕(网制,拣撰用)为主。然所用简单工具,颇为细密化,如主要用具之筛,即有花筛、灰末筛等 21 种以上。各茶庄皆备有所需用之各种筛器。

精制方法 初用花筛或须筛,两者筛眼皆为 1 寸平方。筛之大者横 3 尺,长 5 尺乃至 7 尺,深 1 尺。以一细木棍斜置筛下井字形之木架上,筛之两侧各有一竹制把手,以便两人筛茶时扶用。此种手续,称为"蔓切"。茶成为良质时,即用筛眼细密之筛,由一人筛之(筛约 1 尺 5 寸),每次筛量为 1 斤。筛毕实施干燥后,再筛第二次,更用风车扇过一次。其间,用以除去茶茎之方法,则用"银筛""生末"等筛眼细密之筛具,用手掬取。未能除去之茎及其他茶叶,则由女士拣撰。

分业则由性别决定。男工从事焙茶、分筛、风撰等项,女工从事拣撰。各茶庄作业职工达数百人,现出"工场内充满男女杂闹"的光景。

由以上所述,可以明了在清末之羊楼峒精茶工场,实已达到机械以前的工具与手工业劳动的大型制造业阶段。惟据马丁氏(R. M. Martin)记载称,距此半世纪以前,即十九世纪四十年代末,在广州以北数里处,亦有茶叶制造业(Tea Manufactory),使用男女幼工达 500 人。㉒且其生产形态,与此处所列举之羊楼峒相同,即是与手工劳动样式——机械以前的生产技术,完全相符。因之,可以断定,南方诸省茶业诸地域之茶叶制造业,在十九世纪中叶,业已达到一次的发展阶段,渐至清末,转而勃兴,以近代工场的外业部形式而存在,从制造业的本身中未生出机械化＝近代工场化的形态来。而这种茶业的制造业的推转，乃属于行庄型的商人，自属当然的归结。现在为证明这个断定，采用下列二种事实。

（1）羊楼峒茶业考察后的十年，关于同地的记述，是另一种形态：

> 职工在每次茶季，即自五月初旬，聚集此地，各制茶家雇用工人男女合计四五百人，制茶繁盛时季达千余人之多。女工自其住宅或客栈中来从事专门撰茎工作，男人在制造所内起居，从事火干、分筛、搬运等工作，并有夜班。三等职工概属农人，过半自江西地方前来，薪银不论男女，日给百文乃至百六十文，男工供膳，女工则不供膳。㊿

在这个报道中，当时职工使用额达 1,000 人以上，以此类推，其生产规模较十年前自为扩大，然其生产技术＝组织，依然徘徊于工具与手劳动的机械以前的阶段，向机械化转换的痕迹毫无。茶业制造的内在的发展，在十九世纪中叶，只有一次的扩张，完全了然。

不过，还有补注的一点：若明白了上引用文中从事精茶行程中有离开田地的农民的存在，并有薪银给予到现物给予制（Trucksystem）的存在等情况，则可以正确地断定，后面展开的棉、绸、瓷器制造业的状态，在十年以后，与一九〇〇年代羊楼峒的茶业制造相同，有过上引用文中所说的同一事实的存在。

（2）羊楼峒的终点市场汉口，在一九〇〇年代，业已出现了近代砖茶机械工厂。例如：有广东人所经营的兴亚茶业公司。㊾该公司为50 万圆的合股公司，拥有 50 万圆之公司债，500 人之职工及 3 万立方尺之场基。其规模如下：二层楼工场 1 栋、干燥场 1 间、仓库 4 间、公事房 2 间、汽锅室 1 间，工厂二楼则作为制品干燥场。原动力为30 马力之汽锅 1 架，装置以为压榨器、熬整、损物破碎器、分筛器、尘取器等一切运转之用。有压力 12 万两之破碎器 3 架。拔砖器在压榨器左侧面 9 尺处，并有将拔就之茶砖立送二楼干燥室之装置。压榨器 1 架装置蒸器 6 个。水面下装置有深 1 尺 5 寸,直径 2 尺 2 寸之木箱,用直径 3 寸之铁管 6 根与各釜相连络,以便输送蒸汽。损物破碎器 1 架,系铁制。将损伤之砖茶三四片碎裂后,自损物破碎器上部投入,经回转后,即行粉碎。分筛机 4 架,有二段式及三段式者,各机皆有每一阶段用以选别之装置。筛上剔出之茶叶,由侧面所设之沟形铁板,落入另置之容受袋内。最下部,则为由金属制的板装入受箱之装置。制茶干燥室利用二楼,共 300 立方尺,周围绕以 10 寸之铁管,中央更有一管相通,以便室内气温上升,使砖块之茶干燥,温度为摄氏 40 度——这种历然的近代机械工场, 既已存在于自十九世纪中叶以来停止发展的制造业旁边,而且这种近代工场,越过由茶庄与特约生产农家所结托的布袋,而支配了地场,初级市场,原始市场的茶庄及特约生产的农家。⑤只以这件事实而论,即可证明茶庄不过被编成为近代工场的外业部这一事实。再有,在汉口的该公司,因系广东人经营,证明了南方资本向北方动员的事实,关系极为重要。

【附注】

① 矢野仁一,《关于支那茶的历史》(《近代支那的政治及文化》所收),页二百五十一、二百五十三、二百六十五。

② 田中忠夫,《支那茶业史论》(《支那经济史研究》所收),页五十四、七十一、六十七。

③《中国财政史辑要》,卷三十,《榷茶》上。

④《中国财政史辑要》,卷三十,《榷茶》上。

⑤《中国财政史辑要》,卷三十,《榷茶》下。

⑥ 平濑己之吉,《近代支那经济史》,页二百六十六—二百六十七。
田中忠夫,《支那茶业史论》,页一百〇九。

⑦ S.G.L.Staunton,*An Authentic Account of an Embassy*, etc., Vol.Ⅲ.P.237.

⑧ R.M.Martin,*China*,etc.,Vol.Ⅱ.P.168.

⑨ Wells Williams, *The Middle Kingdom*.1889,Vol.Ⅱ.P.P.53—54.

⑩ R.M.Martin,*China*,etc.,Vol.Ⅱ.P.168.

⑪ 矢野仁一,《关于支那茶的历史》,页二百六十二。

⑫ R.M.Martin, *China*, etc., Vol. Ⅱ.P.153.——但据 W.Williams 之 *The Middle Kingdom*, Vol.Ⅱ.P.51 称, 荷兰初次介绍茶于欧洲, 为一五九一年云。

⑬ Hunter, *The Fankwae*, ete., P.55.

W.Williams, ibid, Vol. Ⅱ.P.40.

⑭ W.Williams, ibid, Vol. Ⅱ.P.40.

⑮ R.M.Martin, ibid, Vol. Ⅱ.P.153.

⑯ W.Williams, ibid, Vol. Ⅱ.P.51.

⑰ H.G.Wells, *The Outline of World History.*(商务印书馆译本, 页七百三十)

⑱ R.M.Martin, ibid, Vol. Ⅱ.P.155.

⑲ 萧一山,《清代通史》, 中, 页七百九十四。

⑳《大清十朝圣训·高宗纯皇帝圣训》, 卷一百八十。

㉑《资治通鉴》, 卷二百三十三,《康纪》四十九。

㉒《高宗纯皇帝圣训》, 卷一百八十一。

㉓ 矢野仁一,《关于支那之近世火器传来》(《近代支那之政治及文化》所收), 页三百二十七。鞠清远,《唐宋官私工业》, 页一百四十二。范文澜,《中国通史简编》, 页三百七十二。

㉔ 见《马可·勃罗旅行记》——但据矢野仁一《近世火器传来》一文称, 抛石机在勃罗以前, 勃罗兄弟系应用对重法(Counterpoise)而操纵人力机云。

㉕ 矢野仁一,《关于支那近世火器之传来》, 页三百三十九——三百四十三。

㉖ 矢野仁一,《关于支那近世火器之传来》, 页三百四十三、三百四十九、三百五十一、三百五十五、三百五十九、三百六十一、三百六十三、三百六十八。

㉗《天工开物》, 卷下,《佳兵第十五·火器》。

㉘《天工开物》, 卷下,《佳兵第十五·火器》。

㉙《天工开物》, 卷下,《佳兵第十五·火器》。

㉚ Gideon Chen, *Tseng Kuo-Fan, Pioneer Promoter of the Steamship in China*, 1935, P.11—12.

㉛ 康拉多、加尔里尔,《家畜系统史》(日本《岩波文库》版), 页一百——一百一。

㉜ 康拉多、加尔里尔,《家畜系统史》(日本《岩波文库》版), 页一百三十三、一百三十四、一百三十五、一百四十一。

㉝《高宗纯皇帝圣训》, 卷一百八十,《乾隆二年十月》。

㉞ 矢野仁一,《关于支那茶的历史》, 页二百六十五。

㉟ 矢野仁一,《关于支那茶的历史》, 页二百六十五。

田中忠夫,《塞外茶贸易史论》(《支那经济史研究》所收), 页一百二十九。

㊱ 矢野仁一,《关于支那茶的历史》, 页二百六十五。

㊲ 田中忠夫,《支那茶业史论》,页八十七。

田中忠夫,《塞外茶贸易史论》,页一百二十九。

㊳ 田中忠夫,《支那茶业史论》,页八七。

㊴ 稻叶岩吉,《满洲发达史》,页一百八十二。

㊵ 矢野仁一,《关于支那茶的历史》,页二百八十三、二百九十三。

㊶《中国财政史辑要》,卷三十,《榷茶》上。

㊷ 田中忠夫,《支那茶业史论》,页一百〇六——百〇七。

㊸《中国财政史辑要》,卷三十,《榷茶》下。

㊹《国朝柔远记》,卷五。

㊺《中国财政史辑要》,卷三十,《榷茶》下。

㊻《中国财政史辑要》,卷三十,《榷茶》下。

㊼ 稻叶岩吉,《满洲发达史》,页一百八十五。

㊽ 据平濑已之吉,《近代支那经济史》,页二百八十三所引,明治四十二年山田繁平《清国茶业调查复命书》。

㊾ 安原美佐雄,《支那的工业与原料》,第一卷下,页九百〇九。

㊿ 据平濑已之吉,《近代支那经济史》,页二百八十三所引,以山田《调查复命书》为主轴而构成。

(51) 据平濑已之吉,《近代支那经济史》,页二百八十三所引,以山田《调查复命书》为主轴而构成。

(52) R.M.Martin, *China.*etc., Vol. Ⅱ.P.165.

(53) 安原美佐雄,《支那的工业与原料》,页九百六十一—九百六十一。

(54) 据平濑已之吉,《近代支那经济史》,页二百八十三所复引,山田《调查复命书》。

(55) 据平濑已之吉,《近代支那经济史》,页二百八十三所复引,山田《调查复命书》。

第二节　棉　业

A. 清末棉业前史

“臣谨按:棉古书绵……调查古书,吉贝当之。或称古贝。《禹贡》扬州条有‘厥篚织贝’,注有贝即吉贝,棉布之精巧者之说。……”[①]这是乾隆三十年(一七六五年)直隶总督方观承写给敕撰《御题棉花图》之跋文。棉花系极古传来一事,跋文中说得明白。然而该时之棉,不过作为朝贡品而输入者,棉花栽培的始点,实属于宋朝。其发挥地在中国文化交通的媒路南海。在元祐年间(一〇八六年——一〇九三年),福建、广东已栽种棉花,经营纺织,宋时方勺《泊宅篇》有明了的记录。开始北渐扩向江南地方,在元朝之至元年间(一二六四年——一二九四年),以江苏省松江为起点。②而至《天工开物》刊行的明朝崇祯时代(一六二八年——一六四四年),棉布不仅成为全国的必需的衣料,而且有了地域的分业,走上专业化的道路。"凡棉花寸土皆有,而织造尚松江,浆泉尚芜湖。"③解言之,在全国的棉布生产中,江南植棉的起点江苏省松江以织布著称,安徽省芜湖以染色著称的事实,上引的《天工开物》叙述得非常明白。而且,由此而论,当代的棉业基地仍在江南地方,当亦无疑。还有,在此 100 年后即乾隆三十年,《御题棉花图》出现时际,华北在该时亦成为有力的棉花基地。尤其直隶省,全耕地面积的 20%—30%,充当棉花栽培。再引《御题棉花图》的记述:

> 直隶肥美广大……生棉部分约占二三成,岁岁满余,移出四方。④

准此而论,直隶省之棉花,不仅可以本省自给,而且向四方开拓销场,棉花的商品化率,著著高升的事实,盖可断定。实际上,棉花商品,直隶省农民为 90% 的生产者,其销路开拓情况在今日所能想象的以上。再看下文:

> 臣奉职直隶,谨观察冀赵深定诸州管下农民,栽培棉花,占十之八九,生产不仅较东南丰富,而其织布之精巧,今足与淞江、太仓匹敌……不仅此也,且其剩余,移出黄河南北,若云依山负海之地,外讫朝鲜,以交易之恩惠,用供纸布。⑤

像这样的棉花的商品生产化,及他省甚至外国的广泛市场之存在,当然是由于流通机构之扩大化。在棉花登场时期,地场商人及客商纷纷麇集直隶。由《御题棉花图》可以证明:

> 新棉上市之际,远近商人群集,甚呈混杂。行店开店受

入，行商引车回旋，村人纷纷运送，或易货币，或易米谷。⑥

因之，从棉花商品来看乾隆朝，可以判明当时已达到货币、商品经济的异常的昂扬期。然而，问题在于棉花何以当时能走向商品性？上论中固已有一部分答复，然而尚嫌过于笼统，兹据直隶总督方观承的话，予以概括分析：

（1）价格的安定性。"棉有定价，不因丰凶而增减……"⑦

（2）副产物的利用可能性。"棉核压出之油，夜间可以照明，其滓可作肥料。其茎可供炊事亦有火力。无无用之部分。"⑧

（3）价廉＝市场之广泛。生活必需品。"麻之织物不能防御冬寒，丝绸、丝棉温暖而贫贱莫及。唯棉之利用，功广而利遍，不仅可补蚕桑之所不及。……"⑨

（4）补充家计＝副业的家内劳动至便。"其（棉）锄耕灌溉全与谷作相始终（注：原棉生产过程与麦作之表里关系），盖可合耕织（注：农主工从的小农民之家计补助），而并双方之勤劳。……"⑩

从这位直隶总督的观察中，很明显地说明了惹起为政者对于棉业逐渐关心的事实：一方面系促进了乾隆朝商品生产的进展，他方面是副业的家内劳动的利益性，结合而成了官方的政策的出发点。以至乾隆帝为直隶总督敕撰《御题棉花图》也不过是调查农民生活实态，奖励副业（制造小农政策）为基础，为出发。兹另引甘肃巡抚黄廷桂奏言，再次证明乾隆朝为政者的关心政策所在，以助更进一步的了解：

> 甘肃土地不宜种桑，棉纺织概置不讲，布帛较别省为贵，现饬有司购买棉子试种，制造纺车，延女师教习妇女，其不能种棉地方，雇觅工匠，教民织褐。⑪

这种官方奖励副业政策（＝制造小农政策），其根据的详细的剖明，暂留在本编《补论》中论述。关于纺绩、织布技术，南方实较北方大为进步。如在下述三点中，即可明了其进步的事实：

（1）经纱行程之贯卷。"纺车……竖木载车，横木挟链，纺者位置车前,左手握长棉块,右手回转车轮,铤随车轮动,纱口自然引出,与纺绢纱时相同,此所谓纺线,引一支四日可得一斤,是为织线,合二三支而成缝纱。……苏州松江地方所谓纺纱,用足动车,单手同时引三支五支,劳动固可减轻……"⑫

(2)整经行程。"处理纱口缠绕之'经',此时南方用经床。立锤八个,下之四车必须顺回转。北方手持木框,引锤合络……一框可容数锤……此经床简便而且效用(注:但应解为装置单纯之意)。"⑬

(3)织布行程。"南方之织坊有纳文、绉积等巧艺,直人不尚。专求致密均齐,志虽称:'肃宁人家,凿穴仓自檐端作窗,织布,比敌松江之中品。'现今保定、正定、冀赵深定诸处生产之布,多属精巧,非中品。又并非全在穴仓中作者。"⑭

以上南北技术比较之三点中,特须注目者,是最后的织布行程,在直隶省有穴仓生产。这在牧师 Auther Smith 的十九世纪末的报告中见到⑮,近人方显廷氏一九三五年在高阳区实际调查时,亦曾见到。缘因在华北干燥地带,由于湿气不足,怕纱线中断,作为防全之计,而在地下实施穴仓生产。在方观承之典据中,既已有这种事实的存在,可见穴仓生产,原系极为古典的存在而传承迄今。据方显廷调查称,穴仓建造费约 40 圆至 50 圆之谱,可是这种从自然的条件所生的经济的,技术的制约,尤其在清代技术稚拙的社会,对于华北小农的补助家计式的经营,多少不无障碍。北方棉业小农及棉业制造之发展所以不如南方,其理由之一,就在这里。反之,南方棉花生产及产业生产(形态),较北方达到甚为高度的阶段,其根据也在这里。对于这种理念,请看以下的事例:

（一）广东省

广州之印棉输入与南京木棉输出表

	一七八六年	一七九〇年	一七九五年	一八一九年	一八三三年
印棉输入（单位:担）	93,572	172,224	145,704	252,095	442,640
（内）英国（同）	93,250	170,381	135,292	233,946	442,640
南京木棉输出（单位:担）	372,020	509,900	1,005,000	3,359,000	40,600
（内）美国（同）	33,520	166,700	685,000	2,932,000	

备考:

(1) 据方显廷氏《中国棉业》作成。

(2) 英国一项内包括东印度公司及个人，惟东印度公司占压倒的势力。

(3) 印棉输入系由英国独占，反之，南京木棉输出，则以美国为主要顾客。

上表中，(1)印棉输入额有如何意义一层，系由于小农之家内劳动及棉业制造业在南方的广泛的展开，以至除土产棉花外，需要如此多量的棉花输入这一事实。(2)南京木棉输出额，迄一八一九年，达到最高额的事实足够认识南京木棉的世界商品地位。然在一八三〇年，所谓英国产业革命完成，一八三四年，英国棉业已占世界棉业王座时，南京木棉的世界征霸力，就如莫斯科战败后的拿破仑一样地开始溃败了。像上表中所载一八三三年所出现的输出减退，就是说明。然而，反过来讲，若就产业革命以前的英国视点而论，在十九世纪以前机械征服世界以前的清代经济社会，凭借小农的吃亏的低廉劳动力，竟以输出棉布走上世界史的竞争舞台，英国的劣弱性则非常显著。更足以说明中国人民工作能力潜伏量的伟大。中国人民是充满了希望的光辉的人民，在未来的完善政治领导下，当能建造一个富强康乐的国家。笔者谨在这里，祷祝这个幸福的时代的迅速降临。

抑有言者，南京木棉之世界征霸力丧失以后，据海关《中外统计贸易年刊》(一八五九年初刊,一八六四年具有全国性的规模)的确实数字来看,以致有每年必须输入莫大的棉制品这一可惊的事实。迄一八八七年,价值尚在 2,000 万海关两,在一九〇一年,初次突破 5,000 万海关两,一九一九年以来,则成了经常地保持 1 亿海关两的情势。与这种情势恰相对应的是棉花,至一八八七年的依然继续入超(仅有一八七四年是例外的出超),一八八八年为转期始行转向出超。然而复又转入经常的入超——这种与南京木棉输出全盛期的本质迥异的入超,起点则是一九二〇年。[16]

(二)江苏省

道光年间,林则徐关于江苏省棉业小农的奏文,供给我们一个关于南方棉花生产及棉业生产较诸北方著著进化且普遍的素材。

> 今太仓、镇江、嘉定、宝山四州县,地处海滨,收成本属最迟,每俟立冬以后,始可刈获。且向来多种木棉、纺织为业,小民终岁勤劳,生计全赖于棉。[17]

这里说明了以植棉为专业的农民的存在,并且也描绘出这种专业棉花的农民系自植原棉与"纺织为业"间的极为素朴地结合在一起的小农影子。而且这种小农占全农家户数 50% 以上,他们一旦遭遇凶年,由于自植原棉的供给杜绝,只有失业、饿死,这也就是家计补助式的副业经营的本色。再看林则徐的又一上奏:

> (江苏省)属各沙地,只宜种植木棉,男妇纺织为生者十居五六。连岁棉荒歇业,生计维艰……小民无资纺织,率皆停机坐食。[18]

在"男妇纺织为生者十居五六",农村织布工业极为广泛地展开的江南地方,亦产生不出如英国的 Yeomarny 或德国西南部的 Bawerntum 那种形态的自主的自营农民。仅以此而论,这就构成了南京木棉世界征霸力丧失的根因。

B. 生产形态

视点＝(一八九〇年代——一九〇〇年代)(上海近乡浦东)

当代棉业基地的中部诸省,富有质良量多的棉产。举例说来,江苏省有上海棉、通州棉、南翔棉,浙江省有余姚棉、宁波棉,湖北省有通称为家乡花(孝感、麻城)、大皮(黄州、麻城、武昌、新堤、天门、沔阳)、友花或籽花(天门岳家仙桃镇),四川省产棉量亦极丰富。这样好的地利条件下,以自作原棉为起点,小农的家内劳动,作为补助家计的副业而经营。在这种小农补助家计的劳动上建立了棉业制造业。

原料棉花⑲

农家所收获的自作原棉,在入于加工行程前,有两途可走。第一系被经纪人收买,第二系由农家立即加工。

第一途,即被经纪人收买之场合,亦因有实棉及纺棉之分,方法亦相异。新棉登场时,经纪人巡回乡中各农家收买,其时如农家立即卖却,即为以实棉形卖出。如农家打算赚取工力钱而施行纺棉时,因上市时期已过,农家即直至经纪人处,自运其纺棉卖却,尤其于定期市集时,自行装运前往卖却。至在定期市集上农家交易之对象,已不是经纪人,而系棉行。例如上海南北两定期棉市,一年限开三期(第一期,九月乃至十二月;第二期,一月乃至四月;第三期,五月乃至八月),届时棉行设庄收买,交易额达 500 万两以上之巨,颇盛极一时。宁波、通州两棉市,情形亦同。⑳

惟经纪人尚有下列三种形态:(1)独立性经纪人——到处皆有,大者设行庄。(2)兼业买集人——系最为一般的形态,布店、粮行、杂物店等皆有经营者。其所收买之棉花,转手集中发送于大经纪人。(3)行庄兼经纪人——系大规模经营,拥有巨资,兼业棉纱、棉布。

独立性经纪人及兼业买集人,转卖其所收买之棉花于棉行。交易为现金制度。但兼业棉纱之棉行,有交换棉纱之便利。经纪人与行庄之交易制度亦有两种,分特约交易及普通交易。前者可向行庄通融资金,后者与行庄无涉,资金完全自理。

行庄自经纪人手中所收买的实棉形棉花,即送其自备的作坊内,实施纺棉工作。行庄固须实施纺棉工作,然行庄内自备足踏机数十部者甚少。以上海为例,备有规模较大作坊之行庄,为数只 27 家,所有机数共 682 部,规模最大者如隆茂垣拥有机数 120 部,规模最小者如沈垣泰所有不过 12 部而已。[21]

纺棉行程完毕,由行庄将纺棉托付专业之打棉工匠,实施打棉。打棉工匠使用职工一二人打棉,打毕篠卷后,送归行庄,受取工资。至此,始行成为纺绩用之棉,业经作为商品＝交换价值,由行庄向市场卖出。

第二途,即由农家自身从事加工的场合,由农家自行实施纺棉工作后,再托打棉人打棉。打棉工匠与农家间之交易关系,与打棉工匠与行庄间之交易关系相同。只不过作成棉绩用之棉,在此种场合,由农家自行进入加工行程,变为交换价值。

原料纱[22]

农家为赚取拮赁,而完成棉纱。以 7 乃至 10 支之手拮纱为主。拮纱行程系用极为笨重之拮纱车(俗称纺车),原则上由农家自行,很少委托专业拮纱者代办。如委托专业拮纱者,由拮纱者使用女工拮之,然后送归农家,受取工资。惟在纱拮好后,尚有三种途径可走。第一途,是卖予定期市之棉纱店,第二途,是农家以其做原料继续织布行程,第三途,是卖予织房。

第一途,即卖予定期市之棉纱店,以一月至三月间为最盛期,这种场合,上海乃为集散市场。近傍土产纱一旦集中上海后,再分设向长江华北一带寻取销路。[23]

第二途,即农家之织布行程,属于补助家计的过小的经营,每户自必备有一部织机。这种家族劳动式的经营,在完成织布行程后,以无从与直接市场联系,往往不得不作经纪人的从属品,或作为棉布行庄及织坊外业部的存在,为其服务,受其居中剥削。虽然另有备有数部织机的小经营者,已开始逃脱行庄资本的密网,以独立生产者的姿态,与市场直接交易。这类从事制造的小农,自运所织棉布,多则20匹、30匹,少则4匹、5匹,径赴上海市场。上海棉纱市场,有桂香庵、杨家渡、西门外三私立市场,形成了半径10里以内的农民的交易市场。他们在市场中以卖布所得现金购入棉纱归家,复又从事再生产行程。

第三途,即将纱卖予织房的场合,由织房开始织布行程。以下考察的对象,就是这一行程。

织布行程㉔

农家卖给织坊的棉纱,由织坊交给经玉业者,开始经玉行程。此辈经玉业者,系乃补助家计为生的小农。系将纺织用的生线(未经煮浆者),自顾主取来,加以施浆工作,此种工作,因其屋内窄小,多在户外进行,经玉业者即凭此种施浆工作,取得工资。他们的主顾,有织坊,有经玉贩卖业者。(1)经玉贩卖业者,有兼营棉纱及棉布经纪人的纯粹行庄资本,此种场合,经玉业者,乃系收买资本及经纪人等商家的从属品。(2)然而若系受织坊之雇用,而从事工资劳动的场合,则此辈经玉业者,乃织坊制造业的外业部式的存在,从事全工作的部分工作劳动者。

可是在(2)的场合,织坊如属规模较小者,无力雇用经玉工资劳动者,则经玉业者以帮忙方式工作,由主人供以酒食,作为酬劳,是一种家族协业式的劳动。在此种场合,织坊在事实上不得不渐变为行庄的从属品,为工资而劳动者。而且这种过程渐趋普遍化,所以才出现了经玉贩卖业者。换言之,经玉贩卖业者的出现,就是这种过程普遍化中的部分表现。

举例来说,福州棉布行庄和织坊的关系,就是上述这种过程的典型的表现。以福州为中心的机场(织坊)为数约有500家,分散在市内及近乡一带,尤以距市区40里地的尚干乡为数最多。大机场备机有 30 部,小机场亦备有数部,皆系雇用织工制织。年产额,大机场 1 万匹,小机场 500 匹以上。工资男工一日织 3 匹者,为每匹合钱 75 文,女工一日织 2 匹者,每匹合钱 60 文。㉕

然而这些机场实系受棉布行庄委托,从事制织。即由行庄将原料棉纱分送各机场制织,织成之布,再交回行庄,由行庄送交染坊,施行染色行程后,再贴本庄招牌发卖。㉖其时,织坊不过由行庄配发原料从事劳动的取得工资的织工而已,从这里可看出商人资本,已达到最高支配形态。这样的行庄,福州市内共有 30 家,尤以恒昌、恒盛、协来、金泰、彩文等家最为出色。㉗

染色行程㉘

染色行程的工场,普通都是"规模虽小,而营业广大,使用职工四五十人的工场"㉙,尤可注目者,乃其分工制度极为发达。不仅在一个作坊内有个别的分业,而且走上漂白,原色深青,素色深青,有色深青,电光等特殊技术的分业,且更"有专染红色者,有专染深蓝色者的染房,又有专司褪色者"㉚这样由染色所分的专业。例如在下列的抽出事例中,可以了然其规模,及其分业化的程度:

(1)在上海城外南方三里马路桥的洪昌漂白坊,设备有釜场、灶场及打石场,釜场中并列有直径 4 尺,深可 2 尺之釜十数个,同时可煮棉布数十匹。与此相呼应,灶场中亦有灶十数个。棉布运来时,浸入温水一夜,再洗以河水,打石数次后,再将布 30 匹与染色同时投入釜中,煮沸 2 小时以后取出,再用水洗之。其所用职工,为定年之童工,定年期中,只给以衣食及零用钱,定年期满后,方得享有职工待遇,给予薪金。然其所得,每年仍不过 20 圆至 40 圆。故其雇佣制度,仍多以沾有基尔特精神的色彩。

(2)上海城外大南门码头之德大染坊,拥有职工数十名,有灶场、浆场、印花、染色及成工部等五种分业制。印花职工之薪银,平均每日四五钱,每尺棉布合工银 1 厘,每日三餐由雇主供给,每人一日的工作量,有长 20 尺的 20 匹乃至 55 匹不等。

（3）上海城外东坊大境的倪永盛坊，专司整理行整（电光），设有简单之整理机十数部，职工一人，管理机器一部。

最后，关于本问题，尚需注意两点：

（1）福州棉布，以地域分业而有白木棉及柳条木棉的专业，尤以白木棉，占总生产额 70% 至 80%。^㉛而白木棉的生产，由于行程的技术的性格，制造化上最属迟缓，因之，才有如前所述之制造业的历然而成立的事实，此点必须注意。

（2）由于外国机制纱（洋纱）的输入，土纱始渐受压迫。即由家作原棉所生的手拈纱，在市场上敌不过日本纺及印度纺的 12 乃至 20 支（上海）^㉜、16 乃至 20 支（福州）^㉝机制纱，而被排除。由之，在原料关系上，不免须支出现金，以此之故，连与市场直接往来的独立经营农家，由预借原料的关系一变而为经纪人的从属品，复不得不变作行庄外业部化的存在。在福州的制造业中，早已提供了明了的证迹。

【附注】

① 方观承，《御题棉花图》。

② 原颂周，《中国作物论》，页二百三十九。

③ 《天工开物》，卷上，《乃服第二·布衣》。

④ 《御题棉花图》，第七图《收贩》。

⑤ 《御题棉花图·跋文》。

⑥ 《御题棉花图》，第七图《收贩》。

⑦ 《御题棉花图》，第七图《收贩》。

⑧ 《御题棉花图》，第十五图《织布》。

⑨ 《御题棉花图》，第十六图《练染》。

⑩ 《御题棉花图》，第十六图《练染》。

⑪ 《高宗纯皇帝圣训》，卷二百九，《乾隆九年二月》。

⑫ 《御题棉花图》，第十一图《纺线》。

⑬ 《御题棉花图》，第十二图《挽经》。

⑭ 《御题棉花图》，第十五图《织布》。

⑮ A.H.Smith, *Village Life in China*, P.276.

⑯ 比较对照《六十五年来中国国际贸易统计》之第四表及第五表。

⑰《林文忠公政书》,甲集,《江苏奏稿》,卷二,《太仓等州县帮续被歉收请缓新赋折》。

⑱《林文忠公政书》,甲集,《江苏奏稿》,卷二,《江苏阴雨连绵歉收情形片》。

⑲ 据平濑己之吉,《近代支那经济史》,页三百所引,小柴藤四郎《清国织物视察报告》(日本农商务省工局临时报告),明治三十二年第五册。

⑳ 日本外务省通商局,《清国商况视察复命书》,明治三十五年刊,页一百六十四——一百六十六。

㉑ 绪方二三,《清国商工业视察报告》,明治二十九年刊,《后编》页二十四。

㉒ 据平濑己之吉,《近代支那经济史》,页三百所复引,平濑书页三百〇二。

㉓ 外务省通商局,《清国商况视察复命书》,页一百六十一。

㉔ 据平濑己之吉,《近代支那经济史》,页三百所复引,平濑书页三百〇三。

㉕ 高桥正二,《清国福建浙江两省铁道沿线踏查报告书》,三井物产厦门出张所刊,明治三十四年,页二十一。

㉖ 高桥正二,《清国福建浙江两省铁道沿线踏查报告书》,三井物产厦门出张所刊,明治三十四年,页二十一。

㉗ 高桥正二,《清国福建浙江两省铁道沿线踏查报告书》,三井物产厦门出张所刊,明治三十四年,页二十二。

㉘ 据平濑己之吉,《近代支那经济史》,页三百所复引,平濑书页三百〇四。

㉙ 外务省通商局,《清国商况视察复命书》,页一百八十一。

㉚ 外务省通商局,《清国商况视察复命书》,页一百八十一。

㉛ 高桥正二,《清国福建浙江两省铁道沿线踏查报告书》,三井物产厦门出张所刊,明治三十四年,页二十一。

㉜ 据平濑己之吉,《近代支那经济史》,页三百所复引,平濑书页三百〇六。

㉝ 高桥正二,《清国福建浙江两省铁道沿线踏查报告书》,三井物产厦门出张所刊,明治三十四年,页二十一。

第三节　绸　业

A. 绸业的地位

与棉业北进相对照的是绸业南进。绸原为华北产物,两汉—三国时代(前二〇六年—二六四年),以山东及河南东部为杰出,四川次之。长江流域开始兴起绸业生产,系在南北朝(四二〇年—五八九年)以后,至于江苏、浙江则以唐代为起点。因之,至于宋代两浙之江南四川,河北之京东地方为绸织三大中心。尤以为绫之产地的直隶省,质量俱优。①元朝华北绸业的盛大,《马可·勃罗游记》中曾有记载,然至明朝中叶以降,华北绸业始渐就衰落,至于明末,江苏之苏州宜阳,湖南之零阳名始大噪②,而江南绸业生产技术的优越,《天工开物》中曾有记录。③更下至清代,如直隶省,绸业形近绝迹,代之而兴的是苏州、杭州,奠定了今日繁荣的基础。④北方绸工业如何没落?其实不外乎下列三种原因:(1)其出发点的植桑事业,在北方的寒冷的自然条件下,蒙受不利;(2)水质的不适;(3)植棉＝纺织家内劳动,把握了北方小农——这三种条件。直隶总督王文韶在其撰修的《蚕桑纺织器图说》(光绪二十一年十月)叙文中,针对此点而有明确的认识:

> 国朝康熙三十五年 (一六九六年) 御制耕织图,民赖其利, 富庶日增。惟北方地寒鹼多, 蚕利未兴……夫胡棉之利, 兴起种植纺织, 功省事便, 民赖其用。而产蚕之产, 日就耗减, 惟江、浙、川、蜀之俗, 尚茧丝。⑤

上引用文中,所称"北方……鹼多……",即指绸工业的自然条件上的缺陷而言。何况,如姚继广在《广蚕桑记》(同治二年刊)中所云,"缫丝之水,选溪间之极清者取之,自石罅流出者尤佳。勿用井水,用井水者丝不亮"——有这样的要求!以井水为活的华北,只此而论,就成为建立绸工业的极为不利的自然的限制。尤以华北之水井,一般多浅,据 Auther Smith 所见,有 10 呎者 30 呎者,至 50 呎者甚少⑥,井中自然有不少挟杂物。

北方绸业虽处在这样不利的自然的和社会的限制中,然官方则奖励不遗余力,如李鸿章总督直隶时,即曾云,"北方实非不宜树艺,未讲求故也"。⑦而于光绪十八年(一八九二年)于直隶省保定创设蚕桑局⑧,开拓桑田,栽植自四川购入之桑种,翌年即光绪十九年,得桑叶 100 万斤,后年即光绪二十年,则据报称得桑叶 400 万斤,丝茧数十万斤。⑨

至于政府对于没落的华北绸工业，何以如许关心，倡导再建运动，则系一需要考察的问题。华北绸工业的没落，就其本身上讲，固已使政府痛心，而尤以因之使农民丧失其副业基础，则更招来政府的 Paternal 的恐惧。乾隆朝时代，既已如前节所云，是小农民的家内劳动渐趋普遍化的时代，政府原系把握了家内劳动＝副业劳动为其救济农民生活苦痛的一种方法，以安定统治力。以故这种可称为创造小农民的政策，政府自身促进、助长的形迹极浓，绸工业当亦是这种政策下的构成存在之一，政府的植桑＝奖励养蚕，其根据就在这里。例如，乾隆帝曾宣示了"至蚕桑树艺，尤为政之本"[10]这样多角经营的意图。再如陕西巡抚陈宏谋，亦曾表明了自上而下的劝奖政策，包括了由原料生产到制织的绸业全行程："陕省幽岐旧地西同、凤汉、邠乾等府州，皆可养蚕，近令广植桑株，雇人养蚕，并于省城制机，觅匠织缣，今年务蚕桑者更多，通省增种桑树已及数十万株，其牧养山东山蚕之法，现令各属导民试养。"[11]

再者，养蚕之作为创造小农民政策之一的所以备受重视，是可以化无所事事的女子为劳动成员，而无害于本来的农耕生产，这是最被重视的一点。再看下引文：

> 况农事系男子专责，而养蚕则女子亦得分任其劳，计男女二人可养蚕蚁一两五钱，如遇蚕丰之年，可收茧三百斤。除少开销桑叶外，若自家有桑，何等便易耶！[12]

然而不拘这自上而来的劝奖政策，将绸业之利说得如何动听，并不能挽回受自然的和社会的限制的华北绸业的颓运，反之，江南地方的绸业，于今已确立其无可动摇的王座地位，虽一度受太平天国运动的影响，稍萎一时，然并无根本妨碍，自全国观点视之，展开了最为发展的生产形态。[13]所以，一八八〇年代，据 Robert Hunt 氏自海关报告实况调查，其时华北绸业，除河南外，已经衰落到不能供应本地方需要的程度[14]，反之，苏州、杭州、湖州等地，小规模的绸业制造，如雨后春笋。例如，杭州市内外有织机 3,000 部、拈丝车 1,300

部,宁波有织机 850 部,绍兴有织机 1,600 部、拈丝车 205 部[15],湖州有织机 4,000 部,绸业劳动者 2,040 人(农家农闲期以外的织布未计)[16],苏州有 300 至 400 家染色工厂[17],以盛泽为中心周围 25 里地内有织机 8,000 部[18]——这样灿烂的展开和活动。而且,如所举例之湖州,除农家以副业形式经营者外,专业劳动者既已散见各地,杭州的缎生产,200 部织机全由专业劳动者担任,苏州亦有专业织匠的存在。[19]再有上海附近输出品的丝带(Ribbon)生产,120 户的农家,各自备有织机 3 部乃至 5 部,虽然机器的价格每部不过 2 圆 2 角 5 分,乃至 3 圆的低级物品,然自其设备机数及老幼妇女总动员以从事生产诸点观之[20],可以窥知早已非单纯的副业经营,已次第走上专业化的道路。

更为重要的一点,是出现了地域的分业这一事实,如无锡几全部以纬丝生产为专业[21],上海、苏州、嘉兴、湖州则少从事拈丝者[22],湖州之织机 4,000 部,全数从事洋绉(即湖绉)生产。[23]

故至一八六二年,在上海初次出现了设备外国机器的近代制丝工厂。这种具有能力 100 hassines 的工厂,因经营不良,于一八六六年倒闭,同年复以 10 hassines 之能力复工,讵于数个月后,又遭倒闭,机器卖予日本。至一八七八年,方以 200 hassines 能力三次复工,而渐次走上经营顺利的轨道。[24]

像以上所述的事实中所反映的客观情势,清末江南地方的富强基础,竟由绸业发展而奠定,却绝非偶然而致。可看下引文:

> 当今五州通道,丝之获利尤丰,闻从前鲜茧贱时每斤一角五分,贵亦不过三角,今则七八角不等,即贱亦须四五角之谱。试观浙省杭、嘉、湖、宁、绍诸处,富饶甲于他郡,虽由其地人善居积,亦蚕桑之利普耳。计嘉湖丝价,每年所得不下数千万元,农田之外,又博此厚利,焉得不富![25]

据此而论,则江南地方绸业发展的基础当在何处?是又一个我们所要问的问题。若加以解答,则不外由于商品市场的广泛耳。然则丝织品在本国市场中具有如何地位？可看下面的叙述：(1)"苏州以织物著名……苏缎消费最多,贩卖全国……以满洲居第一,广东、福建、浙江、江苏、湖北等省次之。"[26](2)"中国……原为绸布生产之地,且由于原料劳动两较低廉,故在本国使用,最为实惠。"[27](3)"中国人嗜以绸布做衣服材料。……恐为世界第一……尤以南方广东地方,夏时炎热如焚之际,如苦力、轿夫、船夫及耕田农夫之劳动服,并商工业者之常服,悉皆用绸布及麻布制成。如用作劳动服之薄绸,加以纤纹,涂以漆黑之涂料,不仅富有耐久力,吸收汗液,且使身体密藏,故极凉爽,极实用。……"[28]

在上叙的日本人的客观的研究看来,丝织物在清代经济社会中所占地位甚大,堪与棉布勃兴以前的羊毛在英国制造业中的地位并肩。至于丝织物"贩卖全国","苦力、轿夫、船夫、商工业者的劳动服及常服"的被采用,这种程度的占领广泛的国内市场,实由于"原料劳动两较低廉"这种客观的基础,为其里因。正是立脚于老幼妇女总动员体制上的以家族劳动为收益机会的家计补助的养蚕＝制丝,为形成国内市场要因的起点。即：(1)以"未另筑蚕室……极为狭隘不洁之住宅"[29]及"因乏于资力,极为笨重的蚕具"[30]充当固定的资本,且系"全然以养蚕为农家副业,其饲育蚕儿之数量"极为少数[31]之过小的养蚕农家,生产规模及(2)入于座缫制丝行程时,以"名为座缫,其实是一次缫及二次缫的极为粗糙的足踏机器"[32]为生产手段,且完全不知茧的杀蛹、干燥法,因由生茧制丝,故要在收茧后发蛾前十日内外完了,而"除一家之劳力及薪炭外,不需任何费用"[33]的生产方法,仍是器具阶段的家族协业式生产形态——仅以利用这种低廉价格的生产费所产生的原料生丝而论,绸业制造占有广泛的国内市场当无足为异。

同时,绸业的国外市场,亦极堪注目。中国绸业的国外市场,占有古典的重要性。蚕之绍介与欧洲的最初的记录,应追溯至公元五五〇年时。其时,景教僧二人,带蚕卵自殷归国,养蚕、制丝的知识逐渐普及希腊全土。㉞虽至十八世纪，中国在欧人生活中已由"茶国"代替了原来的"丝国"，而绸在欧洲依然具有魅力。下表就是专为证明这事而制的：

丝类输出及在输出总额中所占之地位（单位：千海关两）

	茧	生丝	丝织物	计(A)	输出总额(B)	%(A对B)	摘要
一八六八年	92	22,786	1,866	24,744	61,856	40	
一八七六年	252	31,402	4,158	35,812	80,851	44	绸业最盛年
一八七八年	130	20,246	4,750	25,126	67,172	37	广东绸质低下
一八八二年	208	18,691	4,938	23,837	67,337	35	日本竞争开始
一八八三年	183	19,076	4,679	23,938	70,198	34	绸衰落开始
一八八四年	119	18,187	4,876	23,182	67,148	34	绸衰落中
一八八五年	60	15,196	4,745	20,001	65,006	31	绸衰落中
一八八七年	619	23,988	7,083	31,690	85,860	37	日本竞争力增大
一八八八年	501	23,264	8,415	32,380	92,401	35	日本生丝进出欧洲
一八八九年	792	27,850	7,760	36,402	96,948	37	绸衰落愈甚，丝质未改良
一八九五年	1,083	37,641	11,963	50,687	143,293	35	上海机制丝增大，广东开始检查输出
一八九七年	835	43,626	10,790	55,251	163,501	33	广东绸业发展
一八九九年	1,116	70,250	10,572	81,893	195,785	41	杭市政府计划科学管理

备考：

（1）数字系据《六十五年来中国国际贸易统计》作成，摘要采用 *Maritime Customs*，*Silk*，1881，P.205.

（2）机制丝输出，以一八九四年上海白丝为起点，黄丝机制丝输出始期乃在一九一二年。

生丝、丝制物及茧合计的丝类输出，在国外市场足与茶相匹敌的事实，于上表中可以见知。

至于如上所述的作为广泛的国内外市场的杠杆的清末绸业制造，在下文中当逐一展开讨论。

B. 生产形态

视点 =（一八九〇年代——一九〇〇年代）（江南地方）

地域的分业

原料生丝,南浔、震泽有七里丝,嘉兴、绍兴、杭州、无锡、漂阳有大蚕丝[35],至于丝织物,除苏州、杭州具有全种类(绸、锦、缎、绉、罗、绢、绫)以外,南京、荆州有缎,广东出产绸类,湖州、嘉定有绉类,顺庆有绫子,成都有蜀锦。[36]且南浔、震泽专业拈丝,苏州无拈坊,而仰赖于上两地。[37]南京则需要杭州、湖州、宁波之土丝为原料。[38]所以,地域分业=商品分业的明确的姿态的存在,深堪注目。

分业的协业行程[39]

自丝行买入原料生丝后,绸缎行之帐房(即机坊)即在其作业场中,施行拍丝(辨别生丝细肥之作业)工作,完毕后送入料房(拈坊)。在料房中,有受机坊雇用的拈业工资劳动者。在拈业工资劳动者中,有具有拈车2部,使用缫返锤卷工11人至12人的零碎制造家。至拈坊之雇佣职工,劳动极为苛烈,工作时间不定,甚至有在油灯下工作至夜深者。每日工资,分1角8分、1角5分及1角三种,由拈房供给伙食。缫返锤卷工中尚有11岁至12岁的童工,多为邻近儿童,日夜操作,定有学徒时期,在学徒期中仅供给伙食。这种种雇佣制度,完全是基尔特精神的产物。

但丝行程终了后,再送回机坊,由机坊又送至染坊。染坊在其包揽之练房中施行练白行程,再行染丝,由染房向机房领取染资。故染坊不过系机坊的部分劳动者。但如纺、绸、罗等生丝织物,则由机房直送练纺。在这种场合,练坊当然不是染坊的雇佣劳动者,而是机房的雇佣劳动者。

次即属于纬丝场合,因需要捶纬,而送至专业家的捶纬业者,至此,纬丝行程告一段落。在经丝场合,因有络丝工作,这一工作,专有农家女子担任,乃副业的家内劳动工作,故迄"大路小卷到处闻缫丝音"为止,一切活动,全以制造业的外业部形式而展开。经丝送返机坊后,由机坊将拣经职工招来自家作业场,实施拣经工作。以故拣经行程及前提之拍丝行程,在行庄转化为产业家的途上,是初见的在其场内的分业劳动(个别分类)的萌芽。在这最后的行程完毕后,由机房将经丝纬丝送至其赁用的机房,开始织布行程。

机房乃系一从属于行庄式的机坊的工资织业者。在织布以前,经丝的拣经工作,由机房施行接头(引通经为开织以前的准备工作),纬丝则由机房自行缲丝。但这种工作由机房另行委托他人经营之场合,缲丝费由机坊付给。(注意! 机坊事实上已是产业资本家的存在)总之,机房乃系规模零细的劳动者,不过备有高机(无纹织)及空引机(模样织)七八部乃至一二部而已。而且,还有由机坊租织机与机房者,即所谓出机组织。所以"机房开始时,不用资本,常向行庄租用一切,只论每尺织资若干。织工悉由女工充任(但此处所指为苏州情形,杭州则用男工),织机多者有二十部,少者亦有二三部,普通多为五六部,几全部为专业经营,内部组织并无任何分业,职工薪银由机房支与,伙食则由行庄负担"。⑩这样的形态,至此,行庄由事先贷与机器,原料,到支配织房制造业,显出了事实上的产业资本家最后的和最高的形态,所以必须看作这是产业资本家的事实上的已告成立这一事实。

机房织工,苏州为女工,杭州为男工,已如上述。高机一部只需职工一人,然空引机则需要代造(织工)、拉花、玩花(引纹)与帮机(机前切断经丝者)数人。其雇佣形态,分日雇、年期雇及学徒3种,入场皆需有人介绍,始被雇佣。寄食机房者为多。劳动条件极为苛刻,机场系以居宅之一隅充任,日光不足,空气恶劣,饮食亦极粗恶,住室不洁之极。或在机器下为寝室,或在屋角栖息。工作时间,由天亮前至日落,至于工银,因行庄实际上已具有资本家的机能,所以虽然行庄支给工银如每尺最高3角最低8分2厘,然当转由机房实际支给职工时,代造每尺给银1角乃至7分,拉花1角乃至5分8厘,帮机不过每日1角而已。由此可见行庄经纪人变相的机房,实较纯粹的工场组织对职工更多一层剥削关系存在。最后必须附说的是关于大制造业的存在的以下三例。

（1）杭州之韩炳渭机房，有机器 3 部，织工 3 人，绫工 3 人，缫经工 3 人，管卷 31 人。该房亦作染色工作，其染色种类达 50 色，1 色又分 3 种。其各部分行程，在一个作业场内有分业的协业。[41]

（2）沙市之张积盛机房，为荆州缎老铺，机 7，再缫工 16 人，转摇大车工（拈丝工）2 人，转摇小车工（将拈丝置于小络车上者）1 人，经纬线工（管卷）3 人，迁经用工（延丝）每日 1 人，染坊工 2 人，织机工每张 2 人，拉花工若干。丝价低廉时，雇佣职工达 100 人。[42]

（3）山东省龙泉汤之柞蚕大制丝家，备有 100 部至 180 部的座缫器械，尤以和兴、义兴盛、金生、同泰盛、复盛著名。[43]——附带一说：山东之柞蚕地区，李鸿章早已注目，一八七五年，近代柞蚕机械制丝工场的华丰缫丝厂创立于芝罘，以德商泰斯洋行与清国绅商以股份合办形式组织，但因经营不良，让由当时道台盛宣怀接办。复因经营不良，一八九四年，让与顺泰商号接办，顺泰经营得法，购地 38 亩，建基 26 亩，蒸茧釜数 38，法国制缫丝机 550 部，缫丝工 550 人，剥茧工 26 人，修挽手 21 人，作业规模扩大。顺泰商号又于一八九九年另行建造华泰缫丝厂，一九〇一年五月开业。有英国汽制机原动力 32 马力，价值 2 万圆，法国制生丝缫丝器 8 部，蒸茧器 28 部，缫丝机 530 部，购地 20 亩（中有空地 6 亩，建基 14 亩），建筑费 5 万两，规模亦甚宏大。[44]这两个缫丝厂，以当时的时代观点来看，是首屈一指的山东芝罘地方的近代制丝工厂。

【附注】

① 加藤繁，《关于宋金贸易之茶钱及绢》（日本《东亚经济论丛》第一卷第一号所收）。

② 加藤繁，《关于宋金贸易之茶钱及绢》（日本《东亚经济论丛》第一卷第一号所收）。

③ 《天工开物》，卷上，《乃服第二》。

④ 加藤繁，《关于宋金贸易之茶钱及绢》。

⑤ 王文韶，《蚕桑纺织器图说》，《富强斋丛书》第三九册。

⑥ A.H.Smith, *Village Life in China*, P.44.

⑦ 李鸿章，《蚕桑纺织图咏》，光绪二十一年夏四月，《富强斋丛书》第三九册。

⑧ 王文韶，《蚕桑纺织器图说》。李鸿章，《蚕桑纺织图咏》。

⑨ 李鸿章，《蚕桑纺织图咏》。

⑩ 《高宗纯皇帝圣训》，卷二百九，《乾隆六年三月》。

⑪ 《高宗纯皇帝圣训》，卷二百十，《乾隆十一年四月》。

⑫ 李向庭，《蚕桑述要》，光绪二十九年刊。

⑬ *Maritime Customs*, *Silk*, 1881, reprinted 1917, Shanghai, P.P.59, 61, 63, 64, 70.

⑭ Do, ibid, P.20.

⑮ Do, ibid, P.P.82, 112.

⑯ Do, ibid, P.77.

⑰ Do, ibid, P.P.70, 74.

⑱ Do, ibid, P.80

⑲ Do, ibid, P.P.81, 112.

⑳ Do, ibid, P.83.

㉑ Do, ibid, P.62.

㉒ Do, ibid, P.P.70, 75, 112

㉓ Do, ibid, P.P.112, 116.

㉔ Do, ibid, P.70.

㉕ 李向庭，《蚕桑述要》。

㉖ 外务省通商局，《清国商况视察复命书》，页二百四十七。

㉗ 宫崎骏儿，《清韩商况视察报告》，日本横滨税关刊，明治三十九年，页十一。

㉘ 松下宪三郎，《支那制丝业调查复命书》，日本农商务省刊，大正十年，页五。

㉙ 紫藤章，《清国蚕丝业一班》，日本农商务省刊，明治四十四年刊，页三十四、一百八十一。

㉚ 紫藤章，《清国蚕丝业一班》，日本农商务省刊，明治四十四年刊，页三十四、四十八、一百八十一。

㉛ 紫藤章，《清国蚕丝业一班》，日本农商务省刊，明治四十四年刊，页四十七。

㉜ 紫藤章，《清国蚕丝业一班》，日本农商务省刊，明治四十四年刊，页六十。

㉝ 本多岩次郎，《清国蚕丝业调查复命书》，日本农商务省刊，明治三十二年刊，页一百一十八。

㉞ R.M.Martin,*China*.etc.,Vol.I.P.87.

㉟ 峰村喜藏,《清国蚕丝业大观》,明治三十七年刊,页二百五—二百六。

㊱ 峰村喜藏,《清国蚕丝业大观》,明治三十七年刊,页二百四十六。

㊲ 峰村喜藏,《清国蚕丝业大观》,明治三十七年刊,页二百四十八。

㊳ 峰村喜藏,《清国蚕丝业大观》,明治三十七年刊,页二百四十九。

㊴ 山内英太郎,《清国染织业视察复命书》,日本农商务省刊,明治三十二年。

㊵ 峰村喜藏,《清国蚕丝业大观》,页二百四十八。

㊶ 峰村喜藏,《清国蚕丝业大观》,页二百四十七。

㊷ 峰村喜藏,《清国蚕丝业大观》,页二百五十一。

㊸ 峰村喜藏,《清国蚕丝业大观》,页二百八十四。

㊹ 峰村喜藏,《清国蚕丝业大观》,页二百八十五—二百八十六。

第四节 窑 业

A. 瓷器的地位①

英国第二任广东贸易总督台维斯(Sir John Francis Davis)在其所著《中国概观》(*China,A General Description of That Empire and Its Inhabitants*. 1857.) 第二卷中有云:"绸与瓷器为中国人之二大发明品,仅此而论,中国人民既已保有其在世界国民中的高位。"中国瓷器输出,与西方交易,形成极为古老的历史。在埃及与小亚细亚所发现的古代瓶说明了在九世纪乃至十世纪,中国早已向西方诸国输出瓷器的事实。②瓷器制造技术的开始介绍与欧洲属于一七二二年③,而其所具之艺术品格, 永远惹起欧洲的注目。瓷器之呼为 China Ware 绝非偶然。清末《燕京岁时记》作者曾咏叹道:"旧瓷器类甚寥寥,已多为海外买去矣! "④说明了欧洲对于 China Ware 的关心如何炽烈!

然而,瓷器的原来欧洲语为 Porcelain,系自 Porcellana 一字而来。这是葡萄牙人所与的名称,得自卵谷与鱼皮的结合观念。原以其貌似螺钿(Cypraea or Porcellana)而得名,恰如华语呼 Gum 为橡皮,系取其外观上的类似一样。⑤至于螺钿之呼为 Porcellana, 系因其表面的凹形,原得名于 Porcella(小猪),取近似猪背上的凸形之意。⑥虽然时至今日,瓷器已不称为 China Ware 了。一七二二年欧洲渡华以来,由于欧洲瓷器制造技术的不断的改良发展,瓷器在文字上通称为 Porcelain,反之,这表示了中国瓷器品质及美观的退步和停滞,中国瓷器已失掉了 China Ware 的真实意味了。仅此而论,瓷器即可作为中国与欧洲的经济发展阶段交替的表征。在研讨窑业生产形态时,自可了解。

江西省景德镇系中国窑业的名迹,天下周知。该地在宋朝时开窑,元朝加以整理,至明朝而完成。成化年间(一四六五年——一四八七年),皇窑(官营窑场)制品的优良,著称于世。其次,则属于宣德(一四二六年——一四三五年)制品。万历年间(一五七三年——一六一九年),以上釉、五彩绘画驰名,入于清朝至康熙朝而达顶峰。⑦然而至太平天国运动,景德镇窑业制造大受打击⑧,由清末以迄今日,愈形一蹶不振状态。至其销路,一部至欧美,大部则运销国内市场,尤以广州、北京、天津、上海等地为最,尚有一部运销南洋华侨。

B. 生产形态

视点＝(一八九〇年代——一九〇〇年代)

景德镇为窑业独一文物(Monoculture)的聚落场所,所以其总生产行程,为划一的分业＝专业制度。即(1)做瓷业;(2)烧工业;(3)画钵厂;(4)彩工业——的专业分化形态。

原料除窑具的画钵土一部以外,完全仰赖邻近供给。原料产地,以星子、明砂、贵溪之黏土,砷果、祁门、三宝蓬、余干、银坑坞、寿器坞、陈湾之石为主。采掘业者在以上各地采掘土石,卖予专司粉碎精制业的水车业者,水车业者将土、石粉碎精制后,卖予白土行(土行)。景德镇的做瓷业者(瓷器生产者)自白土行购入精制之原料土石后,即开始其生产行程。

做瓷业者以购入之原料,制作坯土(瓷器模型),调成釉药,造坯,施釉完毕后,即委托给专业者的烧工业者烧成之。烧工业者有窑设备,受做瓷业者委托烧成,取得烧资。其时,窑及作为其一部的画钵,由专业者制作而成。烧成之物,即为白瓷或青花品。不要彩画时,做瓷业者即直送瓷行(瓷器商人)卖却,如需要彩画,由彩工业者饰以彩色,至彩画业者,有3种形态:(1)受做瓷业者委托而做者;(2)受瓷行委托而做者;(3)彩工业者自行购入素瓷施以彩画者。经过上述过程完成的瓷器,由瓷行收买贩卖。以上的分业形态,乃一人专营一业,罕有兼业情形。⑨

做瓷行程⑩

坯土调整 做瓷业者自白土行购入原料土石后,即将土石混合破碎。先以3种或5种土块调合。⑪投入木制解桶中。解桶盛水,水中张以粗的金属网制之篮,土块通过篮而破碎,分散水中。然后取去篮,用搅拌锹搅拌,用铁构将上部浮游之泥水,漏过马尾毛制之筛,移入并置解桶左右之漉桶内。迨漉桶中移满泥浆水,再将泥浆水移入木制之沉淀桶内使泥浆沉淀,一方将沉淀之澄水抛去,只将浓泥移入漏水钵。漏水钵内之泥土,或直送土练场,或为更使水分排除,移入木制之除水框。除水过后的泥土,即送土练场。土练场普通设于工场的边隅,以砖铺,有18平方尺、24平方尺乃至30平方尺、36平方尺的面积,或因泥土尚含有未净之水分,故混入干燥之土或瓦片以便适于坯土制作,再行捏炼。捏炼的方法,以铁制之锄或锹反复拍打,再用足在上踩践。

造坯 次即进行造坯行程。造坯使用陶车工作。职工蹲坐,手摇陶车回转,进行造坯。普通1人足用,惟大型陶器,则需要3人帮助摇车,有时更要6人。⑫

试以碗类造坯为例:分做坯、印坯、利坯、刹坯、剐坯、庄坯6行程,悉为分业的工作。(1)做坯,为最初的制型工作。为防过度的干燥,特设有防燥室。(2)印坯,系接做坯行程后的箆型工作,即整型行程。印坯之原型,用景德镇附近所产的淡褐色土,由专业者制成。(3)

利坯,系用钢刃完成削修外部的行程。(4)刹坯,系接利坯行程后,内面的施釉行程。(5)剐坯,系完成削修碗底之高台的行程。(6)庄坯,系将削修后的细孔,加以补修,使肌理绵密,并为除去附黏土,用毛刷擦去的最后行程。

但不能使用陶车的制品,则用模型。任何模型都不能在陶车上施用。

旋釉　造坯完成的制品,即行涂药。施釉法分赞釉、荡釉、交釉、刷釉、吹釉5种。

烧工行程[13]

筑窑由专业者办理,窑的构成之一部分的画钵,亦系由专业者办理。画钵制造业者聚集于景德镇东隅,为数有90户。画钵工场系极为湫隘的陋屋。

烧成工作由做瓷业者委托烧工业者办理,烧窑所生之损害,原则上由做瓷业者担负。一次烧成时间为36个小时,烧成后,需要12个小时的冷却时间,入窑及出窑总共需时3日。通共5日,全部作业即可完成。烧成工作时,每窑有七八名工人(把压、陀坯、架表、掇匣钵、招脚、打杂、小挟子)从事工作,以半数每次4小时轮流交替。窑总数为140个,其中90多个用作瓷器,其他充当涂药用。[14]燃料,用松柴时称为柴窑,制造精良品时应用。用杂木时称为毛柴窑,制造杂品时应用。但因景德镇附近,由于木柴滥伐的结果,全仰仗他地供给。一部系经由饶州自鄱阳湖,一部系乘浮梁河自安徽省,皆由福建而来。柴窑,需柴800担余,燃料费270至280圆,最高额在1,000圆内外,故燃料费占生产费中27%到28%。燃料市价,一圆合3,700两至3,800两,一年统计在70万两至80万两以上。[15]

彩工行程[16]

釉上颜料全部为国产,不使用外国原料。攦磨(涂绘)有专业者担当。多系以残废者及老人在家内工作为主轴,亦有妇女从事者。一日仅得工银七八分,普通品二日内可完成,矾红则需时四五日。最高工银,一日为 2 角至 2 角 5 分。[17]

着画法,全用笔画法。但绘草底时,有利用一种可复写四五次的转写纸者,极为劣等的红瓷着画,用橡皮印板者,用敲彩色或吹彩色者,皆有若干的存在。釉上着画炉总数为 700 个至 800 个。亦有属于个人者,亦有属于共同者。在讲定一窑烧成出价几何后,使用职工烧成。工银行市为大窑工 6 角,小窑工 3 角至 4 角。[18]引火工用薪材或其他,燃料只能用木炭,烧成时间,中形炉需时 10 个小时。

如上所述,景德镇窑业的生产方法,系极为原始的生产方法。其生产时间,并有季节性。开窑期限定为自四月至十一月,十一月至三月因气候寒冷,则为闭窑期。至做瓷业者,瓷行的大经营家,属于他乡人[19],职工亦系季节性的集散。[20]职工数、苦力、人夫以外,在12,000 人至 13,000 人以上,其中四五千人,为着画工。景德镇瓷器年产额号称 400 万圆,其中之半,即 200 万圆,落于彩工之手。[21]大部皆为男工,女工上釉着画者甚属少见。

工银支付制度,除伙食由雇主供给外[22],平均日给,最高为 2 角至 2 角 5 分,低级劳动者则在 2 角以下。[23]

【附注】

① Sir John Francis Davis, *China,A General Description of That Empire and Its Inhabitants*, 1857, Vol. II .P.200.

② Wells Williams, *The Middle Kingdom*, Vol. II .P.27.

③ Do, ibid P.23.

④ 敦崇,《北京年中行事记》。

⑤ W.Williams, ibid, Vol. II .P.22.

⑥ J.F.Davis, ibid, Vol. II .P.205.

⑦ 日比野新七,《清国陶器业视察报告书》,明治三十九年刊。

北村弥一郎,《清国窑业调查报告书》,日本农商务省刊,明治四十一年。

敦崇,《北京年中行事记》。

⑧ W.Williams, ibid, Vol. II .P.23.

⑨ 北村弥一郎,《清国窑业调查报告书》,日本农商务省刊,明治四十一年。

⑩ 北村弥一郎,《清国窑业调查报告书》,日本农商务省刊,明治四十一年。
⑪ 日比野新七,《清国陶器业视察报告书》,明治三十九年刊。
⑫ 日比野新七,《清国陶器业视察报告书》,明治三十九年刊。
⑬ 北村弥一郎,《清国窑业调查报告书》,日本农商务省刊,明治四十一年。
⑭ 日比野新七,《清国陶器业视察报告书》,明治三十九年刊。
⑮ 日比野新七,《清国陶器业视察报告书》,明治三十九年刊。
⑯ 北村弥一郎,《清国窑业调查报告书》,日本农商务省刊,明治四十一年。
⑰ 日比野新七,《清国陶器业视察报告书》,明治三十九年刊。
⑱ 日比野新七,《清国陶器业视察报告书》,明治三十九年刊。
⑲ 日比野新七,《清国陶器业视察报告书》,明治三十九年刊。
⑳ 北村弥一郎,《清国窑业调查报告书》,日本农商务省刊,明治四十一年。
㉑ 日比野新七,《清国陶器业视察报告书》,明治三十九年刊。
㉒ 北村弥一郎,《清国窑业调查报告书》,日本农商务省刊,明治四十一年。
㉓ 日比野新七,《清国陶器业视察报告书》,明治三十九年刊。

总括　制造业之型类及其发展之法则与限界

清末制造业,以极为零细的规模,徐徐地在发展轨道上前进,如以上的诸例证所引述,盖可证明。兹再据马丁氏(R. M. Martin)十九世纪四十年代末期的观察,将上论所述予以概括的综述。

> 广州制造业为数尚多。制品多在西去广州数哩的大都市佛山制造。该处丝织业从业员男女少年合计不下一万七千人。织机极为简单,而工作整然有序。棉布制织从业员越五万人,工场有二千五百家。一工场平均使用二十人,妇女则从事刺绣。[①]

马丁氏论虽如此,然明白中国制造业早有久远历史的论客,则对于清代制造业的发展,在徐徐状态中进行,甚至是在停滞状态中匍匐的状况,依然会感到一种惊异。例如,我们回想起唐代一庄园＝寺院工业之碾硙(制粉业)的异常发达[②],宋代官吏私人经营之制造业(例如彩帛铺)[③]及被形容为汗牛充栋的印刷业[④]、丝织业[⑤]等等的发达,元代杭州的 12 种工业的存在[⑥],《天工开物》中所描绘的明末诸产业的发展阶段——我们看到继续前代的清代经济社会,竟是如上述诸论证所称而是在徐徐的状态中进行,确是一大惊异。这种惊异,并非单是文学的惊异,以从事分析清代经济社会的本书,前述各篇中,明眼的读者当已能找到答复。总之,阻害清代经济社会发展的诸要因,乃由于必然地要制约制造业发展的机构所规定。现在,不殚繁复,仅就其重要各点,摘要述及限制清代制造业的诸特色。

(一)苛税(保护政策=外在的发展要因的缺乏)

北京的要冲——崇文门在有清一代,其苛税=勒索最为有名。[⑦]北京因系宫廷都市的关系,所以是最大的消费都市。在马可·勃罗关于元代的记述中,据称运载丝绸的马、车,通过北京城门,每日为数在1,000匹辆以上;据马丁氏记载,清代,尤其在十九世纪四十年代末,北京之商品流通,十分发达,只自江苏、浙江两省每年运载绸、缎、天鹅绒、衣服之船舶去北京者,在300只船以上[⑧],这还是因为有崇文门一层苛税的关系,所以商品的流通,不无畏却情况。换言之,这种苛税,实在阻害了华北商品流通的发展。试以德国为例,据德国经济学者桑巴特氏(W. Sombart)称,在十九世纪,德国因有国内关税的存在,商品流通大受阻害,但在一八三四年乃至一八三五年,由于德国关税同盟的成立,大大刺激并促进了德国经济社会的发展。[⑨]而且不仅崇文门有极为酷薄的苛税,但凡都市之间的出入,都有入市税和勒索存在。这又使我们想到前书所论及的落地税。这种全国性的入市税,尤其是勒索的存在,对于制造业的立地条件——单是都市=消费地指向,大为不利,亦就是制造业不能不离开大消费地都市的原因。而且中国亦有像欧洲所具有的都市制约,即恶意的基尔特强制(Zunftzwang)的存在,基尔特对于违反其制约的分子,往往以恶辣手段对付。例如广州某制丝业者自法国购入新式机器,以资改良并节约时间、劳资及品质,而且大收成效,模仿某制丝业者的基尔特成员,竞招来同业者的愤怒,结果,机器被捣毁。[⑩]因之,制造业者为逃避基尔特制约,只有逃向农村的一途,然而,制品由农村(工场所在地)运往消费地＝都市,又苦于国内通过税的苛索,势又不能不恐惧商品价格腾贵＝销路清淡的结果。尤其在太平天国运动的高潮中,自咸丰三年(一八五三年)九月,刑部侍郎帮办军务雷以诚,为补救军事费,在江苏开办有名的厘金税以来,国内通过税已普及全国[11],作为正税之一,深加商品生产者以过重的负担。这种事实,日本人高濑花陵于清末旅行华北后,在其游记《北清见闻录》中曾为浩叹道:"出城之北门,门额上刻有居庸关三字,溪桥右处,仍有厘金局,与城内外仅有三四条街之隔。中国人之困苦繁苛不难察知矣。"再如在视察景德镇窑业的日本人记录中,亦曾记有景德镇受二重课税所苛扰的事实:不仅瓷器搬运他省时需要上税,即原料陶土自产地搬入景德镇时亦须课税。[12]厘金又有从量税与从价税之别,税率因地而异,这种无异于落地税的苛索,以一切种类的日用品及制造品为课税对象。[13]就我们曾论及的丝织物而论,一八八○年时之厘金,在杭州每匹为 0.45 两,在苏州为 0.43 两,在湖州为 0.34 两。[14]这种国内通过税的存在,当然妨害地域的分业的成立,然而如前书所见,竟有原料丝的地域的分业存在的事实,我们不能不赞叹中国人民活力的充沛和强韧了。

像上述的因国内通过税的存在,而逃避到农村立厂的制造业,早晚又不得不回到都市。一八七○年代的湖州的丝织业,提供了这样的实例。[15]原来湖州的丝织业者,逃出市外后,生产手段的织机亦被开始课税,对于这种追踪而来的苛扰,除过对抗外,再没有办法。结局,由于请愿撤废课税的激烈手段,才笑着回城了。这种事实,代表了两种意味:(1)所课苛税,不仅限于生产物,对于极为细小的生产手段亦然。这种事例,仅就一八八○年代来说,如苏州市内织机,大者月课 2 圆,小者月课 1 圆 5 角。[16]嘉兴即因每部织机月课 1 圆的关系,生产者不堪其扰,市内原有机器 2,000 部几全部移至盛泽,市内仅余 6 部。[17](2)和官宪对抗的团体运动的展开。人民明白了团结的力量,亦因此取得了斗争的胜利。例如,太平天国运动之际,两江总督左宗棠为补助军事费,新发盐票 15 万道,由于两淮盐商反对,结果只发行 3 万道的事实;再如,湖广总督张之洞为补助财政收入,实施鸦片专卖,由于湖北鸦片商人的反对而告中止的事实。⑱

团体抗议运动,亦有由基尔特出面而收效果的事实。因厘金局于检查货物及发给通过证明书时,趁机苛索暴敛,由基尔特董事与厘金局总办交涉的结果,双方成立了妥协:对于检查出入货物,议定了按年税额,并获得了货物自由通行证,及自由输送许可权。⑲但这些团体运动中,最值得注意的,还是湖州丝业生产者的对抗官宪运动,那种强硬的办法,是准会使贪婪的中国官僚恐惧和让步的。

综观上述诸例,苛税的存在自是一种严重的事实,然而这不过是清朝政府产业政策的一般的态度的部分表现。以此而论,就给清朝的制造业划了一个发展的限界,当无毋赘述。值得我们惊叹的是在这种国定划界中的清朝制造业,竟并未消灭,而在徐徐的发展前进的事实。在这种意义上清末的制造业的史的意义实应予以极高的评价。因为由于自身本来的性格,存立基础极为薄弱的制造业,结果被苛税消灭的史实很多。例如十七世纪的西班牙就是典型的示例。⑳

(二)家计补充的副业规模(生产力发展 = 内在的发展要因之缺乏之一)

建立在未能越出前期的器具阶段一步的小手工业的技术基础上的,以补助家计而从事副业的家内劳动为主轴而展开的,清末的零细的制造业,因其缺乏内在的生产力发展的要因,而阻害了制造业的扩大规模。因之,清国的生产力的发展,不能不牛步化了。

(三)国内市场的狭隘(内在的发展要因之缺乏之二)

国内市场的扩大,实乃生产力发展的杠杆。但在中国,由于国内市场的萎缩,生产力的发展不得不禁闭在狭隘的框子内。因为在制造业的发展上,国内市场的作用极重于国外市场。如真能使国内市场扩大,则制造业的发展基础,自能屹立不拔。以英国为例,在十八世纪初期, 英国国内市场消费率高于国外市场的比率由6倍进到20倍②,在某种程度上,茶、绸、棉、瓷器等的衣料食料关系生活必需品生产部门,拥有广泛的国内市场,英国羊毛制造业的发展因有广大的必要性,才能变得广大。质言之,因奢侈欲望的增大而来的消费能力=购买力的发展, 才使市场不会静态地停止于必要的限界,而需要不断地、动态地、充分地扩大再生产。反之,清代国内市场却非常萎缩, 经济社会的一般购买力, 正如前书所引的乾隆朝的俗谚,"皇帝之庄真避暑,百姓仍在热河也。"和康熙朝左都御史魏象枢的咏叹:"今百姓困苦已极,而大臣家益富。"最为象征。换言之,购买力极为低度。英使马可托尼和法将摩托班所赞叹的奢侈生活,那只是上层社会的购买力的泛滥发挥,极属有限。以绝大多数农民为主轴的清代经济社会,其绝大多数的消费力=购买力自然有其必然的界限,在这种条件下的清代市场,制造业当然丧失了必要而且充分发展的条件,而陷于萎缩状态。

(四)商人的产业支配(内在的发展要因之缺乏之三)

总之,在中国由于商人基尔特与行业基尔特(Merchant Guild and Craft Guild)的差异,即后者比前者过小的状态②,商人资本力对产业家构成了压倒的优势。而且因制造业的推展形态,由于生产者的零细性,故不得不向商人兼资本家的道路上发展,再由于商业的大规模经营性,商人之直接支配生产,又成为不可避免的必然道路。因之,制造业未能变革旧有的生产方法,而趋向保守的退守的性格,虽然这又是清朝政府的本身的性格而来的主体条件=产业政策的产物。作为中间阶段的制造业的发展机能就不能不愈趋萎缩了。

综上所论,由制造业打倒其原来的狭隘的技术基础,使用机械,从其自身中分泌出原生的产业革命的道路,归结当然是不可能。虽然,此时,在这古老的制造业旁出现了茶叶及绸业的新式制造业,但这并不是制造业本身的昂扬,这全是与此无关的外在的发展,才迅快地创立了近代机械工场。这不仅是一般中的特殊,而且是特殊的特殊。虽然,鸦片战争以来,清朝政府仅只为了克服国际的及国内的环境挣扎图存,必至走上创设和扶植官营军事工厂的道路,但从这里也就暴露出了由老式制造业走向工场工业的途中,清末产业构成的畸形的脆弱性。

【附注】

① R.M.Martin, ibid, Vol. Ⅱ .P.277.

② 鞠清远,《唐宋官私工业》,页六十八。玉井是博,《唐时代的社会史的考察》(二)(日本《史学杂志》第三十四编第五号)。那波利贞,《关于中晚唐时代之敦煌地方佛教寺院的碾硙经营》(日本《东亚经济论丛》第一卷第三号)。

③ 鞠清远,《唐宋官私工业》,页六十一——六十二、六十三。

④ 鞠清远,《唐宋官私工业》,页六十一——六十二、六十三。

⑤ 鞠清远,《唐宋官私工业》,页六十一——六十二、六十三。

⑥《马可·勃罗旅行记》。

⑦《清代轶闻》,卷七,《崇文门关吏需索之苛》。《清朝野史大观》,卷十二,《清代述异·崇文门兵役苛索》。

⑧ R.M.Martin, ibid, Vol.I.P.86.

W.Sombart, *Die Deutsche Volkswistschaft.*

⑨ etc., S.S.38.ff.

⑩ 全汉升,《中国行会制度史》,页二百〇二。

⑪ 罗玉东,《厘金制度之起源及其理论》(《中国近代经济史研究集刊》第一卷第一期所收)。

⑫ 日比野新七,《清国陶器业视察报告书》,明治三十九年刊。

⑬ 罗玉东,《厘金制度之起源及其理论》(《中国近代经济史研究集刊》第一卷第一期所收)。

⑭ *Maritime Customs, Silk,* P.P.74,77,81.

⑮ Do.ibid, P.77.

⑯ Do.ibid, P.74.

⑰ Do.ibid, P.80.

⑱ 根岸佶,《支那基尔特之研究》,页二百五十二。

⑲ 全汉升,《中国行会制度史》,页一百六十四——一百六十五。

⑳ 大冢久雄,《欧洲经济史序说》,页四十一。

㉑ 大冢久雄,《十八世纪初头之英国市场》(日本《社会经济史学》第十一卷第二号)。

㉒ 全汉升,《中国行会制度史》,页一百二十一。

补论 十八世纪中叶以降奖励农村副业 ＝普及家内工业的根据

耕地面积及人口增加表

年次	耕地面积(顷)	比率(%)	人口(人)	比率(%)
顺治十六年(一六五九年)	5,493,576	100	21,068,609	100
康熙二十四年(一六八五年)	6,078,430	110	23,411,148	111
雍正二年(一七二四年)	6,837,914	124	25,284,818	120
乾隆十八年(一七五三年)	7,081,143	128	127,500,000	605
乾隆三十一年(一七六六年)	7,414,495	134	★209,839,546	995

备考:

(1) 据《中国财政史辑要》卷三《田制》及卷十八《户口丁》中《赋役》作成。

(2) ★为乾隆三十二年。

上表中,表示出由十七世纪中叶至十八世纪中叶一百年间,相对于耕地面积增加 34%,人口增加达 10 倍的事实。乾隆朝人口的突然大激增,需要四种注释:(1)从来调查户口时,人民为逃避课税,多不申报。但自康熙五十年(一七一一年),制定了有名的《滋生人口永不加抽税例》,规定不论人口如何增加,不得征收定额以上的课税,次于雍正初期,废除丁银(人头税),编入地赋(土地税),制定所谓"丁随地起"之法,因之,至乾隆朝,全国才消失了加征人头税之弊。以此为机缘,人口实数的报告始渐趋正确。这是人口突然大激增的第一原因。(2)从来奴隶贱户并不列入户籍,但由于雍正帝实施怀柔政策,屡屡发布贱民解放令,如雍正元年山西、陕西两省的教坊乐籍解放,浙江省绍兴府的隋民解放,雍正五年,江南徽州府的伴当,宁国府的世仆的解放,雍正八年,江苏省苏州府、常熟、昭文的丐户解放,及江西、浙江、福建三省的棚民解放,广东省的(蛋)[疍]民解放等,此等被解放的奴隶贱民一律被编入保甲。这是至乾隆朝人口突然大激增的第二原因。(3)官吏对于人口申报的严密管理,严防虚报,这是第三原因。(4)从来因系按照户口课服徭役,故老幼妇女并不计入户口内,乾隆帝以人口增多自夸盛世,将前所未计之老幼妇女概引编入户口,这是第四原因。①——我们虽有了上述四种注释,还要明了乾隆朝时绝对的人口增加,遥为凌驾于耕地面积增大,而相对地发生了土地不足的现象。乾隆朝又系集约农耕的转期,意味就在这里。不过乾隆朝时土地不足现象,更是重大的问题。以下我们考察土地如何渐告不足。

清初以来,因为生产穷乏,加以洪水、蝗害、旱灾等自然的灾害,农民屡屡舍弃土地逃奔他乡,清政府对于这种逃散农民,施行了种种的慈惠政策。例如下文所述:

> (雍正五年川陕总督奏)外省人民挈家入川者甚多,皆称系上年湖广(湖北、湖南)、广东、江西、广西等省逃荒之人,请设法安插以为生计。(谕曰:)此等远来多人莫辨良奸,若不行稽查其中游手无赖之徒,必转为良民之扰……其令四川州县,逐一稽查入川人户姓名籍贯,果系无力穷民,即令其留川开垦,所用牛种口粮,目前将公项给发,即著本籍州县官照数补还,如此则游惰之民不敢冒混……(九卿等会议)湖广、江西、广东、广西四省之人挈家远赴四川,散住各府州县,听其为佃种佣工糊口之计,各府州县稽查其姓名籍贯,如实系穷民,造册申报……民人有愿回籍者,量予盘费口粮,给以印票。其愿在川开垦者,测人力多寡分给荒地五六十亩或四五十亩,给以牛种口粮,其所用各项银,著落本籍各府州县官赔补。②

上文中说明了在雍正朝对逃散农民所采行的二种慈惠政策的事实。第一，在逃散地（该时的四川）给予土地30亩至60亩，着其定居，并给予生产手段，使其从事耕作的方法。第二，给予交通费，使其"回籍"至原籍地，给以与第一方法中相同之土地使从事耕作的方法。官方之采用如此慈惠政策的必要，一者，如文中所见，系为恐惧逃散现象之发生地方的纷扰滋事，二者，系遵从"夫农为国本"的根本原则，经常地确保定数农民（Leiheigene）乃为必要。这种 Leiheigene，是封建制度社会下最本质的和基底的生产者，众所周知。

再者，前文中的逃散、定居、回籍事例，在前代康熙朝屡有发生，次代乾隆朝则更发生了极大规模的逃散现象。试举一例，乾隆五十二年（一七八七年）四月，安徽省农民龚文奇率领一族男女30余名逃散四川，官方令其回大文县原籍。③这个例子，官方还示以回籍的慈惠，在乾隆十四年（一七四九年）五月，浙江省平阳县农民100户，逃散至福鼎县，近邻农民开始相随逃散时，官方就不客气了，"流移至一百户之多，岂可听其往来！"④断乎禁止逃散了。不仅此也，在乾隆三十一年（一七六六年）五月，"川省荒地业经认垦无余，嗣后各地人民，由籍赴川垦地者，必不给票，并转饬沿途关津，查无照票者，即行沮回。"⑤官方竟至否认定居，回籍的政策了。该时否认的根据，系"荒地……认垦无余"，即是由于土地不足的关系，谕文中已自行说得明白。有这种规模极大的逃散运动，又是极为必要施行定居，回籍慈惠政策的乾隆朝，竟又是开始显现土地不足的时代，定居、回籍无从实施的时代。

然而，如果逃散是机构的必然性所产生，则政府对此自不能不讲求救济之策，而当面所选最为应急和最为效果的方法，只有"赈恤"一途了。

乾隆二十八年（一七六三年）二月上谕内阁："户部议覆，御史顾光旭条奏，资送贫民回籍一折……此等灾民如果本籍自有田庐，固不当听其播迁失业,今经久日体验,悉流民中谋生者系故土并无田庐……救荒无奇策,惟体恤民隐为要。"⑥

上文中说明了因故乡无地可耕,流民才成为流民,若使其回籍故乡,仍还是流民,故回籍无用,救贫莫如赈恤为佳云云。从乾隆帝这种明快的见解中,可以看出土地不足的现象日趋严重的情形。因之,相对的土地不足,使 Leiheigene 维持政策,受到一次打击。以至原来的慈惠政策,移行依存于赈恤为主要形态。例如乾隆五十七年(一七九二年)乾隆帝谕示内阁称:"前因直隶省京南被旱,各州县无业贫民,至京就食者日众,并多有出口觅食者……此时京城各厂领赈者已不下二万人。"⑦可以明了已施行了大规模的赈恤政策。

假如说赈恤政策是逃散的治疗策,则其预防策就要算是农村副业＝农民家内劳动的奖励,即是创出小农政策。仅此而论,乾隆朝的奖励棉作、植桑,根据就在这里,亦就是丝布家内劳动普及的原因所在。

附带注记以下四点:(1)别于自上而来的劝奖政策,作为农民自体的打开穷境策,有华侨的出洋;(2)回籍事件迄清末仍在赓续施行,在林则徐的上奏中可以找到事实⑧;(3)赈恤政策迄清末,渐已成为例行公事,在前书所引林则徐上奏中,可以窥见一斑;(4)农奴解放,自宣统元年(一九〇九年)公布《禁革买卖人口条款》十条,有了划期的表现。⑨

【附注】

① 萧一山,《清代通史》,上,页七百十四—七百十五;中,页二百五十七、四百六十一—四百六十二。

②《清朝文献通考》,卷十九,《户口》,一。

③《高宗纯皇帝圣训》,卷八十四。

④《高宗纯皇帝圣训》,卷七十七。

⑤《高宗纯皇帝圣训》,卷八十。

⑥《高宗纯皇帝圣训》,卷七十九。

⑦《高宗纯皇帝圣训》，卷八十五。

⑧《林文忠公政书》，甲集，《江苏奏稿》，卷一，《附奏资送流民片》。

⑨《清朝续文献通考》，卷二十六，《户口》，二。

第二章　清末的新产业

第一节　近代的旋回（起点＝林则徐）

清代社会近代化的端绪，当然要算鸦片战争的冲击。道光十九年（一八三九年）九月二十八日，第一次鸦片战争的勃发，至二十二年（一八四二年）七月二十一日由于镇江陷落第三回的结局，八月二十九日，《南京条约》缔结后，这使三百年的"天上帝国"的清朝政府，从独断的昏睡中渐次惊觉以后，以先驱者林则徐为起点，开始了清末新官僚的近代的旋回。

虽然战前的林则徐，曾对本国的军备有绝对性的自夸自大。如在其《政书》乙集《使粤奏称》卷二，《覆奏查察虎门排练炮台折》中云：

> 设不应夷船进口，有遇顺风潮涌，妄图闯入（虎门），虽驾驶如飞，到一排练（虎门炮台）之前，势难绕越。即谓夷船坚厚，竟能将铁链冲开，而越过一层尚有一层阻挡，就令都能闯断，亦已羁绊多时，各台炮火连轰，岂有不成灰烬之理？

可是这种满意的自信，在卜尔米得（Bremed）率领 31 艘舰队攻陷厦门定海[①]，第一次战败确定后，他又改变成慎重的海防论了：

> 但粤东关税即比他省丰饶，则量通夷之银以为防夷之用，从此制炮必求极利，造船必求极坚，似可以酌筹经费，即裨益实非浅鲜矣！[②]

即是林则徐主张以粤海关收入，充海防费而严军备。但这并非以关税收入来补充军事费的清朝政府的传统政策的公式的继续，这是因鉴于自国军事力的薄弱,亲身体验到需要的新官僚对这种传统政策的加强和执行。事实上,林则徐在虎门要塞的保卫战中,曾购入了200挺以上的外国枪械。③但是作为"先驱者"——"先知先觉者"的他,有一种新的认识和信心,他以为真正作到国防力的充实,不仅要购入外国武器即可了事,尤其要紧的是国内生产新武器。④他根据这种信念,在战争中,建造过欧洲型的史克那(Schoner)船(有2樯至4樯的小帆船)⑤,制作过安南轧船的模型⑥,研究过8种的战舰的模型⑦——做过这许多实践工作。再者,他在被由流谪地伊犁召还,作陕甘总督,从"平定"回变的途次,在一八四六年,制造了自动轮炮与爆发药,后者曾被道光帝传令嘉赏。⑧凡此事实,使林则徐不失为新官僚中的先驱者。

林则徐所启发的新事物,当系使极为保守的清朝政府尤其是道光帝觉醒的提示的存在。自此,道光帝才屡次发表战争中自国军事力的薄弱及海军力增强的必要的上谕。先看下文:

道光二十二年九月谕:"朕思防海事宜,总以船坚炮利为要。各省修造战船竟同具文,以致临时不能运用,深堪愤恨!"⑨

这里,道光帝以造船、制炮为军事力基底的见解,竟由于官吏的怠荒而削弱,这个生在自己头上的老疮疤,这时自己才觉得痛疼和"愤恨"。再看下文:

道光二十二年六月谕:"逆夷犯顺以来,恃其船坚炮利,横行海上,荼毒生灵,总因内地师船大小悬殊,不能相敌,是以朕屡降谕旨,饬令将军、督抚……两载以来,迄无成效,推原其故,由于无巨舰水师之与接战,其来不可拒,而其去不可追。故一切夹攻埋伏,抄前袭后之法,皆不能用,以致沿海州县屡经失挫……因思逆夷所恃者,中国战船不能涉达外洋与之交战,是以横行无忌……前据奕山奏,广东省捐造大船一只,颇能驾驶出洋,可见木料人工,随地皆有,急公好义，不乏正人。嗣后，如有捐资制造战船炮位者，该督抚查明保奏，朕必照海疆捐输人员，从优鼓励。"⑩

这里，道光帝痛切地认识和反省出鸦片战争的败因实由于英清军备迥异，尤其是海军力的绝对相差这一事实。因之，为增强海军力，制炮造船当然是不可缺的要求，在这种场合，又拿出传统的以奖励强制为手段的捐输政策了。当时，为建设海军，备办军舰、水手、枪炮，只责成广东一省，道光二十二年一月乃至九月间，广东被强制所出捐输额达45万两余。⑪在上引之谕文中所提及的大船捐造事例，系指十三行巨商同孚行潘仕成的捐输而言，即是这种捐输政策业已实施的实例。潘仕成早在一八四一年，即捐输私费19,000两，建造船长133呎，收容能力300人的新舰一只。⑫不仅此也，他还献纳洋式枪炮的铸造的资金⑬，并顾用美籍官吏从事制造水雷。⑭而早在战前，道光十五年(一八三五年)时，广东十三行商人，已捐输铸造大炮40门的经费14,800两，铸造弹药费52,000两(但当分3年交纳)⑮，这应该看作广东十三行商人对这方面的贡献。此时政府迫于燃眉的危机，特任命潘仕成负责监督加紧进行造船制炮事业，政府对这种新事业的进行，意志如何巩固，只看它不信任自己的官吏，并严禁官吏干涉经营，而授责于一商人的事实，即是明证。在下文中可见这种措施：

　　道光二十二年九月谕："将来均需粤省制造分运各省。据奏：潘仕成所捐之船坚实得力，以后船只制造，着该员(潘仕成)一手经理，断不许官吏涉手，所需工价，准其为官发给，并不必限以时日……广东海口为夷船经由要道，必应加意防范。战船现已制造……"⑯又"其一切制造事宜统由潘仕成一手经理，毋许官吏涉手……两湖四川大臣咨商购备坚实木料造大船……一并发潘仕成监制。俟造就三十只后，是否足用，再行酌量办理。并另造小号战船三四十只，跟随大船，作为羽翼。"⑰

如上所述,保守的清朝政府,由于鸦片战争的冲击,渐渐转化为面目一新的装备。这种转变,在战争以后,道光二十四年(一八四四年),在所谓"列代圣训未尝许开矿"的传统的矿业政策上,亦有新的改换一事,又得一旁证。该年曾谕令奖励开矿(而且是民营!)发有如下之谕文:

> 即如开矿一事,前朝屡行,而官吏因缘为奸,久之而国与民俱受其累。我朝云南、贵州、四川、广西等处,向有银厂,每岁抽收课银,历年以来,常照纳输,并无丝毫扰累于民,可见为官经理不如为民自行开采,是亦藏富于民之一道。因思云南等省,除现在开采外,可采之处尚多,著宝兴、桂良、吴其濬、周之琦体察地方情形,相度山场,民间情愿开采者,照现开各省一律办理,断不可假手吏胥,致有侵蚀滋扰、阻挠诸弊……期于民生国计而有裨益,方为妥善。⑱

是故,近代的旋回点,当系道光朝鸦片战争,一八四二年。而做成这个起点的,该是林则徐特应铭记。林则徐的精神射辐,则由邓廷桢、颜伯焘、龚振麟、易长华、长庆、吴健昌等官吏,及许祥光、潘仕成、丁拱辰等资产阶级予以体验发射。⑲事实上,当时一般军事武器技术的大为进步,一八四一年八月二十六日厦门战后,已足使英军司令官卜尔纳得(Bernard)大为惊叹。⑳

【附注】

① 萧一山,《清代通史》,中,页八百七十七以下。

②《林文忠公政书》,乙集,《两广奏稿》,卷四,《密陈夷务不能歇手片》。

③ Gideon Chen, *Lin Tze -Hsu, Pioneer Promoter of the Adoption of Western Means of Maritime Defense in China*, 1934, P.11.

④ Do, ibid, P.P.18, 20.

⑤ Do, ibid, P.19.

⑥ Do, ibid, P.20.

⑦ Do, ibid, P.21.

⑧ Do, ibid, P.P.16, 17.

⑨《筹办夷务始末·道光朝》，卷之六十一。

⑩《筹办夷务始末·道光朝》，卷之五十四。

⑪ Gideon Chen, *Lin Tze-Hsu*, etc., P.36.

《筹办夷务始末·道光朝》，卷之六十四。

⑫ Gideon Chen, *Lin Tze-Hsu*, etc., P.36.

⑬ Do, ibid, P.39.

⑭ Do, ibid, P.44.

⑮ 梁嘉彬，《广东十三行考》，页一百九十七。

⑯《筹办夷务始末·道光朝》，卷之六十一。

⑰《筹办夷务始末·道光朝》，卷之六十四。

⑱ 萧一山，《清代通史》，中，页八百三十六以下。

⑲ Gideon Chen, *Lin Tze-Hsu*, etc., P.P.32, 34, 35, 36, 37, 39, 40, 46, 49.

⑳ Do.ibid, P.32.

第二节　官营军事工业的勃兴

（一）新官僚的旋回观点（左宗棠、曾国藩、李鸿章）

林则徐的遗产，鸦片战争的热狂煽醒后，至道光朝末期，虽有多少反动逆流袭来，但并未全然被遗忘。不仅为《南京条约》的当事人耆英所继承，至而保守派的头领满洲大臣穆彰阿亦予以协力，以至耆英、穆彰阿运动一时成为旋回的原动力①，给灭亡前的清朝以落夕前灿烂的一照。此种原动力的发挥，第二次鸦片之战时，一八五七年十一月—十二月，使占领广州的英国海军少将桑摩（Sir M. Seymour）对于较鸦片战争时大为强化的广州军备大为惊叹②。又，一八六〇年八月，占领大沽炮台的英军对于模仿英国武器的才能亦为置叹③——诸如此类的进步。

然而，林则徐起点的旋回，无过于二十年后左宗棠、曾国藩、李鸿章这三个官僚的出现。由他们三个人所发意，创设的官营军事工业，就是以林则徐起点为指表的新运动。而左、曾、李的近代的旋回＝官营军事工业的勃兴，最为直接的机缘，是由太平天国运动所促成。他们开始奉了"讨伐"太平军的敕令，准备为满清作忠实的鹰犬，并为自己的地主利益而战，即着手开始筹备和建立其惊人的"事业"，左宗棠于一八五二年由湖南巡抚张亮基相辅练成海军④，曾国藩于同年以同巡抚资格在故乡湖南纠合地主力量，办理团练⑤，李鸿章于一八六二年以八千淮军戡定上海⑥，在这之间，他们常常痛切地想到确立林则徐所萌芽的军事生产力的必要。所不同的，林则徐系导因于直接对外战争，他们则是直接于"戡定内乱"，保护自己利益。然而，所可明了的是军事生产力的确立＝创设官营军事工场，导因不外两点，其一，对外防卫，其二，防止革命，总之，意在挣扎图存，挽回覆亡颓运。清末的自强运动意义，其精华就在这里。至于他们对自强运动如何痛切的"觉醒"到，并对于作为这种运动的物的表现近代军事工场的创设，如何视为重大，最好引摘他们自己的话来证明。

（Ⅰ）李鸿章："西人专恃其枪炮轮船之精利，故能于中土横行。中国向用之器械不敌彼等，是以受制于西人。居今日而曰攘夷，曰驱逐出境，固虚妄之论，即欲保和局守疆土，而亦无能保守之具……臣愚以为，国家诸费皆可省，惟养兵设防、练习枪炮、制造兵轮之费万不可省。……"⑦

（Ⅱ）左宗棠："臣愚以为，欲防海之害而收其利，非整理水师不可，欲整理水师，非设局监造轮船不可。"⑧及"制造轮船，实中国自强要著。"⑨

（Ⅲ）曾国藩："目今添造轮船、运河、堤工，万不容缓之事。"⑩及"上海已设制造局，不如购其机器，自行制造经费较省，新旧悬殊。"⑪

综观说来，清末为克服其国际的（帝国主义者的加紧侵略）、国内的（人民起义力量的澎湃）诸情势，以至才在向近代社会的旋回中，改良装备，妄图以新式武器击退新式时代，是挣扎求活的哀声。所以，最初出发于增强军事生产力的自强运动，其必然的发展法则，就是次第移行于一般的殖产兴业政策。至于其所表现的发展法则为如何，可看下表：

官营军事工业发展表

年次	创设者	名称	摘要
咸丰四年（一八五四年）	左宗棠 骆秉章	会城制造局(1)	船舶 大炮
十一年（一八六一年）	曾国藩	安庆军机所(2)	船舶 武器
同治元年（一八六二年）	李鸿章	上海机器局(3)	武器 枪炮
三年（一八六四年）	曾国藩	南京军机所(2)	安庆支局
四年（一八六五年）	李鸿章	南京洋式机器局(2)	武器(Dr. Macardney 为顾问)
同	曾国藩 李鸿章	上海江南制造局(4)	枪 时计农业机械
五年（一八六六年）	左宗棠	福州船政局(1)	船舶(5 年 16 只)
同	李鸿章	天津机器局(5)	枪药 枪炮
十年（一八七一年）	左宗棠	兰州机器局(1)	枪炮（一八八二年关闭）
十一年（一八七二年）	李鸿章	轮船招商局(6)	（资本 50 万两官商合办）
光绪三年（一八七七年）	李鸿章	开平矿务局(7)	石炭（资本 80 万两官商合办）
六年（一八八〇年）	左宗棠	兰州织呢厂(1)	毛织物（机械 4,000 部，一八八四年关闭）
八年（一八八二年）	李鸿章	上海洋布局(8)	织布（资本 40 万两官商合办）

备考：

（1）Gideon Chen，*Tso Tsung T'ang*.

（2）Do，*Tseng Kuo-Fan*.

（3）《李文忠公全书》，奏稿二十六，《上海机器局报销折》，光绪元年十月十九日。

（4）Gideon Chen，*Tseng Kuo-Fan*，P.P.43—45，49.

《国朝柔远记》，卷十六。

《李文忠公全书》，奏稿九，《置办外国铁厂机器折》，同治四年八月初一日。

容闳，《西学东渐记》。

上海江南制造局，一般见解皆以为系李鸿章于一八六七年创设，事实却是曾国藩受留美耶鲁大学学生容闳建议以机械千架，资本八万六千两，由李鸿章＝丁日昌借用上海外国工场，开始操业。但在一八六七年，于上海市南部，扩张设立新工厂。

（5）《李文忠公全书》，奏稿三十二，《四成税留充机器局经费法》，光绪四年七月初二日。

天津机器局设立，通例之见解，以为系一八六七年，惟据李之《全书》则为同治五年。

（6）《国朝柔远记》，卷十七，《同治十一年冬设招商局》。

《李文忠公全书》，奏稿四十，《查覆招商局参案折》，光绪七年二月十一日。

轮船招商局，以伊敦、福星、永清三船开始营业，于上海设总局，牛庄、烟台、福州、厦门、广州、汕头、宁波、镇江、九江、汉口、天津设分局。并另于香港、长崎、横滨、神户、新加坡、槟榔屿、安南、吕宋亦设分局，分局共计十九处，以朱其昂、盛宣怀、许钤、唐廷枢、徐润、叶廷眷等专任。

（7）《李文忠公全书》，奏稿四十，《直省开办矿务折》，光绪七年四月二十三日。

开平矿务局之创设，通例之见解，以为系一八七八年，惟据李之《全书》称，系光绪三年八月。

（8）《李文忠公全书》，奏稿四十三，《试办织布局折》，光绪八年三月初六日。

上海洋布局，依通例见解，系设于一八九〇年，据李之《全书》称，乃光绪八年。故在衣料部门中，民族资本之参加近代工场的起点，非一八九〇年，而是比这还早的一八八二年。此点关系重要。

如上表所见，初以狭义的确立军事生产力为出发点的新运动，渐或并设衣料生产部门的羊毛工场、织布工场，或为增产食料，着手生产农业机械，或踏进整备运输体系的第一步，设立轮船招商局。由此以观，他们并非单是武断主义者（Chauvinist），至为明白。再用他们自己的话来证实。

（Ⅰ）左宗棠："窃惟东南大利在水而不在陆，自广东、福建而浙江、江南、山东、直隶以迄东北盛京，大海环其三面，江河以外，万水朝宗。无事之时，以之（船舶）筹转漕，则千里犹在户庭，以之筹懋迁，则百货萃诸廛肆，匪独鱼盐蒲哈足以业贫民，舵艄水手足以安游众也。有事之时，以之筹调发，则百粤之旅可集三韩，以之筹转输，则七省之储，一水可通。匪特巡洋缉盗，有必设之防，用兵出奇，有必争之道也。"⑫

左宗棠在上文前半段,以船舶平时的必要,在求贸易之利与运输之便,后半段,以船舶兵时的必要,在求对外战争与维持治安,系以这样的综合的观点而建造船舶,设立船厂,不容怀疑。中国以商业目的开始用轮船,以一八五五年海上送米之时为划期⑬,以对外战争目的开始用轮船,以鸦片战争之时为划期⑭,次即为一八八四年因安南而惹起的中法战争。⑮以维持治安目的开始用轮船,以一八五三年"讨伐"太平军为划期⑯,次即是一八五六年上海宁波商人扫荡海贼⑰,左宗棠本人,一八六二年借用美国汽船四只扫荡广东海贼,一八六四年,借用福州法国海关税务司汽船,扫荡温州台州海贼,以及湖州之战,皆曾利用轮船。⑱

左宗棠并曾把握了主要产业与补助产业之间有不可避的结合性这一观点。他于一八八五年十一月,上奏开发福建省穆源铁山,江苏省徐州铁=煤山,并请创设制铁所,又上奏创设福建砂糖工场。⑲可谓正确地理解了造船与煤、铁等生产手段的生产部门与消费生产部门之间的相互关联=发展之关系。他在这种立意之下的部分的实践工作,有甘肃省兰州织呢机器厂的创设,又于一八八〇年在甘肃省平凉县就泾水利用军队实施机械灌溉及道路改修事业。⑳

(Ⅱ)李鸿章:"臣维古今之国势,必先富而后能强,尤必富在民生而国本乃可益固。溯自各国通商以来,进口洋货日增月盛,核计近年销数价值已至七千九百余万余两之多,出口土货年减一年,往往不能相敌,推原其故,由于各国制造均用机器,较中国土货成于人工者,省费倍蓰,售价既廉行销愈广,非逐渐设法仿造,自为运销,自不足以分其利权。……查进口洋货以洋布为大宗,近年各口销数至二千二三万余两,洋布为日用所必需,其价又较土布为廉,而民间争相购用,中国洋钱耗入外洋者,实已不少。臣拟遴派绅商,在上海购买机器,设局仿造布匹,冀稍分洋商之利。……估需成本银四十万两,分招商股足数,议有合同条规,尚属固妥,经批准先在上海设局试办,派龚寿图专办官务,郑官应专办商务,又添派部中蔡鸿仪主事经元善道员李培松会同筹办。……自应酌定十年以内只准华商附股搭办,不准另行设局……如由上海径运内地及分运通商他口,内地输入均应照洋布花色在上海新关完一正税,概免内地沿途税厘,以示体恤。"㉑

上所引关于上海洋布局创设的批准奏请,其自身就说明了江南制造局及天津机器局的创始人李鸿章不止以军事生产为满足的事实。虽然在这个批准请奏中,同时又说明了下列诸重要的事实:(1)外国棉布与土布的生产费相较,后者当属高昂,这一论断,足证李鸿章在理论上,把握的正确。(2)为妨遏奏请中所行的事实而生的入超=银流出,提议采用机械,"冀稍分洋商之利",这点,表现出李鸿章是素朴的重金=货币差额主义者,这和将贸易的本质,由比较生产费而把握了国际分业的理论的左宗棠根本相左,可以认知。(3)奏文归结是提议创设近代织布机械工场,然而选用的方式,是半官半民的形态,这点和以船舶平时之利为"鱼盐蒲哈以业贫民"的左宗棠视点,在范畴中显示出不同。这是因为官吏的李鸿章又是江南大商人的李鸿章,他的半官半民的视点,由他的官=商身份说来,自然是合理的想念。故他的新事业,多系官商合办形态,绝非偶然。(4)该工场以外,至少在十年间,不许创设其他织布工场一节,则表示了独占的保护,育成政策的理想。(5)该工厂之生产品,请求免除国内通过税一节,证明了国内通过税的存在,如何成为产业发展的阻因。而且,此点的被提出,开了免税特典工场的先例,具有划期的意味,值得铭记。

再有,李鸿章关于开发矿山之意义的把握,亦极为正确。再看下文:"窃惟天地自然之利乃民生日用之资,泰西各国以矿学为本,中国金银煤铁各矿,胜于西洋各国,只以风气未开,菁华阂而不发,利源之涸,日甚一日,复岁出巨款,购用他国煤铁,实为漏卮之一大宗。"㉒并从国际收支的顺逆观点提出开发国内铁、煤矿山的必要,呈请："天津机器各局制造子弹、药帽等项,所需铜料购自外洋,转运艰而价值贵,且恐不可常恃,自应就中国自有矿产,设法开采,以期省费便用。"[23]断定"从此中国兵商轮船及机器制造各局用煤,不致远购于外洋,庶一旦有事不为敌人所把握,亦可免利源外泄。富强之基,此为嚆矢。……开煤既旺,则渐可以图炼铁,开平局务振兴,则他省人材亦必闻风兴起,关系于大局似非浅"。[24]如上所述,显示出新官僚最为应景地把握了军事生产与原料资源的结合性,尤其是煤生产之起点的重要性,原料资源自给的急务——这些理论。而且,另一方面,他还没忘记掉为振兴输出,申请减低煤输出税这一事实。[25]

(二)新产业的经营

新产业的视点虽属正确,而其实际经营,则成功有限。最为明白的失败例子,可举左宗棠所创立的兰州机器局及兰州织呢厂。左宗棠在陕甘总督任内,所设立的这两个近代工场,开始时,所把握的立场条件即告不利。不仅订购之外国机器由汉口运至兰州需时数月[26],兰州之制品搬运至海岸地带所需运费亦远与欧美制品搬入海岸地带所需运费相爵。[27]这是指失却运费指向的立场条件而言,再有用水的缺乏,且又含有盐质[28],和相对的资本缺乏——在这三种缺乏(运费指向、水、资本)条件下,兰州机器局只维持了 10 年的寿命至一八八二年关闭[29],兰州织呢厂则只有 4 年寿命,于一八八四年即行关闭。[30]

左宗棠在兰州所创立之近代工场命运如此,至于资本困难,则为一般经营中都会碰到的暗礁。例如曾国藩为安庆军械所及江南制造局的资本困难而浩叹,奏请以海关收入 20% 充当经费,一八六七年,下赐 40 万两的事实。[31]再如,福州船政局之财源,虽以福州关税充当,然月额不过 4 万两[32],而一八七二年当时的实际经费月额七八万两以上,因之有当时恰在"讨回"任内的左宗棠,奏请从其军事费月额 5 万两中划拨 2 万两补救船政局经费的事实。[33]又如,一八七七年,御史董俊翰劾奏招商局亏损月额五六万两以上,李鸿章答辩称为企业创始期的亏损,乃属必然性的事实。㉞仅以上举这些例则来看,可知在新事业的经营困难中,资金不足的情况。然而,亦有得到成功的新事业。安庆军械所于一八六三年一月二十八日造成船长28—29呎,时速25—26里之小汽船,曾国藩曾乘坐泛航长江中流,航行八九里。距福尔敦(Robert Fulton)于一八〇七年驾驶克利孟号(Clermont)试验航行于哈得逊河(Hudson River),为时不过56年以后的事实。㉟江南制造局于一八六八年——一八七一年之间,建造成功汽船5只,由行将就死的曾国藩命名为恬吉、威静、操江、海测,另一只建造成功时,曾国藩已不及见。㊱

再有,福州船政局于一八六九年六月十日至一八七四年二月三十日间,造成万年青(运输船)、湄云(炮舰)、福星(炮舰)、伏波(运输船)、安澜(运输船)、镇海(快速炮舰)、扬武(Convette型)、飞云(运输船)、靖远(快速炮舰)、振威(快速炮舰)、济安(运输船)、永保(运输船)、海镜(运输船)、琛航(运输船)、大雅(运输船)15只,完全系照预定计划完成制造,北京宫廷为此初次恩赏船政局顾问Giguel,do'Aiguehelle及其他法籍技工15万两,并授予爵号。㊲

至于李鸿章创立的天津机器局及江南制造局成果尤大。天津机器局,批准以津海(天津)东海(芝罘)两海关税收40%充当财源。江南制造局,则于一八六七年始由曾国藩奏请,准许以江海关(上海)税收10%充当财源,继至一八六九年,复由马新贻、丁日昌奏请,准以20%充当㊳,因之,不仅两局经费困难得以解决,且以每年所生前期复利加入活动,业务发展日见充实。由下列表中,可明了天津机器局经营收支情况。

天津机器局历年经营收支表(单位:两)

项目	前期复利	收入	支出	后期复利
同治十三年—光绪元年	18,218	329,333	575,494	27,341
光绪二年—三年	27,341 193,000	484,119	522,463	182,097
光绪四年—五年	182,097	461,543	482,593	163,101
光绪六年—七年	163,101	671,667	643,757	232,011
光绪八年	232,011	297,768	266,969	60,810 205,000
光绪九年	60,810	313,418	277,078	97,169
光绪十年	97,169	389,067	454,468	40,768
光绪十一年	40,768	356,679	294,066	103,381
光绪十二年	103,381	320,332	296,212	127,501
光绪十三年	127,501	300,201	345,966	81,736
光绪十四年	81,736	367,321	396,800	152,257
光绪十五年	152,257	358,706	383,074	127,889
光绪十六年	127,889	317,113	328,679	116,923
光绪十七年	116,923	421,572	316,419	222,076

备考:

1. 据《李文忠公全书》,奏稿二十八、三十三、三十九、四十六、四十七、五十四、五十八、六十一、六十三、六十六、七十、七十三、七十五、七十七各卷之《机器局报销折》作成,各卷之顺序与前表年次一致。

2. 两以下之钱、厘、毫、丝、忽,完全舍去,计数上并无多少误差。

3. 收入一项中,系以津海、东海两关税40%构成,极小部分,由卖予地方驻军武器弹药及修理外国船舶收入构成。

4. 支出包括:自外国购入原料(硝石、硫黄)费,自外国购入完成品(火药、武器),自外国购入补助材料(涂料)费,支付外国技工薪金,由内地购入原料(铁、煤炭、木材)费,内地职员、职工、夫役薪金、医药费,工场修理费及保险费等项。

5. 因非复式簿记制,且各年报告形式各异,收入、支出、滚存之概念,系由于划一的整理,故颇有不合理之处。尤以无公积金,收益等项目报告,故近代的分析方法,全不适用。再有,由于金额并非表示生产额、原材料、燃料、劳资之细目,缺乏具体性,故生产费的把握,甚难。

6. 附加说明一点，天津机器局系同治五年创设，上表系以同治十三年为起点，则因无经营报告可据，与光绪十七年以后情形相同。这可看作光绪二十一年中日战争以前李鸿章的全盛时代情形，因李自中日战争负败责而没落。暨其报告中，自光绪十二年以降，渐趋粗杂简单，亦殊堪注意。此点，与上表所示以光绪六—七年度为经营内容的顶点一节相关联。在下文中可以见到，光绪六年为报告十五年间生产量总计的一年，该时，为其经营热心到达顶点的时代，可以考知。

7. 天津机器局的事业，其意图与福州船政局、江南制造局相同，系以培养练习工、技术工及派遣留学生，以推广洋式军事教育为本旨。

天津机器局生产何种武器及其具有如何生产量一节，奏稿中每年都有详细报告，兹为避免繁杂，将开局以来至光绪六年（一八八〇年）间 15 年间生产量总计的总报告抄下：天津机器局分为 2 局，设于城东贾沽家者称为东局，城南海光寺者称为西局。东局生产额据报为：洋火药 437 万磅余，钢帽 23,860 万颗余，前后膛大小枪弹 364,700 颗余，林明敦中针枪 520 支，林明敦枝格林炮子 8,468 颗余，各式拉火 95 万支余，500 磅药碰雷 28 枚，1,000 磅药沉雷 34 枚，700 磅乃至 750 磅药撞雷 122 枚，棉火药、电线、电箱多数。西局生产物据报为：克鹿卜炮弹、改造土乃得后门枪、弹子、炮车、各种新式机器、电线、电箱、电引、行军桥船 130 只余，130 马力 7 丈螺轮船 2 只。[39]所产武器，因天津机器局并非营利事业，系应全国各军营需要，由政府负担分配之。其供给能力优胜与武器性能的改良发达情形，李鸿章曾自负地说：

造出洋火药、铜帽、子弹等项……拨给直防淮练各军及奉天、热河关外征防诸军需要随时应付无误。臣逐加试验，均属精利合用，与外洋军火无别。[40]

文中虽不免多少有自夸自赞的成分，然他系初次出发于认识了本国武器性能的劣弱，从而反复强调迎头赶上外国武器，能在实践上达到这种程度的成功，其广言邀众的情绪，当有可原。在他的奏稿中处处露出他的热情的爱注，使天津制造局才能从"随时应付无误"

（武器供给能力增大）到"与外洋军火无别"（武器制作技术发达，武器性能改良），而得确立与发达。

他所创立的江南制造局，情形与天津机器局相同。本局设于黄浦江左岸高昌庙，分局设于龙华镇的江南制造局，立场于泰西技术的输入通路的上海，自较天津机器局的立场条件为有利，李鸿章如何精到地哺育它的发展，如何不断地采用输入的泰西进步技术，如何有贡献于该局的发达——从清日战争前一年来访该局的日本陆军中将川上操六加以赞叹的事实中可以窥知：

> 上海江南制造局创造的西洋新式的枪炮，卓著成功，有裨军需……以近日泰西各国枪炮之利争雄角逐，日异月新，现新出之连株快枪及金钢快捷大炮尤为行军守口利器。……李鸿章以前上海机器局所造枪支，均是旧式仿造，英厂新式南夏枪亦不适用，因于十六年（一八九〇年）秋间，饬令专就漫利夏（奥大利制）、新毛瑟枪（德制）讲求仿造……至枪炮所需钢料购自外洋，价值既昂，运费又贵，该员等复仿照西法炼成纯钢炮管枪筒并卷成大小钢条，精纯坚实与购自外洋者无殊。……就中，以自产之煤铁炼西式钢料，制成多种新式机器，以备各营领用，不必资取外洋，实为自强根本，至计其裨于军实者，诚非浅鲜。……上海机器局为各省制造最大之厂，该局员等苦思力索，不惮繁难，奋勉图功，竟能于数年之间创造新式枪炮，与西洋最精器无异，为中国向来所未有。今年五月间（一八九三年）日本陆军中将川上操六游历来沪，试放此枪，动色叹羡，谓彼国中村田大厂所造殊不能及，乞取两支以为标准。是该局员等创制之军械实与外洋一律。[41]

日本村田枪的创设（明治十三年），系日本军器发达史上一划期的成就，日本人的川上操六竟以高于村田工场的荣誉赠予上海制造局，可见李鸿章在军器事业上的热情。这自然是他的出发点政治热情的反映。他对于他的"利益"如何热爱,他深刻认识人民起义力量如何值得惊惕恐惧,从他充满了对军器制造如此倾爱与热情中,可以了解。

像上所述的清末的近代旋回中,成功与失败的光色与暗影交迭互映,表现出清朝政权在挣扎中的得失波涛。至于张之洞、盛宣怀、刘坤一、张謇等则是左、曾、李的旋回远心力所放出的余光。自此以后,官营、官督商办诸企业一齐并兴。

然而,本来的民族资本转化为产业资本,遥在官营军事工业兴起以后,不论官商合办性质的事业如招商局,开平矿务局系由商股参加者,而以独自的意志创立新式实业,当以一八八三年上海买办祝大椿以资本金10万圆创设源昌机器五金厂为起点。换言之,买办资本对于民族资本所具的重大性意义,必须注意。同时,民族资本的怯弱性(清代封建社会的停滞性),即为理解官营企业的早期必然性的出现及其深远的史的意义之关键。至如梁启超评论清末新产业的败因,应求之于其所具的官僚的性格中[42],亦系出发于这种理解的必然性论断。对于清末新产业的败因之理解,只要有这种基本的把握,即可进一步研讨。而将这种怯弱的民族资本集中动员,转化为产业资本,并以资发展产业,当然不可避免地要创设近代银行。如张謇亦明了地把握了这点:"中国内地风气尚未尽开,资本又不充裕……应集一银公司。"[43]

因之,清末新产业的必然性产物,既为唤起了近代金融机关以中国通商银行为基石的近代银行经营,使一般社会认识了这种事业的有利性,如天津海关员 Jules Gory 所称的"银行热"(Bank Boom)[44] 现象,风靡各省。这种事业的最大结集品,无过于大清银行。自此清末的新产业始又踏入另一阶段。

为表示其发展状况,兹表列中央政府系银行的设立状况。

银行名	设立年次	资本银(万两)	股数	监督官厅	经营形态
中国通商银行	一八九六年	500		户部	半官半民
户部银行	一九〇四年	400	40,000	户部	半官半民
交通银行	一九〇七年	500	50,000	邮传部	四官六民
大清银行	一九〇八年	1,000	100,000	度支部	半官半民

备考：

1. 据《财政年鉴》，民国二十四年下篇，《第一回　中国年鉴》。贾士毅《民国财政史》下册，东亚同文书院《支那经济全书》第六辑作成。

2. 中国通商银行实收资本250万两。

3. 户部在一九〇六年中央官制改革时改称度支部，银行名亦因之改为度支部银行。

【附注】

① Gideon Chen, *Tseng Kuo-Fan*, etc., P.P.1—5.

② Do.ibid, P.9.

③ Do.ibid, P.11.

④ Do, *Tso Tsung T'ang, Pioneer Promoter of the Modern Dockyard and the Woollen Mill in China.* 1938, P.6.

⑤ 田中萃一郎，《东邦近世史》，中卷，页六十。

⑥ 梁启超，《中国四十年来大事记》，页十六。

⑦《李文忠公全书》，奏稿十九，《覆议制造轮船未可裁撤折》，同治十一年五月十五日。

⑧《左文襄公全集》，奏稿卷十八，《拟购机器雇洋匠试造轮船先陈大概情形折》，同治五年五月十三日。

⑨《左文襄公全集》，奏稿卷四十一，《覆陈福建轮船局务不可停止折》，同治十一年三月二十五日。

⑩《国朝柔远记》，卷十六，《同治六年·夏四月筹造轮船经费》。

⑪《国朝柔远记》，卷十六，《同治三年·遣人出洋采办机器》。

⑫《左文襄公全集》，奏稿卷十八，《拟购机器雇洋匠试造轮船先陈大概情形折》，同治五年五月十三日。

⑬ Gideon Chen, *Tseng Kuo-Fan*, P.32.

⑭ Do, *Lin Tze-Hsu*, P.19.

⑮ Do, *Tso Tsung T'ang*, P.P.43—44.

⑯ Do, *Tseng Kuo-Fan*, P.P.28, 29.

⑰ Do,ibid,P.P.32—33,34.

⑱ Do,*Tso Tsung T'ang*,P.P.8,9.

⑲ Do,ibid,P.P.77,78.

⑳《左文襄公全集》,奏稿卷五十七,《行抵西安起程北上日期折》,光绪六年十二月二十四日。

㉑《李文忠公全书》,奏稿四十三,《试办织布局折》,光绪八年三月初六日。

㉒《李文忠公全书》,奏稿四十,《直省开办矿务折》,光绪七年四月二十三日。

㉓《李文忠公全书》,奏稿四十,《请开平泉铜矿片》,光绪七年四月二十三日。

㉔《李文忠公全书》,奏稿四十,《直省开办矿务折》,光绪七年四月二十三日。

㉕《李文忠公全书》,奏稿四十,《请减出口煤税片》,光绪七年四月二十三日。

㉖ Gideon Chen,*Tso Tsung T'ang*,P.P.60,61.

㉗ Do,ibid,P.63.

㉘ Do,ibid,P.63.

㉙ Do,ibid,P.56.

㉚ Do,ibid,P.72.

㉛ Do,*Tseng Kuo-Fan*,P.P.45—46.

㉜ Do,*Tso Tsung T'ang*,P.26.

㉝《左文襄公全集》,奏稿四十二,《请敕闽省酌拨轮船经费片》,同治十一年十月十五日。

㉞《李文忠公全书》,奏稿三十,《整顿招商局事宜折》,光绪三年十一月二十五日。

㉟ T.S.Schapiro,《欧洲近代史及现代史》(中译上册,王信忠、杨凤歧译),页三十一一三十二。 Gideon Chen,*Tseng Kuo-Fan*,P.41.

㊱ Gideon Chen,*Tseng Kuo-Fan*,P.51.

㊲ Do.*Tso Tsung T'ang*,P.P.36—37,41—42.

㊳《李文忠公全书》,奏稿三十二,《四成税留充机局经费片》,光绪四年七月初二日;奏稿二十六,《上海机器局报销折》,光绪元年十月十九日。

㊴《李文忠公全书》,奏稿四十二,《机器局请奖折》,光绪七年八月初二日。

㊵《李文忠公全书》,奏稿二十三,《机器局动用经费折》,同治十三年五月初六日。

㊶《李文忠公全书》,奏稿七十七,《上海机器局请奖折》,光绪十九年六月十六日。

㊷ 梁启超,《中国四十年来大事记》,页三十九。

㊸ 张孝若,《南通张季直先生传》,页三百〇二。

㊹ 吴承禧，《中国银行论》。

Jules, Gory, *Notes on the Chinese Government Bank*, P.6.

第三节　新产业的发展限界及其主体的条件

清末新产业，虽呈蓬勃之势，然其自身实有其发展的限界。其发展限界，不待言，是受清代经济社会性格，即其客观的基础所设定。现在，试就其主体性方面加以检讨，以为总括。

（一）官吏企业体的保守性

由于中国封建社会的停滞性，对新产业的发展，并无事先的充分的准备，由自力更进，非常吃力。在帝国主义经济侵略和军事进攻中，当然受到刺激，但这种刺激的力量所及于中国的影响，因中国资本的原始的积蓄不易和无力，仅由一部分官僚企业体所生的官僚资本和国家资本来还击。至于民族资本所起的作用尤其微弱。但作为主力军的官僚资本和国家资本，勿论其能力的大小，不易起改换控制作用，即是这种官吏企业体所具的保守性，对于官营企业（官僚资本和由官僚指导的国家资本）的发展，实具有大的制约性。结果，中国这片混乱的空场，成为外国资本的驰骋场所，它的劳动力，动力资源及原料富藏为帝国主义所利用，服务于外国资本的利益，使这个封建社会更深入地具有半殖民地性格，而沉入了悲惨深渊。

至于这种官吏企业体所具的保守性如何制约新产业的发展，兹抽出若干事例以作证明。

鸦片战争时，目睹近代汽船威力的清代人士，惊怖地呼其为"魔船"。[①]虽至一八七〇年代，汽船已在中国成了一般的运输手段，一部分官场，依然视之为魔船，例如，在中国提倡建造汽船的曾国藩遗体，以其所爱之3只汽船及2只汽帆船，由其嗣子曾纪泽护送于一八七二年二月到达故乡湖南时，就受到当地官界的冷遇。[②]再如，福州船政局因经费增高，一八七二年由宋晋弹劾上奏封闭，当时远在陕西"讨回"军中的左宗棠对抗上奏，拥护船政局。[③]又如前书曾提及的上奏弹劾招商局,李鸿章出而对抗辩护的事实。由此足见初期官营企业如何受到保守势力的打击和冷视。并证明保守势力的强大。至于保守派的主张根据,有下列二点理由。

(1)以为利用汽船,易于惹起外人的干涉和容喙,这种惧外心理,是保守派理论的第一根据。例如,一八五六年宋晋既出发于这种见地,高唱反对利用汽船。④这种思维态度,亦打击到左、曾、李的旋回远心力所放射的余光张之洞头上。湖南巡抚陈宝箴对于在湖南省内河航行小轮船的湖广总督张之洞说:"中国十八省惟湖广无外国人足迹。今行一小轮船,则外人将接踵而至矣。"⑤——由此以观,可以明了陈宝箴的杞忧点,在于采用汽船易惹起对外纷扰事件。假如把汽船的采用看作新产业政策的一般的象征,则这种恐惧对外惹起纷扰的保守的杞忧,实为构成一般新产业发展的阻因,不容疑惑。清政府的新产业政策,原由对外战争的危机而备,在对外战争危机一度为过去后,则弃之如弊履,依然顽固保守。新官僚与保守的政府分子苦战,结局消磨了自己。

(2)以为利用汽船,必使水上生活者失业而易滋纷扰,这种恐民思想,是保守派理论的第二根据。⑥以米盐为主的漕运,属于清代社会的一大事业,清末,从事漕运船只在数千以上,水上生活者为数不下数万。⑦然而,这些水上生活者,立于巩固的帮组织上,不断发生杀伐性的械斗,在治安维持上,政府颇为辣手。⑧所以若"经采用汽船",不啻夺去这些水上生活者的生活基础,如此,则由于失业,而纷扰滋事,而易姓受命——这一连串可怖的后果,在与人民对立的存在的政府看来,当然是战慄的存在。政府的神经衰弱的杞忧,原因就在这里。这种思维态度,对于铁道敷设,食盐输入,皆曾恐惧。这又是构成官营工业发展的重大阻因。

而且,这第二个理由,甚至连曾国藩也拥护。他只赞成利用汽船为对外战争及维持治安的军事手段的应用,一般商业性——运输手段的应用,他也因恐惧招致海上生活者的失业,而反对应用。以同一理由,他反对敷设铁道,反对外国人在国内居住营业(招致中国商人失业的恐惧),反对输入食盐(制盐业者的失业的恐惧)。⑨左宗棠亦是这种顽固态度,他认为采用外国技术,一定要发生"必要的恶果"⑩,所以身为福州船政局创建人的他,竟严禁妻子乘坐汽船。某次,其妻自河北省赴浙江省途中乘用汽船,竟遭到他的严厉的叱责。⑪不仅此也,左宗棠对一般新式武器的观念,实与原始人的神物崇拜(Fetischismus)观念无异。可看下文:

> 大炮有神,喜洁净而忌污秽。若管炮之人,未能虔诚祷告,间或,人不洁之手,随便摩挲,往往施放无准……用此等神器……故名曰天炮。⑫

这种精神态度,与天启六年(一六二六年)明朝熹宗命孙元化铸成西洋炮,封炮为"安国全军平辽靖虏将军",并隆重献祀的拟人化态度,及清朝太宗于天聪五年(一六三一年),开始制作西洋炮时,赠炮为"天佑助威大将军"的偶像崇拜心理,全然如出一轨。⑬距此200年以后的左宗棠,竟然全未从这种传统的观念中脱化。这最能表现出保守的原始的左宗棠的一面。

总之,如上所述的新产业发展的阻因(惧外与恐民),原是清朝封建社会的矛盾性的表露,这些新官僚在这种扩大性矛盾中,一则以喜,一则以惧的矛盾表情,就显示出这个政权不久必须崩溃的里因。至于如曾、左这些巨头官僚,原是在一定限制以内的存在,以故他们的新事业,恕道地说,还是范仲淹在《岳阳楼记》中所说的"士当先天下之忧而忧,后天下之乐而乐"的帮闲的儒教伦理的发露和结晶。他们当然不能成为"通达"的新士人＝近代性的官僚的。

(二)近代的国民国家观念未成熟(一九一一年的出现的庄严意义)

清朝觉醒于王朝危机的思想的人多,而发现国民国家观念的人,即在清末对外危机之际,亦甚寥寥。但据梁启超所称,则光绪皇帝尚具有近代君主的资格,他的变法运动,系出发于"吾变法但欲救民耳,苟能救民,则君权之替不替何计焉"的志气。⑭不过,据我们看来,光绪帝是否已真的自王朝思想中蝉脱,还是以救民为饵,而企图挽救其"先人余业",则因他的运动的悲剧的结果,不能置断,所以受知于光绪帝的梁启超的论断,也只能姑妄听之。至于梁启超称为"英雄"的李鸿章⑮,在签订《马关条约》遇刺之际,虽然昂然而言什么"国步艰难,和局之成刻不容缓,予焉能延宕以误国乎?"及"予舍命而于国有益,亦所不辞!"⑯慨慷激昂似乎李鸿章真的发现了"国家",而是目击对外危机,觉醒自强的当代贤达,但是像他的伟大事业之一的天津机器局,竟是以供给以他自己为首领的北洋军阀武器为创设的主题,他的新事业,不过他的权势与虚饰和经济利益的混合体。他的目的是以壮大自己而保卫自己和自己的生命线清朝政权。天津机器局与北洋军阀的必然的关联,他自己就明白地说明了:

> 臣查津局承造军火,供给北洋海防诸军兼备各省。⑰

即是以供给北洋军阀为第一义,至于供给其他诸军,则有作为第二义的意味。所以他倾注其精力和热情的武器改良热,就出发于这种自利观念。至于招商局的办理,从他死去到由盛宣怀继承办理,全是北洋军阀的"食物",其资金不足,经营困难,亦是由于这个缘由。所以清代的所谓国家事业的官营企业,实系官吏的私人事业,不难明白。至于袁世凯则更是一个标准的自私动物。他也振兴过新产业,那就是采用新式技术,经营天津监狱的犯人织布,不惜每年投入十万金,这好像是发现"国家"的证据吧?而一般通俗的论客,是都认为清末新官僚群的振兴产业,是出发于"爱国运动"的。然而在南方革命势力高涨之际,袁因恐惧革命势力波及北方,竟图保护北京的旧基尔特,以便提高北京入市税,抓住了旧基尔特来维持自己的政权。⑱所以他的新产业开发意图,仍脱不出李鸿章的意图范围,不过化为袁个人的私产,一以夸示其权势与虚饰,一以积蓄财力,为其来日着想。清末新产业开发的内容,就是这样的于中国人民毫无益处的东西。

更有,在新事业中,有许多场合,蠢动着政敌们的嫉妒敌对感情和政权争夺欲的丑态。李鸿章与左宗棠这两个"中兴名将",曾因互相嫉妒争夺,闹出不少轶闻。左宗棠之创设福州船政局即系出于对李鸿章的江南制造局的妒心。[19]与此相对应,由于左宗棠于一八六七年自上海外商借款 20 万两开外债之嚆矢,左的外债政策李上奏弹劾,骨子里就是出发于对左的兰州事业的妒心。[20]阴谋政治是以权力欲为表,嫉妒敌对感情为里的。因之,国家事业的官营企业不断发生创口,而乌烟瘴气矣。

关于李鸿章,尚有一言。他的营业年度报告之"机器局报销折",虽一再有力地强调"实心体察,虽丝毫不私",然这种"此地无银三百两"的当然解释,就是蓄积遗产 4,000 万两的李鸿章渎职的事实,这不是他的"实心"所能掩饰了的。李的文意的扩张解释,就是官营新企业中,渎职普遍存在的现象。向上司公式报告中一再有力地强调的解释,就是中国官场的传统的滑稽性的精彩处,而这种滑稽竟在清代社会中白昼公然通行,这就是清朝政府悲剧的落幕的征兆。

以上所述的清代新官僚的丧失国家观念,最为标准的例子,要以张之洞最为凸出。一八九七年德国占领胶州湾时,湖南某人走访张之洞,问张:"列国果实行分割之事,则公将何以处乎?"张答:"虽分割之后,当亦有小朝廷,吾终不失为小朝廷之大臣也。"

以上所论,新官僚的主体性,保守主义与丧失国民国家观念,就是其新事业的结果的歪曲和萎缩的原因所在,当可明了。这是一个矛盾,也是一个悲剧。所以这些历史的重压,"时势所造的英雄"(梁启超语),他们以在矛盾中打滚作为对于新时代的抗争,而这种抗争,正如黑格尔所说"是准备他们迅速灭亡的"。(见《历史哲学纲要》)他们所代表的王朝不能不走向悲剧的闭幕,而中国新历史的第一章一九一一年的意义,就是跨过这个自我腐乱的尸身而出的!

【附注】

① Gideon Chen, *Tseng Kuo-Fan*, P.P.27—28.

② Do, ibid, P.P.39—40.

③《左文襄公全集》,奏稿卷四十二,《请敕闽省酌拨轮船经费片》,同治十一年十月十五日。

④ Gideon Chen, *Tseng Kuo-Fan*, P.34.

⑤ 梁启超,《戊戌政变记》,页六十九。

⑥ Gideon Chen, *Tseng Kuo-Fan*, P.58.

⑦《林文忠公政书》,甲集,《江苏奏稿》,卷四,《弹压水手情形片》。

⑧《林文忠公政书》,甲集,《江苏奏稿》,卷四,《各属拿获凶盗要犯分别审办情形片》。

⑨ Gideon Chen, *Tseng Kuo-Fan*, P.57,58.

⑩ Do, *Tso Tsung T'ang*, P.38.

⑪ Do, ibid, P.81.

⑫《左文襄公全集书牍》,卷十七,《答刘毅齐》。

⑬ 萧一山,《清代通史》,上,页一百二十九。

⑭ 梁启超,《戊戌政变记》,页一百五十六。

⑮ 梁启超,《中国四十年来大事记》,页五。

⑯ 梁启超,《中国四十年来大事记》,页五十四。

⑰《李文忠公全书》,奏稿三十九,《机器局经费奏报折》,光绪六年十月二十六日。

⑱ 全汉升,《中国行会制度史》,页二百〇四。

⑲ Gideon Chen, *Tso Tsung T'ang*, P.18.

⑳ Do, ibid, P.58.